Bescherelle Collège

- Grammaire
- Orthographe
- Conjugaison
- Vocabulaire
- Littérature
  genres et procédés littéraires

Marie-Pierre Bortolussi
agrégée de lettres classiques

Christine Grouffal
agrégée de lettres modernes

Isabelle Lasfargue-Galvez
agrégée de grammaire

Hatier

© HATIER - Paris 2012 - ISSN 0990 3771 - ISBN 978-2-218-95210-4

AVANT-PROPOS

Nouveaux programmes, nouveau Bescherelle

Cette nouvelle édition du *Bescherelle collège* a été entièrement revue et corrigée afin de suivre les Instructions officielles des nouveaux programmes de français.

Un Bescherelle pour le collège

Dans *Bescherelle collège*, les élèves de la 6e à la 3e trouveront toutes les notions indispensables à la maîtrise de la langue française pour comprendre, lire, analyser et produire des textes à l'écrit comme à l'oral. *Bescherelle collège* couvre la totalité du programme en cinq parties – grammaire, orthographe, conjugaison, vocabulaire et littérature – conformément aux Instructions officielles.

Un Bescherelle pour faire le lien entre les cours et le travail à la maison

Bescherelle collège a pour objectif de présenter de manière simple et méthodique les notions au programme. *Bescherelle collège* veille à rendre accessible la terminologie en usage et à la mettre en relation avec une terminologie plus traditionnelle. En fin d'ouvrage, l'index a été conçu de manière à retrouver facilement une notion sous ses diverses dénominations.

Un Bescherelle pour découvrir la littérature

Bescherelle collège propose 94 chapitres s'appuyant sur des exemples tirés de la littérature. Près de 500 citations sont proposées pour illustrer concrètement les points grammaticaux ou lexicaux expliqués. La majorité de ces citations est empruntée aux œuvres au programme. Les élèves seront ainsi familiarisés avec la grande variété et la richesse de la littérature. Dans un souci de transition, *Bescherelle collège* propose aussi quelques exemples extraits d'œuvres au programme des classes de lycée.

Un Bescherelle pour lire et analyser les textes littéraires

La nouvelle édition du *Bescherelle collège* contient une partie spécifique consacrée à la littérature. Une initiation aux principaux genres littéraires est proposée, regroupée autour du récit, du théâtre et de la poésie. Les élèves trouveront, dans cette nouvelle partie du *Bescherelle collège*, les outils pour identifier les caractéristiques des genres littéraires qu'ils rencontreront au collège, depuis les textes fondateurs, avec l'épopée, jusqu'à la poésie engagée du XXe siècle.

Un Bescherelle pour préparer le brevet

Dans *Bescherelle collège*, les élèves trouveront une aide utile pour se préparer à l'épreuve du Brevet. *Bescherelle collège* contient tous les outils nécessaires pour répondre aux questions de langue et de compréhension d'un texte posées lors de l'épreuve du Brevet. À cet usage, *Bescherelle collège* propose, en fin d'ouvrage, un lexique des notions essentielles.

Un Bescherelle pour aborder le lycée

Bescherelle collège est un ouvrage de référence auquel l'élève de lycée pourra se reporter pour vérifier une règle, une notion, revoir un point précis, et dont l'aide lui sera précieuse pour consolider ses connaissances.

Un Bescherelle pour le plaisir…

Par ses illustrations amusantes, par ses références littéraires, par la précision de ses explications, cet ouvrage est l'occasion de voir la langue française et ses règles grammaticales intimidantes sous un nouveau jour. C'est tout le plaisir que vous souhaitent les auteurs de *Bescherelle collège*.

Les auteurs

GRAMMAIRE

Reconnaître les classes de mots

Reconnaître les fonctions grammaticales

SOMMAIRE

Reconnaître les phrases et les propositions

CONJUGAISON

SOMMAIRE

Vocabulaire

Connaître l'origine et la formation des mots français

Étudier les mots dans leur contexte

Littérature : genres et procédés littéraires

Lire le récit

Lire le théâtre

Lire la poésie

Les figures de style

ANNEXES

GRAMMAIRE

Les classes grammaticales

La grammaire, du ***verbe*** *et du nominatif,*
*Comme de l'****adjectif*** *avec le* ***substantif****,*
Nous enseigne les lois.

■ MOLIÈRE, *Les Femmes savantes.*

Les mots *verbe, adjectif* et *substantif* désignent des classes grammaticales.

1 Qu'est-ce qu'une classe grammaticale ?

■ Une classe grammaticale (ou classe de mots) regroupe des mots qui présentent les mêmes caractéristiques grammaticales. On dit aussi qu'ils sont de même **nature**.

■ **Nature** et **classe grammaticale** sont devenus des termes synonymes dans les grammaires scolaires. Ainsi, se demander à quelle classe grammaticale appartient un mot ou quelle est sa nature revient à se poser la même question.

Quelle est la ***classe grammaticale*** *du mot «* ***assez*** *» ?* (adverbe)
Quelle est la ***nature*** *du mot «* ***assez*** *» ?* (adverbe)

2 Quelles sont les différentes classes grammaticales ?

■ Il existe neuf classes grammaticales :
– le nom (aussi appelé *substantif*) : *maison, idée, France* ;
– le déterminant : *le, des, cette, chaque, deux* ;
– l'adjectif qualificatif : *rouge, grand, patient* ;
– le pronom : *je, on, celle-ci, quelqu'un* ;
– le verbe : *marcher, écrire, être* ;
– l'adverbe : *bien, prudemment, aussitôt* ;
– la préposition : *de, chez, dans, par* ;
– la conjonction : *et, mais, que, puisque* ;
– l'interjection : *oh, fi, diantre.*

Si tu trouves sur la plage
un très joli coquillage
compose le numéro
Océan O.O.

Et l'oreille à l'appareil
la mer te racontera
dans sa langue des merveilles
que papa te traduira

■ CLAUDE ROY,
« Bestiaire du coquillage », *Enfantasques*.

- Les mots *plage, coquillage, numéro, océan, oreille, appareil, mer, langue, merveilles, papa* appartiennent à la classe grammaticale des *noms*.
- Les mots *la, un, le, l', sa, des* appartiennent à la classe grammaticale des *déterminants*.
- Le mot *joli* appartient à la classe grammaticale des *adjectifs qualificatifs*.
- Les mots *tu, te, que* appartiennent à la classe grammaticale des *pronoms*.
- Les mots *trouves, compose, racontera, traduira* appartiennent à la classe grammaticale des *verbes*.
- Le mot *très* appartient à la classe grammaticale des *adverbes*.
- Les mots *sur, à, dans* appartiennent à la classe grammaticale des *prépositions*.
- Les mots *si, et* appartiennent à la classe grammaticale des *conjonctions*.

■ Pour savoir à quelle classe grammaticale appartient un mot, il suffit de consulter le dictionnaire. Celui-ci indique la nature du mot au début de l'article, sous forme d'abréviation.

amitié [amitje] ***n***. *f.*
La lettre *n* indique que le mot est un nom.

coudre [kudr] ***v***. *tr.*
La lettre *v* indique que le mot est un verbe.

Résumé

■ Une classe grammaticale regroupe les mots de même nature.

■ On distingue neuf classes grammaticales : le nom, le déterminant, l'adjectif qualificatif, le pronom, le verbe, l'adverbe, la préposition, la conjonction, l'interjection.

Le nom

C'est vrai, répondit ***d'Artagnan*** *; je n'ai pas l'****habit****, mais j'ai l'****âme****. Mon* ***cœur*** *est* ***mousquetaire****.*

■ Alexandre Dumas, *Les Trois Mousquetaires.*

Tous les mots en gras, malgré leur diversité, appartiennent à une seule classe grammaticale : le nom.

3 Qu'est-ce qu'un nom ?

■ Le nom, appelé aussi substantif, est un mot qui désigne :

– un être vivant, **animé** : il peut s'agir d'un être humain *(une fille)*, d'un animal *(un loup)* ;
– une réalité **inanimée** : il peut s'agir d'un objet concret *(une chaise)*, d'une action *(des applaudissements)*, d'une notion abstraite, d'un sentiment *(la gentillesse)*.

Attention

Devant un nom, on utilise la préposition *à* ou *chez*, selon qu'il s'agit d'un nom animé ou d'un nom inanimé.

■ Lorsqu'il s'agit d'un nom animé, on doit employer la préposition **chez**.
Auriane va ***chez*** *le coiffeur.*

■ Lorsqu'il s'agit d'un nom inanimé, on doit employer la préposition **à**.
Auriane va ***à*** *la pharmacie.*

■ Le nom a un **genre** défini, indiqué par le dictionnaire ; il peut être de genre **masculin** ou de genre **féminin** : *un tableau, une maison.*

■ Le nom est un mot variable en **nombre** ; il peut être au **singulier** ou au **pluriel** : *un garçon, des garçons.*

■ Le nom composé est formé de deux ou plusieurs mots. Ils sont séparés par un trait d'union *(un porte-monnaie)*, ou se présentent sous la forme de deux noms juxtaposés *(une chaise longue)* ou d'un nom suivi d'un complément du nom *(le chemin de fer)*.

■ Lorsqu'un mot, qui appartient à une autre classe grammaticale, est employé comme nom, on dit qu'il est **substantivé** : *le dîner* (verbe employé comme nom), *l'ailleurs* (adverbe employé comme nom), *les jeunes* (adjectif employé comme nom).

4 Nom commun et nom propre

■ Le **nom commun** est employé pour désigner une réalité qui n'est pas unique mais qui existe sous des formes diverses. Il est en général précédé d'un **déterminant**.

Mon chat *guette* ***la nuit****, tout droit, comme* ***une cruche****.*

■ Léon-Paul Fargue, « Une odeur nocturne », *Poésies.*

■ Le **nom propre** prend toujours une **majuscule**. Il désigne une réalité unique. Il s'emploie le plus souvent **sans déterminant**.

Venise *pour le bal s'habille.* *Venise* désigne une ville unique.

■ Théophile Gautier, « Carnaval », *Émaux et Camées.*

■ Certains noms peuvent être tantôt noms communs, tantôt noms propres : *le breton* (la langue) ; *le Breton* (l'habitant ou le natif de la Bretagne). La majuscule permet de les différencier.

Attention

Le même mot peut être employé comme nom commun, nom propre ou adjectif.

Le ***corse*** *est enseigné dans certaines écoles.* (nom commun)
Mon ami est un ***Corse****.* (nom propre)
J'aime le fromage ***corse****.* (adjectif)

Pour aller plus loin

D'anciens noms propres sont devenus des noms communs.

■ Certains noms propres, à l'usage, sont devenus des noms communs et ont perdu leur majuscule : *camembert* (fromage fabriqué dans la région de Camembert).

■ Certains noms propres de marques déposées sont passés dans le langage courant : *scotch* (ruban adhésif), *kleenex* (mouchoir en papier jetable).

5 Nom dénombrable et nom indénombrable

■ Lorsqu'un nom désigne ce qui peut être dénombré, compté, on parle de **nom dénombrable** ou **comptable** : *des pommes, des enfants.*

■ Lorsqu'un nom désigne quelque chose qui ne peut être dénombré, on parle de nom **indénombrable** ou **non comptable**. Il s'agit principalement de noms désignant un sentiment, une notion abstraite, un état : *l'humour, la faim.*

Attention

Le même nom peut être dénombrable ou indénombrable.

*Les **poulets** sont élevés en plein air.* (dénombrable)
*Nous avons mangé du **poulet**.* (indénombrable)

6 Nom générique, nom spécifique et nom collectif

■ Lorsque le nom commun désigne toute une catégorie d'objets, de personnes ou de notions, on dit qu'il est **générique**.

■ Lorsque le nom commun désigne un élément particulier, on dit qu'il est **spécifique**.

Arbre est un nom **générique**, alors que *peuplier* est un nom **spécifique**.

C'était une de ces ***coiffures*** *d'ordre composite, où l'on retrouve tous les éléments du* ***bonnet*** *à poil, du* ***chapska****, du* ***chapeau*** *rond, de la* ***casquette*** *de loutre et du* ***bonnet*** *de coton.* ■ GUSTAVE FLAUBERT, *Madame Bovary.*

Coiffures est un nom générique désignant l'ensemble des couvre-chefs ; *bonnet, chapska, chapeau, casquette* sont des noms spécifiques correspondant à des « coiffures » particulières.

■ Lorsque le nom commun désigne un ensemble d'éléments, on dit qu'il est **collectif** *(vaisselle, famille, foule…).*

Et comme ***la foule*** *sortait de l'église, des cris d'étonnement retentirent.* ■ « Merlin l'enchanteur », *Les Romans de la Table ronde.*

Astuce

Comment éviter les répétitions en utilisant un nom générique ?

Utiliser un nom générique peut être utile pour reprendre une réalité désignée par un nom spécifique.

Adam, en possession de son ***chien*** *et de sa* ***brebis****, manifeste une grande joie et se réjouit. D'après le livre, ces deux* ***animaux*** *ne peuvent vivre longtemps qu'en la compagnie des hommes.* ■ *Le Roman de Renart.*

Animaux est le terme générique qui reprend *chien* et *brebis*, qui sont des noms spécifiques.

Résumé

- Le nom permet de désigner des êtres vivants, des objets et des idées.
- On distingue les noms propres et les noms communs.
- Le nom a un genre (féminin ou masculin) et il varie en nombre.

LES DÉTERMINANTS

***Le** soir, comme ils rentraient **des** champs,*
***les** parents trouvent **le** chat sur **la** margelle*
***du** puits où il était occupé à faire **sa** toilette.*

MARCEL AYMÉ, *Les Contes du chat perché.*

On appelle *déterminants* les mots qui précèdent le nom et qui forment avec lui le groupe nominal minimal.

LES RÈGLES D'EMPLOI DES DÉTERMINANTS

7 Le rôle des déterminants

- Les déterminants permettent d'insérer le nom dans la phrase.

*Il y a dans **la** même île **des** rhinocéros, qui sont **des** animaux plus petits que **l'**éléphant et plus grands que **le** buffle.*

« Sindbad le marin », *Les Mille et Une Nuits.*

Sans la présence des déterminants, la phrase serait grammaticalement incorrecte.

- Les déterminants s'emploient :

– pour préciser le nom ;

***Un** meunier ne laissa pour **tous** biens à **trois** enfants qu'il avait, que **son** moulin, **son** âne et **son** chat.*

CHARLES PERRAULT, *Le Maître Chat ou le Chat botté.*

– pour relier le nom à d'autres mots du texte ;

*Il était une fois une petite fille de Village, la plus jolie qu'on sût voir ; sa mère en était folle, et sa mère-grand plus folle encore. **Cette** bonne femme lui fit faire un petit chaperon rouge.*

CHARLES PERRAULT, *Le Petit Chaperon rouge.*

Cette relie *bonne femme* à *sa mère-grand*.

– pour relier le nom à la situation d'énonciation.

– ***Mon*** *enfant, est-ce que tu ne reconnais plus* ***ta*** *mère ?*

JULES VERNE, *Michel Strogoff.*

Mon renvoie au locuteur (celui qui parle) et *ta* à l'interlocuteur (celui à qui le locuteur parle).

8 L'absence de déterminant

Il arrive que le nom ne soit pas précédé d'un déterminant ; c'est le cas, en particulier :

– de noms propres : ***Paris*** *est la capitale de la France.*

– de noms en fonction d'apostrophe : ***Garçon****, l'addition !*

– de noms en fonction d'apposition : *Thomas,* ***enfant*** *sociable, adore les sports d'équipe.*

– de locutions verbales : *avoir faim, prendre froid, tenir tête…*

– de noms précédés d'une préposition : *une nuit* ***sans étoiles****.*

– de titres : ***Lettres*** *de mon moulin.*

– d'énumérations : *L'automne arrive :* ***vent, pluie, froid****.*

9 La place du déterminant

Le déterminant précède le nom et forme avec lui un **groupe nominal.**

Le *trésor, s'il existait, était enterré dans* ***cet*** *angle sombre.*

ALEXANDRE DUMAS, *Le Comte de Monte-Cristo.*

Le trésor et *cet angle sombre* constituent deux groupes nominaux.

Il arrive que le déterminant soit séparé du nom par des expansions du nom qui viennent enrichir celui-ci ; dans ce cas, le déterminant marque toujours le début du groupe nominal.

Ces *élégants* ***habits****,* ***cette*** *riche* ***veste*** *brodée, faisaient de moi* ***un*** *tout autre* ***personnage****.*

THÉOPHILE GAUTIER, *La Morte amoureuse.*

Ces élégants habits, cette riche veste brodée et *un tout autre personnage* constituent trois groupes nominaux.

10 L'accord des déterminants

■ Les déterminants s'accordent en **genre** et en **nombre** avec le nom qu'ils précèdent : ***un*** *chien,* ***une*** *chienne,* ***des*** *chiens.*

■ C'est souvent grâce aux déterminants que l'on est renseigné sur le genre et le nombre du nom : ***un*** *pianiste,* ***une*** *pianiste ;* ***un*** *choix,* ***des*** *choix.*

■ Les déterminants permettent aussi de différencier des homonymes : ***un*** *mémoire,* ***la*** *mémoire* ; ***un*** *voile,* ***une*** *voile.*

11 Les catégories de déterminants

■ On distingue :

– les articles : définis *(**le** mur)*, indéfinis *(**une** rose)*, partitifs *(**du** lait)* ;
– les déterminants démonstratifs *(**cette** année)*, possessifs *(**mon** ami)*, indéfinis *(**plusieurs** jours)*, interrogatif ou exclamatif *(**quel** homme ? **quel** homme !)*, numéraux *(**deux** ans)*.

Attention

Dans les anciennes grammaires, les déterminants possessifs, démonstratifs, indéfinis étaient appelés adjectifs.

adjectif possessif → déterminant possessif
adjectif démonstratif → déterminant démonstratif
adjectif indéfini → déterminant indéfini

■ Les articles et les déterminants possessifs ou démonstratifs peuvent s'employer en même temps que d'autres déterminants.

> *Pas du tout, a répondu Papa ; il est temps que Nicolas apprenne la valeur de l'argent.*
> *Je suis sûr qu'il dépensera **ces dix** nouveaux francs d'une façon raisonnable.*
>
> ■ JEAN-JACQUES SEMPÉ et RENÉ GOSCINNY, *Le Petit Nicolas a des ennuis.*

Ces est un déterminant démonstratif ; *dix* est un déterminant numéral.

12 Les articles définis

■ Les articles définis sont les suivants :

Masculin singulier	le, l'
Féminin singulier	la, l'
Masculin féminin pluriel	les

■ Les articles définis servent à désigner :

– des êtres ou des choses que l'on connaît ;

Je vais à ***la*** *mairie.*

Il s'agit de la mairie de la ville où je me trouve.

– des êtres ou des choses dont on a déjà parlé.

Il était une fois ***une princesse*** *qui possédait, tout en haut du donjon, juste sous les créneaux, une grande salle avec douze fenêtres qui donnaient sur tous les secteurs du ciel ; et lorsqu'elle y montait et regardait par ces fenêtres,* ***la*** *princesse pouvait surveiller et embrasser du regard tout son royaume.* ■ LES FRÈRES GRIMM, « Le Ouistiti », *Contes*.

L'article défini *la*, dans *la princesse*, reprend *une princesse*.

■ On emploie également les articles définis devant les **noms génériques**, c'est-à-dire les noms qui désignent des espèces ou des catégories d'êtres ou de choses.

Le cheval *est la plus noble conquête de* ***l'homme****.*

Attention

L'article défini est élidé ou contracté dans certains cas.

■ Devant une **voyelle** ou un **h muet**, l'article défini singulier s'élide, c'est-à-dire qu'il perd sa voyelle finale : *l'atelier, l'humeur.*

■ L'article défini se contracte avec les prépositions **à** et **de** : à le = **au** ; de le = **du** ; à les = **aux** ; de les = **des**. On parle alors d'article défini contracté.

13 Les articles indéfinis

■ Les articles indéfinis sont les suivants :

Masculin singulier	un
Féminin singulier	une
Masculin féminin pluriel	des

■ les articles indéfinis servent à désigner :

– des êtres ou des choses dont on n'a pas encore parlé ;

__Une__ Grenouille vit __un__ bœuf
Qui lui sembla de belle taille.

■ JEAN DE LA FONTAINE, *La Grenouille qui veut se faire aussi grosse que le bœuf.*

– des êtres ou des choses dont on ne peut pas ou on ne veut pas préciser l'identité.

Monsieur, voilà __un__ médecin qui demande à vous voir.

■ MOLIÈRE, *Le Malade imaginaire.*

Attention

***Des* devient *de* ou *d'* dans les phrases négatives ou lorsque le nom est précédé d'un adjectif.**

J'ai des devoirs. *Je n'ai pas __de__ devoirs.*
__De__ grosses vagues se brisent sur les rochers.

14 Les articles partitifs

■ Les articles partitifs sont les suivants :

Masculin singulier	du , de l'
Féminin singulier	de la , de l'
Masculin féminin pluriel	des

■ Les articles partitifs s'emploient devant des noms de choses qu'on ne peut pas compter (indénombrables) ; ils indiquent des quantités indéfinies. Ils s'emploient aussi bien devant des noms concrets *(du chocolat)* que devant des noms abstraits *(de la peine).*

Tiens, il est neuf heures. Nous avons mangé
***de la** soupe, **du** poisson, **des** pommes de terre au lard,*
***de la** salade anglaise.*

■ EUGÈNE IONESCO, *La Cantatrice chauve.*

Attention

***Du** et **de la** sont remplacés par **de** dans une phrase négative.*

*Elle faisait **du** sport ; elle ne fait plus **de** sport.*

LES AUTRES DÉTERMINANTS

15 Les déterminants démonstratifs

■ Les déterminants démonstratifs sont les suivants :

	Singulier	Pluriel
Masculin	ce, cet	ces
Féminin	cette	

■ Les déterminants démonstratifs s'emploient pour désigner :

– des êtres ou des choses qui appartiennent à la situation d'énonciation et que l'on montre (*démonstratif* vient du latin *demonstrare*, qui signifie « montrer ») ;

*« **Ce** pied fera mon affaire », dis-je au marchand, qui me regarda d'un air ironique et sournois en me tendant l'objet demandé pour que je pusse l'examiner plus à mon aise.*

■ THÉOPHILE GAUTIER, *Le Pied de momie.*

– des êtres ou des choses dont on a déjà parlé ;

Un <u>Loup</u> n'avait que les os et la peau ;
Tant les Chiens faisaient bonne garde.
***Ce** Loup rencontre un Dogue aussi puissant que beau.*

■ JEAN DE LA FONTAINE, *Le Loup et le Chien.*

– des êtres ou des choses dont on va parler.

Le 15 mai 1796, le général Bonaparte fit son entrée dans Milan à la tête de ***cette*** *jeune armée qui venait de passer le pont de Lodi.* ■ STENDHAL, *La Chartreuse de Parme.*

Le déterminant *cette* annonce l'information apportée par la proposition relative qui suit.

■ Les déterminants démonstratifs peuvent être renforcés par les particules **-ci** ou **-là** ; **-ci** insiste sur la proximité dans l'espace ou dans le temps, **-là** sur l'éloignement : ***ces*** *temps-****ci***, *en* ***ce*** *temps-****là***.

Pour ***cette*** *petite clef-****ci****, c'est la clef du cabinet au bout de la grande galerie de l'appartement.*

■ CHARLES PERRAULT, *La Barbe bleue.*

Cette... -ci renvoie à la clef que Barbe bleue a dans la main.

Attention

Ce **devient** ***cet*** **devant un mot commençant par une voyelle ou un** ***h*** **muet.**

cet arbre – cet homme

16 Les déterminants possessifs

■ Les déterminants possessifs sont les suivants :

	Singulier	Pluriel
1re personne	mon, ma, notre	mes, nos
2e personne	ton, ta, votre	tes, vos
3e personne	son, sa, leur	ses, leurs

■ Les déterminants possessifs indiquent le possesseur. En plus du genre et du nombre, ils portent la marque de la personne et peuvent constituer ainsi un indice de l'énonciation.
À la première personne, le possesseur est le locuteur ; à la deuxième personne, le possesseur est l'interlocuteur.

Mon *cher Poil de Carotte,*
Ta *lettre de ce matin m'étonne fort.*
Je la relis vainement.
Ce n'est plus ***ton*** *style ordinaire.*

■ JULES RENARD, *Poil de Carotte.*

17 Les déterminants indéfinis

■ Les déterminants indéfinis sont les suivants : *aucun, autre, certain, chaque, différents, divers, maint, même, nul, plusieurs, quelque, quelconque, tel, tout, pas un, n'importe quel…*
Des noms et des adverbes de quantité jouent aussi le rôle de déterminants indéfinis : *la plupart de, une foule de, beaucoup de, moins de, (un) peu de, plus de…*

■ Les déterminants indéfinis sont très nombreux et difficiles à classer. Ils expriment généralement une idée de quantité (on parle alors de **quantifiants**) :
– une quantité nulle : *aucun, pas un* ;
– une quantité non précisée : *quelques, certains* ;
– une totalité : *tout.*

Certains expriment une idée d'identité : *même, tel.*

■ Souvent, les déterminants indéfinis s'emploient en même temps qu'un article, un déterminant possessif ou démonstratif : ***un même*** *succès,* ***tous mes*** *amis,* ***ces quelques*** *livres.*

■ **Certain, différent, divers, nul** sont aussi des adjectifs qualificatifs ; dans ce cas, ils se placent derrière le nom ou en fonction d'attribut et changent de sens.

Certaines *nouvelles nous parvenaient.*
Certaines, déterminant indéfini, a le sens de *quelques.*

La nouvelle était ***certaine****.*
Certaine, adjectif qualificatif, a le sens de *sûre.*

GRAMMAIRE

18 Le déterminant interrogatif et le déterminant exclamatif

■ Le déterminant **quel** peut être interrogatif et exclamatif ; il s'accorde en genre et en nombre avec le nom auquel il se rapporte. Il prend les formes suivantes : **quel, quels, quelle, quelles**.

Quels yeux ! avec un éclair ils décidaient de la destinée d'un homme. ■ THÉOPHILE GAUTIER, *La Morte amoureuse.*

Quelle taille veux-tu avoir ?

■ LEWIS CARROLL, *Alice au pays des merveilles.*

■ Le déterminant interrogatif **quel** se rencontre aussi bien dans l'interrogation directe que dans l'interrogation indirecte.

***Quelle** robe mettras-tu ?* (interrogation directe)
*Je me demande **quel** temps il fera.* (interrogation indirecte)

■ **Quel** s'emploie également comme attribut.

*Le valet de chambre accuse la cuisinière, qui accuse la lingère, qui accuse les deux autres. **Quel** est le coupable ?*

■ GUY DE MAUPASSANT, *Le Horla.*

Quel est attribut du sujet *le coupable.*

■ **Quel** peut aussi se rencontrer dans des phrases exclamatives ; il est alors déterminant exclamatif et exprime une réaction et des sentiments variés, comme la surprise, l'impatience, l'admiration, l'indignation...

***Quelle** journée !*

Cette phrase pourra signifier, suivant le contexte, que la journée a été merveilleuse ou désastreuse.

19 Les déterminants numéraux cardinaux

■ Les déterminants numéraux cardinaux indiquent le nombre précis de ce dont on parle : *un, deux, trois, cent, mille.*

> *Au-delà de* ***six*** *fleuves et* ***trois*** *chaînes de montagnes surgit Zora, ville que ne peut oublier celui qui l'a vue* ***une*** *fois.*
>
> ■ ITALO CALVINO, *Les Villes invisibles.*

Attention

Le déterminant numéral cardinal n'indique pas toujours un nombre précis.

Le nombre n'est pas précis dans certaines expressions familières :

en voir ***trente-six*** *chandelles ; faire les* ***quatre cents*** *coups.*

■ Les adjectifs numéraux ordinaux ne sont pas considérés comme des déterminants, mais comme des adjectifs qualificatifs. Ils indiquent le rang : *premier, deuxième...*

Résumé

■ Les déterminants précèdent le nom et forment avec lui un groupe nominal (GN).

■ Ils précisent le nom, le rattachent au contexte.

■ On distingue :
- les articles définis : *le, la, les...*
- les articles indéfinis : *un, une, des...*
- les articles partitifs : *du, de la, des...*
- les déterminants démonstratifs : *ce, cette...*
- Les déterminants possessifs : *mon, ton, son...*
- les déterminants indéfinis : *chaque, quelque...*
- le déterminant interrogatif ou exclamatif : *quel...*
- les déterminants numéraux cardinaux : *trois, huit...*

LES PRONOMS

Étymologiquement, « pro-nom » signifie à la place du nom. Or, le pronom remplace d'autres mots que le nom et peut même ne rien remplacer du tout !

20 À quoi servent les pronoms ?

■ Les pronoms peuvent avoir un rôle de **substituts** quand ils remplacent des mots ou des groupes de mots. Les éléments qu'ils reprennent sont appelés **antécédents**.

Il n'est pas facile de lire sur la figure d'un Chouan : mais ***celui-ci*** *s'est trahi par le désir de montrer son intrépidité.*

■ HONORÉ DE BALZAC, *Les Chouans.*

Le pronom *celui-ci* remplace le groupe nominal *un Chouan. Un Chouan* est le GN antécédent du pronom *celui-ci.*

■ Les pronoms peuvent aussi avoir un rôle de **représentants** quand ils sont employés **sans antécédents**. Ils renvoient alors à la situation d'énonciation : qui parle ? à qui ? où ? quand ?

Je *ne* ***te*** *dis plus rien. Venge-****moi****, venge-****toi****.*

■ PIERRE CORNEILLE, *Le Cid.*

Je et *moi* désignent celui qui parle, don Diègue. *Te* et *toi* désignent son interlocuteur, son fils Rodrigue.

LES PRONOMS PERSONNELS

21 Le rôle des pronoms personnels

■ Les pronoms personnels peuvent remplacer des groupes nominaux pour éviter les répétitions ou désigner des personnes qui communiquent entre elles : celui qui parle, celui à qui l'on parle, celui dont on parle. Ils existent aux trois personnes du discours : **je**, **tu**, **il**, **elle**, **on** au singulier et **nous**, **vous**, **ils**, **elles** au pluriel.

Attention

***On* et *il ne* sont-ils que des pronoms personnels ?**

- Non, **on** existe aussi en tant que pronom indéfini.
- Non, **il** peut avoir un sens impersonnel. Dans ce cas, il ne remplace rien et ne représente rien. Il est sujet d'un verbe impersonnel : *il pleut.*

GRAMMAIRE

22 Les différents pronoms personnels

- On distingue les pronoms personnels **simples**, **renforcés**, **réfléchis et adverbiaux.**

Pronoms	Singulier			Pluriel		
	1re pers.	2e pers.	3e pers.	1re pers.	2e pers.	3e pers.
simples	je, me	tu, te	il, elle, on, le, la, lui	nous	vous	ils, elles les, leur
renforcés	moi	toi	lui	nous	vous	eux, elles
réfléchis	me	te	se, soi	nous	vous	se
adverbiaux			en, y			

- Les **pronoms personnels simples** sont les plus utilisés. Ils varient selon la fonction qu'ils occupent dans la phrase.

Il nous *regarde.* *Il* est sujet, *nous* est COD.

Nous lui *donnons un cadeau.* *Nous* est sujet, *lui* est COS.

- Les **pronoms personnels renforcés** sont utilisés pour renforcer des pronoms ou derrière une préposition.

Eux *aussi nous dévisageaient, comme s'ils étaient tombés chez les sauvages.* ■ ROLAND DORGELÈS, *Les Croix de bois.*

Eux est une forme renforcée de *ils*, employée pour insister.

Tiens, ma fille, voici un carnet que j'ai acheté pour ***toi****.*

■ EUGÈNE LABICHE, *Le Voyage de Monsieur Perrichon.*

Toi est une forme renforcée de *tu*, employée derrière la préposition *pour*.

- Les **pronoms personnels réfléchis** sont utilisés quand ils renvoient aux sujets des propositions dans lesquelles ils se trouvent.

Pauline ***se*** *regarda dans le miroir.*

Le pronom *se* (COD) désigne la même personne que *Pauline* (sujet).

■ Les **pronoms personnels adverbiaux** sont invariables. Ils sont utilisés pour remplacer des noms désignant des animaux, des objets ou des idées. On ne peut les employer pour les êtres humains.

*Elle commande, dès le lendemain matin, avec une voix épouvantable qui faisait trembler tout le monde, qu'on apportât au milieu de la cour une grande cuve qu'elle fit remplir de vipères, de couleuvres et de serpents, pour **y** faire jeter la reine et ses enfants.* ■ CHARLES PERRAULT, *La Belle au bois dormant.*

Le pronom *y* remplace le nom *cuve*.

LES PRONOMS POSSESSIFS

23 Le rôle des pronoms possessifs

■ Les pronoms possessifs permettent de **reprendre des noms** en les présentant comme des objets possédés par quelqu'un.

GUEUSELAMBIX. – *Voici notre village.*
OBÉLIX. – *Ça ressemble au **nôtre** !*

■ RENÉ GOSCINNY et ALBERT UDERZO, *Astérix chez les Belges.*

24 Les différents pronoms possessifs

■ Les pronoms possessifs varient selon le **possesseur** mais aussi selon le **genre** et le **nombre** des éléments possédés.

Possesseur	Un seul élément possédé		Plusieurs éléments possédés	
	Masculin	Féminin	Masculin	Féminin
moi	le mien	la mienne	les miens	les miennes
toi	le tien	la tienne	les tiens	les tiennes
lui, elle	le sien	la sienne	les siens	les siennes
nous	le nôtre	la nôtre	les nôtres	les nôtres
vous	le vôtre	la vôtre	les vôtres	les vôtres
eux, elles	le leur	la leur	les leurs	les leurs

25 Le rôle des pronoms démonstratifs

■ Les pronoms démonstratifs s'emploient pour désigner :

– des êtres ou des choses qui appartiennent à la situation d'énonciation et que l'on montre ;

*Marius regarde les voitures dans la vitrine : « **Celle-ci** me plaît ! dit-il. »*

Le pronom *celle-ci* désigne l'une des *voitures* montrées par Marius.

– des êtres ou des choses dont on a déjà parlé ;

*L'amie qui était le plus souvent avec eux, c'était la pauvreté, hélas, et il n'est pire compagnie que **celle-là**, pire tourment que sa présence obsédante.* ■ « Estula », *Fabliau du Moyen Âge.*

Le pronom *celle-là* reprend *la pauvreté*.

– des êtres ou des choses dont on va parler.

*Je vous donne **ceci** : la montre de mon grand-père.*

■ Quand les formes composées **celui-ci** et **celui-là** sont employées ensemble, elles s'opposent : **celui-ci** désigne ce qui est le plus proche dans le temps ou dans le texte ; **celui-là** désigne ce qui est le plus éloigné dans le temps ou dans le texte.

*Corneille nous assujettit à ses caractères et à ses idées ; Racine se conforme aux nôtres : **celui-là** peint les hommes comme ils devraient être ; **celui-ci** les peint comme ils sont.*

■ JEAN DE LA BRUYÈRE, *Les Caractères.*

Celui-là désigne Corneille, *celui-ci* désigne Racine.

GRAMMAIRE

26 Les différents pronoms démonstratifs

■ Les pronoms démonstratifs existent sous une **forme simple** et sous une **forme composée**.

	Singulier		Pluriel		Invariable
	Masculin	Féminin	Masculin	Féminin	
Formes simples	celui	celle	ceux	celles	ce, c'
Formes composées	celui-ci, celui-là	celle-ci, celle-là	ceux-ci, ceux-là	celles-ci, celles-là	ceci, cela, ça

■ Les **pronoms démonstratifs simples** sont toujours suivis de propositions subordonnées relatives ou de groupes nominaux.

*J'ai deux robes : **celle** que je préfère est bleue.*

*Il y a deux récréations au collège : **celle** du matin est la plus longue.*

■ Les **pronoms démonstratifs composés** s'emploient seuls.

*Regarde les chapeaux ! **Celui-ci** est joli.*

■ Les **pronoms démonstratifs invariables** reprennent :
– des noms inanimés : *Les bandes dessinées, **ça** m'intéresse.*
– des infinitifs : *Dormir à la belle étoile, **cela** me plaît !*
– des propositions entières : *Tu triches ! **ce** n'est pas drôle.*

LES PRONOMS INDÉFINIS, RELATIFS, INTERROGATIFS

27 Les pronoms indéfinis

■ Les pronoms indéfinis sont des termes de formes variées. Le mot **indéfini** indique l'idée d'une **imprécision** ou d'une incertitude dans l'élément remplacé ou désigné par ces pronoms.

*Je vois **quelque chose**.*

Le pronom *quelque chose* désigne une réalité incertaine, pas très bien identifiée.

On peut classer les pronoms indéfinis selon leur sens.

Sens négatif	aucun(e), nul(le), personne, pas un(e)… ***Nul*** *ne peut entrer.*
Sens quantitatif	plusieurs, certains, beaucoup, tout (tous, toutes), quelques-uns, quelques-unes… ***Certains*** *marchaient lentement.*
Sens distributif	les uns, les autres, chacun, chacune… ***Chacun*** *à son poste !*
Sens indéterminé	on, quelque chose, quelqu'un… *À* ***quelque chose*** *malheur est bon.*

Attention

Il ne faut pas confondre *on* pronom personnel et *on* pronom indéfini.

Pour les distinguer, on peut les remplacer par un autre pronom.

On ne sait rien, on n'a pas d'ordres.

ROLAND DORGELÈS, *Les Croix de bois.*

On peut être remplacé par *nous* (pronom personnel) car il désigne l'auteur et ses compagnons, qui sont enfermés dans les tranchées de la guerre de 1914-1918.

Elle crut entendre dans l'allée un bruit de pas qui s'approchaient. On vient ! dit-elle. GUSTAVE FLAUBERT, *Madame Bovary.*

On peut être remplacé par *quelqu'un* (pronom indéfini).

28 Les pronoms relatifs

Les pronoms relatifs introduisent des **propositions relatives**. Ils ont un **antécédent** qui peut être un nom, un groupe nominal ou un autre pronom.

J'ai déjà vu la jeune fille ***qui*** *attend l'autobus.*

Jeune fille est l'antécédent du pronom relatif *qui*.

■ Les **pronoms relatifs simples** sont : **qui, que, qu', quoi, dont, où**. Ils varient selon la fonction qu'ils occupent à l'intérieur de la proposition relative.

J'achetai des marchandises propres à faire le trafic ***que*** *je méditais, et je partis une seconde fois avec d'autres marchands* ***dont*** *la probité m'était connue.*

■ « Sindbad le marin », *Les Mille et Une Nuits.*

Le pronom *que* est COD de *méditais* et le pronom *dont* est complément du nom *probité*.

■ Les **pronoms relatifs composés** varient selon le genre et le nombre de l'antécédent et peuvent être soudés aux prépositions **à** et **de**.

Il ne comprit pas tout de suite le curieux travail ***auquel*** *se livrait Vendredi.* ■ MICHEL TOURNIER, *Vendredi ou la Vie sauvage.*

Le pronom relatif *auquel* s'accorde avec l'antécédent *travail*, au masculin singulier ; il est soudé à la préposition *à*.

	Masculin singulier	**Féminin singulier**	**Masculin pluriel**	**Féminin pluriel**
Sans préposition	lequel	laquelle	lesquels	lesquelles
Avec la préposition *à*	auquel	à laquelle	auxquels	auxquelles
Avec la préposition *de*	duquel	de laquelle	desquels	desquelles

29 Les pronoms interrogatifs

■ Les pronoms interrogatifs permettent de **poser des questions**. On distingue les **pronoms interrogatifs** de forme **simple**, de forme **composée** et de forme **complexe**.

■ Les **pronoms interrogatifs simples** ne varient pas en genre et en nombre. Ils varient :

– selon qu'ils désignent un être humain ou non ;

Qui *regardes-tu ?* (*Qui* désigne un être humain.)

Que *regardes-tu ?* (*Que* peut désigner un animal ou un objet.)

– selon la fonction qu'ils occupent dans la phrase.

Que *regardes-tu ?* (*Que* est COD.)

À qui *écris-tu ?* (*À qui* est COI.)

■ Les **pronoms interrogatifs composés** varient en genre et en nombre : **lequel, laquelle, lesquels, lesquelles**.
Un pronom interrogatif composé remplace toujours un élément du contexte :

– soit en reprenant un élément déjà mentionné ;

Tu as mangé deux bonbons. ***Lequel*** *était le meilleur ?*
Le pronom *lequel* a pour antécédent *bonbons*.

– soit en étant suivi de l'élément qu'il représente.

Lequel *de ces deux bonbons vas-tu manger en premier ?*
L'élément représenté par le pronom *lequel* est placé après lui ; il s'agit de *bonbons*.

■ Les **pronoms interrogatifs complexes** se présentent sous la forme de locutions verbales composées de l'auxiliaire **être** et de pronoms : **qui est-ce qui, qu'est-ce que**. Les deux pronoms interrogatifs simples qui encadrent la locution varient selon qu'on parle d'un être humain ou non et selon la fonction de la locution dans la phrase.

Qui est-ce qui *a écrit sur la table ?*
Le pronom *qui est-ce qui* représente le sujet (humain) du verbe *a écrit*.

Qu'est-ce que *tu écris sur la table ?*
Le pronom *qu'est-ce que* représente le COD (non humain) du verbe *écris*.

Résumé

■ Les pronoms remplacent des éléments de la phrase ou représentent des éléments de la situation d'énonciation.

■ Les pronoms changent de forme selon leur genre, leur nombre et leur fonction.

■ On distingue :
– les pronoms personnels : *je, tu, nous, eux…*
– les pronoms possessifs : *le mien, les nôtres…*
– les pronoms démonstratifs : *ceci, celle-ci…*
– les pronoms indéfinis : *aucun, quelque chose…*
– les pronoms relatifs : *qui, lequel…*
– les pronoms interrogatifs : *que, lequel, qu'est-ce que…*

L'ADJECTIF QUALIFICATIF

Le mot *adjectif* vient du latin *adjicere,* qui signifie « ajouter ». L'adjectif ajoute en effet des précisions à un nom ou à un pronom.

30 Qu'est-ce qu'un adjectif qualificatif ?

■ L'adjectif qualificatif est un mot qui caractérise un nom ou un pronom en lui apportant des précisions.

> *Son nez* ***décharné, haut*** *et* ***effilé****, lui donnait l'air d'un* ***vieil*** *oiseau de proie.* ■ CONAN DOYLE, *Le Ruban moucheté.*

Les trois premiers adjectifs caractérisent le mot *nez*, le quatrième le mot *oiseau.*

■ L'adjectif qualificatif est un mot **variable** : il s'accorde en genre et en nombre avec le nom ou le pronom auquel il se rapporte.

> *Tante Éponge était* ***petite*** *et* ***ronde, ronde*** *comme un ballon.* ■ ROALD DAHL, *James et la grosse pêche.*

Les trois adjectifs s'accordent avec *tante Éponge* au féminin singulier.

■ Le participe passé et le participe présent peuvent s'employer comme des adjectifs qualificatifs et s'accordent donc comme eux.

> *Alors la jeune femme, d'une voix* ***entrecoupée, tremblante****, commença : « Mes braves gens, je viens vous trouver parce que je voudrais bien... votre petit garçon. »*
> ■ GUY DE MAUPASSANT, « Aux champs », *Contes de la Bécasse.*

Entrecoupée (participe passé) et *tremblante* (participe présent) s'accordent, comme deux adjectifs, avec le nom *voix.*

31 La place de l'adjectif qualificatif

■ L'adjectif qualificatif se place généralement **après le nom** qu'il qualifie : *Cyprien a raconté une histoire* ***formidable*** *!*

- Cependant, il existe quelques cas particuliers :
– certains adjectifs qualificatifs courts se placent **avant le nom** ;

Pascal porte un ***vieux*** *chapeau.*

– lorsque l'adjectif qualificatif est attribut, il est généralement placé **après le verbe**.

Et puis Mme Bongrain a apporté le rôti, qui était ***rigolo****, parce que dehors il était tout* ***noir****, mais dedans c'était comme s'il n'était pas cuit du tout.*

■ JEAN-JACQUES SEMPÉ et RENÉ GOSCINNY, *Le Petit Nicolas et les copains.*

Rigolo qualifie *le rôti*, *noir* qualifie le pronom *il*. Ces adjectifs sont placés après le verbe *était*.

- Quelques adjectifs qualificatifs épithètes ne peuvent **jamais** être placés **avant** le nom, comme certains adjectifs de couleur.

Je préfère le pantalon ***bleu****.* (⊖ *et non le bleu pantalon !*)

Attention

La place de l'adjectif qualificatif peut en modifier le sens.

La place de l'adjectif qualificatif épithète (avant ou après le nom) peut parfois changer le sens du GN. C'est le cas pour des adjectifs comme *grand, triste, curieux, propre, pauvre, brave* : *un garçon* ***curieux*** fait preuve de curiosité mais *un* ***curieux*** *garçon* est un garçon étrange.

32 Les adjectifs relationnels

- Certains adjectifs n'expriment pas une qualité mais une relation avec un nom, on les appelle des **adjectifs relationnels**. Ils sont l'équivalent d'un complément du nom.

Quant à Passepartout, la face rouge comme le disque ***solaire*** *quand il se couche dans les brumes, il humait cet air* ***piquant****.*

■ JULES VERNE, *Le Tour du monde en quatre-vingts jours.*

L'adjectif qualificatif *piquant* donne une caractéristique de l'air. L'adjectif relationnel *solaire* équivaut au complément du nom « du soleil ».

- Les adjectifs relationnels ont trois particularités : ils sont toujours placés après le nom ; ils ne varient pas en degré ; ils sont toujours épithètes.

33 Les degrés de l'adjectif qualificatif : les comparatifs et les superlatifs

L'adjectif qualificatif peut exprimer une propriété ou une caractéristique avec plus ou moins de force, il **varie** alors en **degré**. C'est l'ajout d'adverbes *(plus, moins)* qui exprime cette variation.

> *– Vieille imbécile ! Je suis **plus beau** que toi ! tu entends ! **Plus beau** que toi !*
> *– Ce n'est pas vrai ! Espèce de brimborion ! C'est moi **la plus belle** !* ■ MARCEL AYMÉ, *Les Contes du chat perché.*

Plus beau est un comparatif, *la plus belle* est un superlatif.

Les comparatifs

■ On distingue plusieurs types de comparatifs :

– le comparatif **de supériorité** *(plus + adjectif)* ;

*Elle est **plus courageuse** que moi.*

– le comparatif **d'infériorité** *(moins + adjectif)* ;

*Il a un frère **moins âgé** que je ne le croyais.*

– le comparatif **d'égalité** *(aussi + adjectif).*

*Tu es **aussi discret** qu'un éléphant dans un champ de betteraves !*

■ Le comparatif est le plus souvent suivi d'un complément introduit par **que**.

> *Un petit gros monsieur, court et rond, parut, donnant le bras à une grande et belle femme, **plus haute** que lui, beaucoup **plus jeune**.* ■ GUY DE MAUPASSANT, *Bel-Ami.*

Que lui est le complément du comparatif *plus haute* mais il n'est pas répété pour le complément du comparatif *plus jeune*.

Les superlatifs

■ On distingue deux types de **superlatifs relatifs** :

– le superlatif **relatif de supériorité** *(le plus + adjectif)* ;

> *Le Loup se mit à courir de toute sa force par le chemin qui était le **plus** court, et la petite fille s'en alla par le chemin **le plus** long.* ■ CHARLES PERRAULT, *Le Petit Chaperon rouge.*

– le superlatif **relatif d'infériorité** *(le moins + adjectif).*

*Il est **le moins habile** des trois.*

■ Le superlatif relatif est le plus souvent suivi d'un complément introduit par **de**.

*Nous avons ici un vieillard retiré de la Cour, qui est **le plus savant homme** du royaume, et **le plus communicatif**.*

■ VOLTAIRE, *Candide*.

Du royaume est le complément du superlatif *le plus savant homme* mais il n'est pas répété pour le complément du superlatif *le plus communicatif*.

■ Le superlatif **absolu** permet d'indiquer le très haut degré d'une caractéristique attribuée à une réalité sans qu'il soit question de la comparer à une autre réalité. Il se forme en faisant précéder l'adjectif d'un adverbe de quantité comme ***très, extrêmement, merveilleusement***.

*Quand il s'amuse, il est **extrêmement** comique.*

■ EDMOND ROSTAND, « Le petit chat », *Les Musardises*.

Les comparatifs et les superlatifs irréguliers

■ Il existe des cas où l'adjectif lui-même peut porter la marque de cette variation en degré, ce sont des comparatifs ou superlatifs irréguliers.

	Comparatif de supériorité	Superlatif
bon	meilleur	le meilleur
mauvais	pire	le pire
petit	moindre	le moindre

Résumé

■ L'adjectif qualificatif permet de caractériser le nom ou le pronom auquel il se rapporte.

■ Il s'accorde en genre et en nombre avec le nom qu'il qualifie et peut varier en degré.

LE VERBE

Je fume,
tu fumes,
il tousse,
nous toussons,
vous toussez,
ils s'arrêtent
de fumer.

■ PEF, *L'Ivre de français.*

34 Qu'est-ce qu'un verbe ?

■ Le verbe est un mot qui peut exprimer :

– une **action** effectuée ou subie par le sujet ;

Le kangourou ***boxe****, il* ***reçoit*** *des coups.*

■ MARC ALYN, « Girafe », *L'Arche enchantée.*

– l'attitude ou l'**état** du sujet.

La girafe ***est*** *belle, elle* ***est*** *une échelle.*

■ MARC ALYN, « Girafe », *L'Arche enchantée.*

■ Le verbe est le **noyau** de la phrase car c'est autour de lui que se construit celle-ci.

Pascal ***récite*** *son texte.*

Pascal est le sujet du verbe *récite* ; *son texte* est le COD du verbe *récite*.

■ Le verbe est le seul mot qui peut varier à la fois en genre, en nombre, en temps, en personne, en mode et en voix : l'ensemble des formes que peut prendre le verbe s'appelle sa **conjugaison**.

■ Seul le verbe peut être encadré par la **négation** : *ne... pas, ne... plus, ne... jamais, ne... rien.*

La Fourmi ***n'est*** *pas prêteuse.*

■ JEAN DE LA FONTAINE, *La Cigale et la Fourmi.*

35 La forme du verbe

■ Le verbe se compose de deux parties :

– un **radical**, qui porte le sens du verbe ;

– une **terminaison** (qu'on appelle aussi désinence), qui porte les marques de la conjugaison : personne, temps, mode.

Ils ***mang-eront****.*

Mang- est le radical et *-eront* est la terminaison à la 3e personne du pluriel, au futur de l'indicatif.

■ Les verbes se répartissent, selon leur infinitif, en **trois groupes**. Savoir à quel groupe appartient le verbe permet de le conjuguer.

■ Le verbe est parfois composé de deux ou trois mots formant une unité de sens. On parle alors de **locution verbale** : *avoir raison, faire peur...*

*Oui, j'****avais peur*** *des grandes bêtes cornues.*

■ CAMARA LAYE, *L'Enfant noir.*

36 Les verbes auxiliaires

■ **Être** et **avoir** peuvent servir à la conjugaison des autres verbes ; ils perdent alors leur sens propre : ce sont des **auxiliaires**. On les emploie pour former les temps composés.

L'homme ***était parti*** *de Marchiennes vers deux heures.*

■ ÉMILE ZOLA, *Germinal.*

37 Les verbes d'état

■ Les verbes d'état expriment un état ou un changement d'état : *être, paraître, sembler, devenir, demeurer, rester...*

■ Les verbes d'état se construisent avec un **attribut**. On les appelle aussi verbes attributifs.

Il ***devient*** *gras. Il* ***est*** *de plus en plus beau, ma foi.*

■ MARCEL AYMÉ, *Les Contes du chat perché.*

Il, qui désigne un cochon, est relié à *gras* et *beau* (attributs) par deux verbes attributifs, *devient* et *est*.

GRAMMAIRE

38 Les verbes transitifs et les verbes intransitifs

■ À côté de l'infinitif du verbe, le dictionnaire indique la façon dont le verbe se construit par des abréviations du type **v. tr, v. i.** On distingue en effet les verbes transitifs des verbes intransitifs.

■ Un verbe est **transitif direct** s'il se construit avec un complément d'objet direct.

*Le zébubus / **Transportait** / Noirs et Blancs.*

■ JOËL SADELER, « Fable », *Mon premier livre de poèmes pour rire.*

Noirs et Blancs est le COD du verbe *transportait.*

■ Un verbe est **transitif indirect** s'il se construit avec un complément d'objet indirect.

*Elle **ressemblait à** un énorme chou blanc cuit à l'eau.*

■ ROALD DAHL, *James et la grosse pêche.*

Ressembler se construit avec la préposition *à* qui introduit le COI, *un énorme chou blanc cuit à l'eau* (il s'agit de la tante de James).

■ Quand un verbe transitif est employé sans complément d'objet, on dit qu'il est employé **absolument**.

*Il **buvait** un horrifique trait de vin blanc.*

■ FRANÇOIS RABELAIS, *Gargantua.*

Le verbe *boire* est employé avec un COD : *un horrifique trait de vin blanc.*

*Le bonhomme Grandgousier, alors qu'il **buvait** et rigolait avec les autres, entendit le cri horrible de son fils.*

■ FRANÇOIS RABELAIS, *Gargantua.*

Le verbe *boire* est employé absolument.

■ Un verbe est **intransitif** s'il se construit sans complément d'objet.

Elle n'avait autour d'elle que des ennemis.
*– Où vais-je **mourir** ? dit-elle.*
– Sur l'autre rive, répondit le bourreau.

■ ALEXANDRE DUMAS, *Les Trois Mousquetaires.*

Le verbe *mourir* se construit sans complément d'objet.

39 Les verbes pronominaux

■ Certains verbes sont précédés d'un pronom réfléchi, qui varie selon la personne ; on les appelle des verbes pronominaux. Le dictionnaire indique **v. pron.** ou **v. pr.**

> *Il y a des gestes différents pour toutes les lettres : on* ***se gratte*** *l'oreille, on* ***se frotte*** *le menton, on* ***se donne*** *des tapes sur la tête, comme ça jusqu'à « z », où on louche. Terrible.*
>
> ■ JEAN-JACQUES SEMPÉ et RENÉ GOSCINNY, *Le Petit Nicolas et les copains.*

40 Les verbes impersonnels

■ Le verbe **impersonnel** ne se conjugue qu'avec le pronom **il** (qui dans ce cas ne remplace aucun nom) : *il pleut, il s'agit…*

■ Certains verbes ne sont qu'impersonnels : *il neige, il faut…*

> *S'il fait beau, c'est une canne, s'il fait du soleil, c'est une ombrelle, s'****il pleut****, c'est un parapluie.*
>
> ■ GUY DE MAUPASSANT, *Bel-Ami.*

■ D'autres verbes peuvent parfois être employés de façon impersonnelle : *il arrive (que), il semble (que)…*

> PERRICHON. – ***Il*** *me* ***semble*** *qu'un homme du monde peut avoir des pensées et les recueillir sur un carnet !*
>
> ■ EUGÈNE LABICHE, *Le Voyage de Monsieur Perrichon.*

Résumé

- Le verbe est le noyau de la phrase.
- Il se conjugue et peut se construire avec ou sans complément : il est transitif ou intransitif.
- Le verbe d'état se construit avec un attribut.
- Le verbe pronominal est précédé d'un pronom réfléchi.

Les adverbes

Ailleurs, bien loin d'ici ! trop tard ! jamais peut-être !
■ CHARLES BAUDELAIRE, « À une passante », *Les Fleurs du mal.*

Ce vers de Baudelaire a la particularité de n'être constitué que d'adverbes.

41 Le rôle des adverbes

■ Les adverbes servent à modifier le sens :
– d'un verbe : *Le randonneur marche **rapidement**.*
– d'un adjectif qualificatif : *La mer est **plus** agitée qu'hier.*
– d'un adverbe : *Je me sens **parfaitement** bien.*
– d'une phrase.

*On s'entretint de la guerre **naturellement**. On raconta des faits horribles des Prussiens, des traits de bravoure des Français.*
■ GUY DE MAUPASSANT, *Boule-de-Suif.*

■ Les adverbes de liaison jouent le rôle de connecteurs en organisant la progression temporelle *(d'abord, ensuite)* ou logique *(toutefois, en effet)* d'un texte.

*Il s'attacha **d'abord** à régler dans la paix et la prospérité toutes les affaires du royaume. **Puis** il entreprit une série d'expéditions, dont le but était de prendre connaissance des richesses artistiques des pays voisins.*
■ MICHEL TOURNIER, *Les Rois mages.*

Attention

L'adverbe peut s'employer comme un nom ou un adjectif.

Il remplit alors les fonctions propres à ces mots.

*les gens d'**ici** – un homme **bien***

Ici remplit la fonction de complément du nom *gens*, *bien* celle d'épithète du nom *homme*.

GRAMMAIRE

42 Les caractéristiques des adverbes

- Les adverbes sont toujours invariables.

  *Elle s'arrêta **net**.*

- On peut les supprimer sans rendre la phrase incorrecte.

  *Le père et la mère, les voyant occupés à travailler, s'éloignèrent d'eux **insensiblement**, et **puis** s'enfuirent **tout à coup** par un petit sentier détourné.*

  CHARLES PERRAULT, *Le Petit Poucet*.

43 Les différentes sortes d'adverbes

- Il existe une grande variété d'adverbes. On distingue :

– les adverbes de **manière** : *ainsi, bien, ensemble, rapidement…*
– les adverbes de **temps** : *hier, aujourd'hui, demain…*
– les adverbes de **lieu** : *ici, là, ailleurs, loin, partout…*
– les adverbes de **quantité** ou d'**intensité** : *assez, autant, peu…*
– les adverbes de **liaison** : *puis, enfin, cependant, d'abord…*
– les adverbes **interrogatifs** : *où, quand, pourquoi, comment…*
– les adverbes **exclamatifs** : *comme, combien, que…*
– les adverbes d'**affirmation** et de **négation** : *oui, peut-être, certes, non, ne… pas, ne… jamais, ne… plus…*

Certains adverbes sont constitués de plusieurs mots ; il s'agit de **locutions adverbiales** : *d'ailleurs, bien sûr…*

- L'adjectif qualificatif peut être employé comme adverbe ; il est alors invariable.

  *Elle parlait **fort**.*

Résumé

- L'adverbe est un mot invariable.
- Il sert à modifier le sens d'un verbe, d'un adjectif, d'un autre adverbe ou d'une phrase.

LES PRÉPOSITIONS

Les prépositions sont des chefs de groupe. L'étymologie nous apprend qu'elles sont « placées à l'avant » d'un groupe de mots, comme l'indique le verbe latin *praeponere*, qui signifie « mettre devant ».

44 Le rôle des prépositions

■ Les prépositions servent à mettre en relation un mot ou un groupe de mots avec un autre élément de la phrase. Elles forment ainsi un **groupe prépositionnel** dont elles sont le mot de tête.

■ Ce groupe peut être complément :
– d'un **verbe** : *se souvenir* ***de*** *ses vacances ;*
– d'un **adjectif** : *facile* ***à*** *écrire ;*
– d'un **nom** : *le chapeau* ***de*** *Marie ;*
– d'une **proposition** (ou d'une phrase).

À la fin de l'année, je passerai mon brevet.

45 Les caractéristiques des prépositions

■ Les prépositions sont des mots **invariables**.

■ On ne peut pas les supprimer.

Je suis allé à Paris / ⊖ Je suis allé Paris.

■ Les prépositions existent en nombre limité sous deux formes :
– des **mots simples** et souvent brefs : *à, de, par, avec, pour, dans…*
– des groupes de mots composés d'une préposition simple et d'un autre mot ; on les appelle des **locutions prépositionnelles** : *à cause de, grâce à, en vue de…*

Le marchand me suivait ***avec*** *précaution* ***dans*** *le tortueux passage pratiqué* ***entre*** *les piles* ***de*** *meubles.*

■ THÉOPHILE GAUTIER, *Le Pied de momie.*

Il y a quatre prépositions dans cette phrase.

Attention

À et *de* se contractent avec les articles *le* et *les*.

Du (⊖ de le), **des** (⊖ de les), **au** (⊖ à le), **aux** (⊖ à les).

Astuce

Comment ne pas confondre les prépositions avec les adverbes et les conjonctions ?

- Contrairement aux adverbes, les prépositions sont toujours suivies d'un complément.

  Depuis *ton départ, je suis triste.* (préposition)
  Tu es parti, je suis triste ***depuis****.* (adverbe)

- Contrairement aux conjonctions, elles n'introduisent pas de verbes conjugués.

  Avant de partir, viens me voir. (locution prépositionnelle)
  Avant que tu ne partes, viens me voir. (locution conjonctive)

46 Les prépositions de sens limité, les prépositions de sens multiples

- Certaines prépositions indiquent un seul type de relation.

Sous indique un lieu : *Le TGV passe* ***sous*** *le tunnel.*
Pendant indique une durée : *Il a plu* ***pendant*** *deux jours.*

- D'autres prépositions ont des sens multiples.

– La préposition **avec** indique : la manière *(avec facilité)*, le moyen *(avec un stylo)*, l'accompagnement *(avec Marie)*.
– La préposition **à** indique : la fonction *(un bac à vaisselle)*, la manière *(à tâtons)*, le lieu *(à Metz)*, le temps *(à dix heures)*…

Résumé

- Les prépositions introduisent des groupes de mots qui ont des fonctions diverses dans la phrase.
- Elles sont indispensables et invariables.

LES CONJONCTIONS

Les conjonctions sont des mots outils invariables.
Le mot *conjonction* vient du latin *conjungere*, qui signifie « joindre avec ».
On distingue les conjonctions de coordination et les conjonctions de subordination.

LES CONJONCTIONS DE COORDINATION

47 Le rôle des conjonctions de coordination

- Les conjonctions de coordination servent à **relier des mots** ou des groupes de mots qui ont la **même fonction** dans la phrase.

Le grand veneur ***et*** *le premier eunuque ne doutèrent pas que Zadig n'eût volé le cheval du roi* ***et*** *la chienne de la reine.*

VOLTAIRE, *Zadig*.

Les groupes nominaux sujets, *le grand veneur et le premier eunuque*, ainsi que les groupes nominaux COD, *le cheval du roi* et *la chienne de la reine*, sont reliés par la conjonction de coordination *et*.

- Les groupes coordonnés sont le plus souvent de **même nature**.

MAÎTRE DE PHILOSOPHIE. – *Vous ne voulez que de la prose ?*
MONSIEUR JOURDAIN. – *Non, je ne veux* ***ni*** *prose* ***ni*** *vers.*
MAÎTRE DE PHILOSOPHIE. – *Il faut bien que ce soit l'un* ***ou*** *l'autre.*

MOLIÈRE, *Le Bourgeois gentilhomme*.

Ni coordonne deux noms, *ou* coordonne deux pronoms.

- Ils peuvent aussi être de nature différente, à condition de jouer le même rôle grammatical.

Un Souriceau tout jeune, ***et*** *qui n'avait rien vu,*
Fut presque pris au dépourvu.

JEAN DE LA FONTAINE, *Le Cochet, le Chat et le Souriceau*.

Et coordonne un groupe adjectival *(tout jeune)* et une proposition subordonnée relative *(qui n'avait rien vu)* ; mais tous deux servent à qualifier le nom *Souriceau*.

■ Les conjonctions de coordination **relient** également **des propositions** de même nature ; on dit que ces propositions sont **coordonnées**.

> SCAPIN. – *[Parbleu, Monsieur, je suis un fourbe]* ***ou*** *[je suis un honnête homme] ; c'est l'un des deux.*
>
> ■ MOLIÈRE, *Les Fourberies de Scapin.*

Les propositions indépendantes *Parbleu, Monsieur, je suis un fourbe* et *je suis un honnête homme* sont reliées par la conjonction de coordination *ou.*

> *J'avoue que j'aimerais rencontrer une personne [que je pourrais aimer]* ***et*** *[qui s'intéresserait un peu à moi].*
>
> ■ ROMAIN GARY, *La Promesse de l'aube.*

Les propositions subordonnées relatives *que je pourrais aimer* et *qui s'intéresserait un peu à moi* sont reliées par la conjonction de coordination *et.*

■ Elles peuvent **relier des phrases**. Les conjonctions de coordination jouent alors un rôle de **connecteur** : elles permettent de structurer le texte en mettant en évidence sa progression temporelle ou logique, tout comme les adverbes de liaison.

> *–* ***Mais****, papa, lui dis-je, elle monte la rue Tivoli !*
>
> *– Oui, me dit-il : maintenant, elle monte.* ***Mais*** *je suis presque sûr qu'au retour elle descendra.*
>
> ■ MARCEL PAGNOL, *La Gloire de mon père.*

48 Les différentes conjonctions de coordination

■ Il existe sept conjonctions de coordination : **car, donc, et, mais, ni, or, ou**. Elles se placent devant le mot ou le groupe de mots qu'elles coordonnent, à l'exception de **donc** dont la position est variable.

Astuce

Comment mémoriser les conjonctions de coordination ?

Une formule mnémotechnique bien connue facilite cette mémorisation :
mais, ou, et, donc, or, ni, car
(Mais où est donc Ornicar ?).

Les conjonctions de coordination peuvent avoir un ou plusieurs sens.

	Sens	Exemple
Car	Cause	• *Ils hâtèrent le pas,* ***car*** *le ciel était menaçant.*
Donc	Conséquence Conclusion d'un raisonnement	• *Les issues étaient bloquées ; ils ne purent* ***donc*** *pas sortir.* • *Tous les hommes sont mortels ; or Socrate est un homme ;* ***donc*** *Socrate est mortel.*
Et	Addition Succession Conséquence Opposition	• *Mince* ***et*** *agile, la fillette se glissa sous le portail.* • *Il but son café* ***et*** *sortit.* • *Une seule erreur* ***et*** *tout est à recommencer.* • *Ils dépensaient des fortunes* ***et*** *n'obtenaient aucun résultat.*
Mais	Opposition	• *Ils voulurent partir,* ***mais*** *il les retint encore une heure.*
Ni	Addition de négations	• *Elle ne dormait* ***ni*** *ne mangeait.*
Or	Objection Introduction d'une nouvelle donnée	• *Nous voulions partir,* ***or*** *il se mit à pleuvoir.* • *Tous les hommes sont mortels ;* ***or*** *Socrate est un homme.*
Ou	Alternative	• *Fromage* ***ou*** *dessert ?*

49 Le rôle des conjonctions de subordination

■ Les conjonctions de subordination servent à **relier deux propositions** en subordonnant l'une à l'autre, c'est-à-dire en plaçant l'une dans la dépendance de l'autre. La proposition qui est introduite par la conjonction de subordination est appelée **proposition subordonnée conjonctive**, alors que l'autre proposition est appelée **proposition principale**.

[Le long d'un clair ruisseau buvait une Colombe,]
[Quand sur l'eau se penchant une Fourmi y tombe.]

■ JEAN DE LA FONTAINE, *La Colombe et la Fourmi.*

Cette phrase est formée d'une proposition principale suivie d'une proposition subordonnée conjonctive.

■ Les conjonctions de subordination jouent également un rôle de **connecteur** : comme les adverbes de liaison, elles contribuent à structurer le texte en exprimant les rapports temporels ou logiques qui unissent les propositions entre elles.

***Alors**, donnant un vigoureux coup de pied, il remonta libre à la surface de la mer, **tandis que** le boulet entraînait dans ses profondeurs inconnues le tissu grossier qui avait failli devenir son linceul.* ■ ALEXANDRE DUMAS, *Le Comte de Monte-Cristo.*

L'adverbe de liaison *alors* et la locution conjonctive *tandis que* soulignent la chronologie du récit.

50 Les différentes conjonctions de subordination

■ Il faut distinguer **que** des autres conjonctions de subordination. **Que** n'a pas de sens particulier et se comporte comme un outil grammatical servant à relier deux propositions. Cette conjonction introduit une **proposition subordonnée conjonctive complétive**.

*Ma mère dit [**qu**'il ne faut pas gâter les enfants.]*

■ JULES VALLÈS, *L'Enfant*.

Qu'il ne faut pas gâter les enfants est une proposition subordonnée conjonctive complétive, COD du verbe *dire*.

Attention

***Que* peut être une conjonction de subordination, un pronom ou un adverbe.**

Il ne faut pas confondre la conjonction de subordination **que** avec :
- le pronom interrogatif : ***Que** veux-tu ?*
- l'adverbe exclamatif : ***Que** j'aime ce pays !*
- le pronom relatif :

*Il trouva agréable le voyage [**que** nous avions entrepris.]*

Que nous avions entrepris est une proposition subordonnée relative introduite par le pronom relatif *que* et dont l'antécédent est *le voyage*.

*Il trouva [**que** le voyage était agréable.]*

Que le voyage était agréable est une proposition subordonnée conjonctive introduite par la conjonction de subordination *que*.

■ Toutes les autres conjonctions de subordination expriment un rapport de temps ou un rapport logique. Elles introduisent des **propositions subordonnées conjonctives circonstancielles**.

*Et, à la maison, [**depuis que** j'ai fumé le cigare,] papa n'a plus le droit de fumer la pipe.*

■ JEAN-JACQUES SEMPÉ et RENÉ GOSCINNY, *Le Petit Nicolas*.

Depuis que j'ai fumé le cigare est une proposition subordonnée conjonctive circonstancielle de temps.

■ La plupart de ces conjonctions sont formées de plusieurs mots : on parle alors de **locutions conjonctives** *(avant que, si bien que…)*. Les conjonctions et locutions conjonctives sont très nombreuses, mais on peut les classer en fonction de leur sens.

Temps	*après que, avant que, comme, quand…*
Cause	*comme, parce que, puisque…*
Conséquence	*au point que, de sorte que, si bien que…*
But	*afin que, de peur que, pour que…*
Condition	*à condition que, pourvu que, si…*
Opposition	*bien que, quoique, sans que…*
Comparaison	*aussi… que, comme, le même… que, plus… que…*

Attention

On peut éviter de répéter une conjonction en employant *que* à sa place.

Lorsque plusieurs propositions subordonnées circonstancielles sont coordonnées entre elles ou juxtaposées, on évite de répéter la conjonction en employant **que** à sa place. Dans ce cas, **que** introduit une subordonnée conjonctive circonstancielle.

> ***Lorsqu'****un homme marié était mort et* ***que*** *sa femme bien-aimée voulait être sainte, elle se brûlait en public sur le corps de son mari.*
>
> ■ VOLTAIRE, *Zadig.*

Que est mis pour *lorsque*.

Résumé

- Les conjonctions sont des mots outils invariables.
- Les conjonctions de coordination relient des mots ou groupes de mots qui ont la même fonction.
- Les conjonctions de subordination relient une proposition subordonnée à la proposition principale.
- Les conjonctions ont aussi un rôle de connecteur.

LES INTERJECTIONS

***Ô** lyre ! **ô** délire ! **oh** – assez ! **attention**.*

TRISTAN CORBIÈRE, *Les Amours jaunes*.

Ô, *oh* et *attention* sont des interjections.

51 Le rôle des interjections

- Mots souvent courts, toujours invariables, les interjections expriment un comportement affectif, une émotion de la part du locuteur : colère, étonnement, satisfaction, politesse... On parle aussi de mots exclamatifs.

  ***Ô** rage ! **ô** désespoir ! **ô** vieillesse ennemie.*

  PIERRE CORNEILLE, *Le Cid*.

- Les interjections sont souvent redoublées et accompagnées d'un point d'exclamation.

  ***Oh ! oh !** dit le chat, vous êtes plus méchants que je ne pensais.*

  MARCEL AYMÉ, *Les Contes du chat perché*.

- Elles n'ont pas de réelle fonction dans la phrase. Elles ne se rapportent à aucun autre mot de la phrase. Pour cette raison, elles sont souvent séparées par une virgule des autres mots de la phrase. On peut aisément les déplacer et les supprimer.

  ***Au secours, au secours,** voilà monsieur le marquis de Carabas qui se noie !*

  CHARLES PERRAULT, *Le Chat botté*.

  On pourrait dire : « Voilà monsieur le marquis de Carabas qui se noie ! », ou encore, « Voilà monsieur le marquis de Carabas qui se noie, au secours ! »

52 Les principales catégories d'interjections

Les interjections peuvent être :

– des **onomatopées**, qui sont des mots servant à retranscrire des bruits comme le rire *(ha, hi, ho)*, les cris *(ah, oh)* : ***Ha, ha****, c'est une plaisanterie !*

– des **mots expressifs** utilisés pour exprimer un sentiment, une sensation, une attitude, comme le mépris *(fi)*, la douleur *(aïe)*, l'agacement *(zut)*, la plainte *(hélas)* : ***Hélas !*** *il était trop tard !*

– des **noms** ou des **groupes nominaux** : *Attention ! Ma parole ! Juste ciel ! Par exemple !*

– des **adjectifs** : *Bon ! Chic !*

– des **adverbes** : *Alors ! Bis ! Bien ! Eh bien !*

– des **verbes à l'impératif** : *Allons ! Tiens ! Voyons !*

– des **phrases** ou des **expressions figées** : *Sauve qui peut ! Vogue la galère ! Bonjour !*

? Pourquoi

Pourquoi certaines interjections viennent-elles de jurons déformés ?

Les jurons évoquent souvent des puissances religieuses : *Dieu ! Jésus !* Pour éviter d'avoir à prononcer le mot *Dieu* ou un autre terme lié à la religion (ce qui est considéré comme irrespectueux), certaines interjections, par déformation ou substitution, ont fait disparaître habilement le terme tabou : *morbleu* (pour *mort de Dieu*), *parbleu*, *pardi* (pour *par Dieu*), *sapristi* (déformation de *sacristi*, diminutif de *sacré*).

Résumé

- Les interjections sont des mots expressifs d'origines diverses.
- Elles n'ont pas de fonction dans la phrase.

NATURE ET FONCTION

La **nature** d'un mot est sa carte d'identité (ce qu'il est et sera toujours) et sa **fonction** est son métier (ce qu'il fait dans la phrase et qui peut changer).

53 Nature et fonction d'un mot

■ Pour trouver la **nature** d'un mot, on cherche à quelle **classe grammaticale** il appartient. La nature d'un mot permet de le reconnaître, quel que soit le contexte. Un mot ne change jamais de nature : le mot *enfant* est toujours un nom commun.

■ Pour trouver la **fonction** d'un mot, on peut se demander quelle **relation** il entretient avec le reste de la phrase, quel rôle il joue.

Le temps a laissé son manteau.

■ CHARLES D'ORLÉANS, *Rondeaux*.

Dans cette phrase, *Le temps* est le sujet, *a laissé* est le verbe et *son manteau* est le complément d'objet direct.

■ La **place** d'un mot permet parfois de repérer sa **fonction**.

Virginie regarde Paul. Paul regarde Virginie.

Dans la première phrase, *Virginie* est sujet, *Paul* est COD. Dans la seconde phrase, la place des mots étant inversée, *Virginie* devient COD et *Paul* devient sujet.

Mais la place d'un mot n'est pas un critère suffisant pour reconnaître sa fonction.

*Peut-être veux-**tu** manger ici ?*

Tu est le sujet du verbe *veux*, il se trouve cependant après le verbe.

Attention

Un même mot peut remplir plusieurs fonctions.

Elle a félicité Pierre. Pierre était très ému.

Le nom *Pierre* est COD dans la première phrase et sujet dans la seconde phrase.

Des mots de natures différentes peuvent remplir une même fonction grammaticale.

Par exemple, lorsqu'on cherche le sujet dans une phrase, il ne faut pas automatiquement chercher un nom.

*Le chat lèche sa patte, **il** est très propre.*

Dans la première proposition, la fonction sujet est remplie par un groupe nominal dont le mot noyau est le nom *chat* ; dans la seconde proposition, elle est remplie par le pronom *il*.

54 Nature et fonction d'un groupe de mots

■ On appelle groupe de mots un ensemble de mots construit autour d'un mot **noyau**. Le noyau donne au groupe sa **nature** : un **groupe nominal** a pour noyau un nom, un **groupe verbal** a pour noyau un verbe et un **groupe adjectival** a pour noyau un adjectif qualificatif.

*Ma **voisine** de palier **a terminé** sa décoration grâce à un papier peint **facile** à poser.*

Le groupe nominal *Ma voisine de palier* a pour noyau le nom *voisine*, le groupe verbal *a terminé sa décoration* a pour noyau le verbe *a terminé* et le groupe adjectival *facile à poser* a pour noyau l'adjectif *facile*.

■ Pour trouver la **fonction** d'un groupe de mots, il faut se demander quelle est la fonction du mot noyau.

*[Le petit **violon** d'un moustique] s'obstine.*

■ LÉON-PAUL FARGUE, « Une odeur nocturne », *Poésies*.

Violon est le nom noyau du groupe nominal *Le petit violon d'un moustique*, il occupe la fonction sujet. Le groupe nominal est donc le groupe sujet.

55 Nature et fonction d'une proposition

Il existe différentes **natures** de propositions : la proposition **indépendante**, la proposition **principale** et la proposition **subordonnée**.

On distingue cinq natures de propositions subordonnées :
- la proposition subordonnée **relative** ;
- la proposition subordonnée **conjonctive** ;
- la proposition subordonnée **interrogative indirecte** ;
- la proposition subordonnée **infinitive** ;
- la proposition subordonnée **participiale**.

Astuce

Comment trouver la nature d'une proposition ?

Le plus souvent, il suffit de repérer le mot qui l'introduit : ainsi le pronom **relatif** introduit la proposition **relative**, la **conjonction** introduit la proposition **conjonctive**.

Pour trouver la **fonction** d'une proposition, il faut se demander quel rôle elle joue dans la phrase. Une proposition peut remplir les mêmes fonctions qu'un mot ou un groupe de mots : quelle que soit sa nature, elle peut être sujet, complément d'objet…

Je sais bien [que tu as raté ton train,]
[et que tu vas me téléphoner.]
Les deux propositions subordonnées sont des conjonctives COD du verbe *savoir*.

56 L'analyse grammaticale

L'analyse grammaticale consiste à identifier la nature et la fonction des différents éléments d'une phrase. On peut analyser la **nature** et la **fonction** de chaque **mot** ou **groupe de mots** d'une phrase.

Jeanne regarde son enfant avec tendresse.

Nature des mots : *Jeanne* : nom • *regarde* : verbe • *son* : déterminant • *enfant* : nom • *avec* : préposition • *tendresse* : nom.
Fonction des mots et groupes de mots : *Jeanne* : sujet • *regarde son enfant* : groupe verbal • *avec tendresse* : complément circonstanciel de manière • *son enfant* : COD de *regarde*.

■ On peut aussi analyser la **nature** et la **fonction** des différentes **propositions** composant la phrase.

[On entendait ainsi un bruit de tam-tam,]
[cependant que les navires marquaient un roulis]
[qui s'accentuait jusqu'à devenir inquiétant.]

■ MICHEL TOURNIER, *Gaspard, Melchior et Balthazar.*

Cette phrase est formée de trois propositions :
- *On entendait ainsi un bruit de tam-tam* : proposition principale ;
- *cependant que les navires marquaient un roulis* : proposition subordonnée conjonctive circonstancielle ;
- *qui s'accentuait jusqu'à devenir inquiétant* : proposition subordonnée relative épithète.

Résumé

■ La nature d'un mot ne varie jamais, elle désigne ce qu'il est, sa classe grammaticale : un adverbe, un pronom, un nom, un adjectif qualificatif…

■ La fonction d'un mot est variable, elle désigne le rôle qu'il joue dans la phrase : sujet, complément du nom, complément d'objet, complément circonstanciel…

LA FONCTION SUJET

Hiver, ***vous*** *n'êtes qu'un vilain.*
Été *est plaisant et gentil :*
En témoignent ***Mai et Avril***
Qui *l'escortent soir et matin.*
■ CHARLES D'ORLÉANS, *Poèmes.*

Comme le montrent ces vers,
la nature et la place du sujet varient,
ce qui peut rendre difficile son identification.

57 Le rôle du sujet

■ Le sujet indique qui fait **l'action** exprimée par le verbe.

J'ai ouvert ma fenêtre / et ***la lune*** *m'a souri.*

■ PHILIPPE SOUPAULT, « Pleine Lune », *La Nouvelle Guirlande de Julie.*

J' est le sujet de *ai ouvert* et *la lune* est le sujet du verbe *a souri.*

■ Le sujet est un **constituant obligatoire** de la phrase : il ne peut être supprimé.

■ Le sujet commande **l'accord** en nombre et parfois en genre du verbe conjugué.

« Tu as vu, comment elle est attifée, la voisine ?
*a dit Maman à Papa, on dirait qu'****elle*** *s'est habill****ée***
avec un rideau ! »

■ JEAN-JACQUES SEMPÉ et RENÉ GOSCINNY, *Le Petit Nicolas et les copains.*

Elle est le sujet du verbe *s'est habillée,* qui s'accorde au féminin singulier.

Astuce

Comment identifier le sujet ?

Le sujet peut être identifié en posant la question **qui est-ce qui ?** ou **qu'est-ce qui ?** suivie du verbe. Pour répondre à ces questions, on utilisera la formule **c'est... qui,** le sujet se trouvant placé entre **c'est** et **qui.**

Le clown *a cassé son violon.*

Qui est-ce qui a cassé son violon ? *C'est* le clown *qui* a cassé son violon, *le clown* est donc le sujet de *a cassé.*

58 La nature du sujet

■ La fonction sujet peut être remplie par :

– un nom : ***Cyprien*** *aime le sport.*
– un pronom : ***Elle*** *marche beaucoup.*
– un groupe nominal : ***Son cadeau d'anniversaire*** *lui plaît.*
– un verbe à l'infinitif : ***Voler*** *est un de ses rêves d'enfant !*
– une proposition subordonnée : ***Qu'elle ait renoncé à ce travail*** *ne me surprend pas.*

Lorsque la fonction sujet est remplie par un groupe de mots, on parle de **groupe sujet**.

Astuce

Comment reconnaître les pronoms personnels sujets ?

La plupart de ces pronoms ont une forme particulière lorsqu'ils sont sujets, il est donc facile de les reconnaître : **je, tu, il, ils, on...**

59 Le sujet apparent et le sujet réel

■ Dans une tournure impersonnelle, on distingue le sujet **apparent** (il), ou sujet **grammatical**, et le sujet **réel**, ou sujet **logique**.

Il *reste* ***du dessert****.*

Le pronom *il* est le sujet apparent ; *du dessert* est le sujet réel.

Le sujet réel n'est pas toujours présent : *Il neige.*

■ Le sujet **apparent** commande **l'accord** du verbe, mais ne désigne rien. Le sujet **réel** n'impose **aucun accord** au verbe.

Il *pleut* ***des voix de femmes****.*

■ GUILLAUME APOLLINAIRE, « Il pleut », *Calligrammes.*

Des voix de femmes est le sujet réel au pluriel, mais le verbe s'accorde avec le sujet apparent *il*, donc au singulier.

■ Le sujet **réel** peut être un groupe nominal, une proposition subordonnée complétive (introduite par **que**) ou un infinitif.

Il *est bon* ***de parler****, et meilleur* ***de se taire****.*

■ JEAN DE LA FONTAINE, *L'Ours et l'Amateur des jardins.*

Le pronom *il* est le sujet apparent ; ni ce sujet ni le verbe *être* ne sont répétés dans la deuxième proposition ; *de parler* et *de se taire* sont les sujets réels.

60 La place du sujet

■ Le sujet est généralement placé **avant** le verbe.

■ Le sujet est parfois **éloigné** du verbe.

> ***Aramis****, craignant de salir ses bottes*
> *dans ce mortier artificiel,*
> *les apostropha durement.*
>
> ■ ALEXANDRE DUMAS, *Les Trois Mousquetaires.*

Le sujet du verbe *apostropha* est *Aramis.*

61 Le sujet inversé

■ Il arrive que le sujet soit placé **après** le verbe, on parle alors de **sujet inversé** ou de **sujet déplacé**.

■ L'inversion du sujet est **obligatoire** pour :

– un pronom personnel sujet d'un verbe de parole ou de pensée dans une **proposition incise** (c'est-à-dire placée à l'intérieur d'une autre proposition) ou à la fin d'une réplique ;

> *Il est, dit-**il**, le meilleur de la classe.*

– un pronom personnel sujet dans une phrase commençant par certains adverbes et locutions adverbiales comme *ainsi, aussi, peut-être, sans doute* ;

> *Aussi changèrent-**ils** d'avis.*

Ils est le sujet du verbe *changèrent.*

– un groupe nominal dans une phrase commençant par un subjonctif marquant un souhait.

> *Puisse **le ciel** vous entendre !*

Le ciel est le sujet du verbe *puisse.*

■ L'inversion du sujet est **possible** mais non obligatoire dans :

– une phrase interrogative ;

> *Prenons-**nous** toutes nos affaires ?*

– une phrase commençant par un complément circonstanciel **mis en relief** en tête de phrase.

> *Au fond de la forêt était cachée **la princesse**.*

La princesse est le sujet du verbe *était cachée.*

■ Dans un dialogue, il est fréquent de rencontrer plusieurs cas d'inversion du sujet.

> – *Voulez-**vous** me faire le plaisir de ne pas parler la bouche pleine ? a dit **le directeur**.*
> – *Ben, a dit **Alceste**, j'étais en train de manger un croissant quand il m'a appelé.*
>
> ■ JEAN-JACQUES SEMPÉ et RENÉ GOSCINNY, *Le Petit Nicolas et les copains.*

La première inversion, dans la phrase interrogative, n'est pas obligatoire. La deuxième, située à la fin d'une réplique, et la troisième, dans une proposition incise, sont obligatoires.

62 L'ellipse du sujet

■ On parle d'**ellipse du sujet** lorsque le sujet n'est pas exprimé.

■ On distingue deux cas :

– le sujet n'est exprimé qu'une fois et n'est pas répété lorsqu'il commande plusieurs verbes successifs ;

> ***Elle** entrait et disait : « Bonjour, mon petit père » ;*
> *Prenait ma plume, ouvrait mes livres, s'asseyait*
> *Sur mon lit, dérangeait mes papiers, et riait.*
>
> ■ VICTOR HUGO, *Les Contemplations.*

– le sujet est absent dans certains documents administratifs où le contexte permet facilement de comprendre qui est le sujet (notices, bulletins…). On lit parfois sur un bulletin scolaire : *Peut mieux faire !*

Résumé

■ Le sujet répond à la question « qui est-ce qui ? » ou « qu'est-ce qui ? ».

■ Le sujet commande l'accord du verbe et se place généralement avant lui.

LA FONCTION ATTRIBUT

Vous voyez que Compère Gredin était ***un vieux bonhomme sale et malodorant****.*
Mais ce que vous allez découvrir bientôt, c'est qu'il était aussi ***affreusement méchant****.*

■ ROALD DAHL, *Les Deux Gredins.*

Un vieux bonhomme sale et malodorant et *affreusement méchant* attribuent à Compère Gredin des caractéristiques : ils remplissent la fonction attribut.

63 Le rôle de l'attribut du sujet

■ L'attribut du sujet exprime une **qualité** ou une **caractéristique du sujet** par l'intermédiaire d'un verbe.

> *Fantine était* ***belle*** *et resta* ***pure*** *le plus longtemps qu'elle put.* ■ VICTOR HUGO, *Les Misérables.*
>
> *Belle* et *pure* sont des attributs du sujet.

■ L'attribut du sujet fait partie du **groupe verbal** : il ne peut donc pas être supprimé. Cette caractéristique permet de le différencier de l'épithète.

> *Ils sont* ***fous****, ces Romains !*
>
> ■ RENÉ GOSCINNY et ALBERT UDERZO, *Astérix chez les Bretons.*
>
> Supprimer *fous* rendrait la phrase incorrecte.

■ L'attribut est toujours relié au sujet par un **verbe attributif** qui peut être :

– un verbe d'état : *être, paraître, sembler, devenir, rester, demeurer…*

> *Pascal semble* ***nerveux****.*

– certaines locutions verbales : *avoir l'air, passer pour, apparaître comme…*

> *Elle passe pour* ***folle*** *!*

– certains verbes au passif : *être considéré comme, être tenu pour…*

Tu es <u>considéré comme</u> ***le meilleur joueur de l'équipe****.*

– certains verbes intransitifs : *revenir, naître, tomber…*

Nous <u>revenons</u> ***épuisés****.*

Astuce

Comment différencier un attribut du sujet d'un COD ?

- On peut remplacer l'attribut du sujet par un adjectif qualificatif.

Elle est la reine de la mousse au chocolat.

On peut dire : *Elle est gentille. La reine de la mousse au chocolat* est un attribut du sujet.

Il a vu la reine d'Angleterre.

On ne peut pas dire : ⊖ *Il a vu gentille*. Le COD *la reine d'Angleterre* ne peut pas être remplacé par un adjectif.

- On peut remplacer le verbe par le signe égal.

Elle = reine de la mousse au chocolat.

Il s'agit donc bien d'un attribut du sujet.

Il # la reine d'Angleterre !

Il ne s'agit donc pas d'un attribut du sujet.

64 La nature de l'attribut du sujet

La fonction attribut du sujet peut être remplie par :

– un adjectif qualificatif (ou un groupe adjectival) ou un participe passé employé comme adjectif ;

Je suis ***contente****, Anaëlle semble* ***endormie****.*

– un nom ou un groupe nominal ;

Pascal est ***chercheur****. Il reste* ***un grand enfant****.*

– un pronom possessif ;

Ce livre est ***le mien****.*

– un groupe prépositionnel ;

Auriane est ***en colère*** *!*

– un infinitif (le plus souvent introduit par **de**) ;

Son rêve serait ***de devenir astronaute****.*

– une proposition.

L'idéal serait ***qu'elle trouve aussi un logement****.*

65 La place de l'attribut du sujet

■ L'attribut du sujet se place généralement **après** le verbe conjugué qui le relie au sujet.

*Ils devinrent **nerveux**, **agacés**, et avaient l'air **prêts à hurler comme des chiens**.* ■ GUY DE MAUPASSANT, *Boule-de-Suif.*

Ils est le sujet des verbes attributifs *devinrent* et *avaient l'air* ; les adjectifs *nerveux, agacés* et le groupe adjectival *prêts à hurler comme des chiens* sont des attributs du sujet.

■ L'attribut du sujet peut parfois se trouver **avant** le verbe si on veut le **mettre en relief**.

***Maigre** devait être la cuisine qui se préparait à ce foyer.*

■ THÉOPHILE GAUTIER, *Le Capitaine Fracasse.*

Maigre est l'attribut du sujet *la cuisine*.

Dans le cas d'une mise en relief, l'attribut est parfois repris par un pronom.

***Élégantes**, certes elles **l'**étaient toujours.*

■ ALPHONSE DAUDET, *Sapho.*

Élégantes est l'adjectif attribut du sujet *elles* ; il est repris par le pronom *l'*.

■ Il peut aussi se trouver **avant** le verbe s'il s'agit d'une phrase **interrogative**.

***Quel homme** deviendras-tu ?*

Quel homme est l'attribut du sujet *tu*.

66 Le rôle et la place de l'attribut de l'objet

■ L'attribut de l'objet exprime une **qualité** ou une **caractéristique du COD** par l'intermédiaire d'un verbe. On les trouve après des verbes d'opinion tels que : *trouver, juger, considérer comme, estimer, croire*… On les trouve aussi après des verbes tels que : *nommer, avoir, imaginer, élire, rendre, appeler.*

*Le plus souvent on imagine **dérisoire** le rôle de la femme africaine.*

■ CAMARA LAYE, *L'Enfant noir.*

L'adjectif *dérisoire* est attribut du COD *le rôle de la femme africaine*.

Astuce

Comment différencier un attribut du COD d'un adjectif qualificatif épithète ?

Il faut remplacer le COD par un pronom.
Si l'adjectif reste exprimé, il est attribut de l'objet.
Si l'adjectif n'est plus exprimé, il est épithète et fait donc partie du COD.

J'ai trouvé ces nouvelles fantastiques !

- Si cette phrase signifie *j'ai trouvé que ces nouvelles étaient géniales*, le remplacement du COD par un pronom donnera : *Je les ai trouvées géniales !*
Fantastiques est ici attribut de *ces nouvelles*.
- Si cette phrase signifie *j'ai cherché puis trouvé un recueil de nouvelles du genre fantastique*, le remplacement du COD par un pronom donnera : *Je les ai trouvées !*
Fantastiques est épithète de *ces nouvelles*.

■ L'attribut de l'objet se place à côté du COD qu'il caractérise, sauf si ce dernier est un pronom.

*Il a les oreilles **si roses** que tu les croirais **transparentes**.*

■ CAMARA LAYE, *L'Enfant noir*.

Si roses est attribut du COD *les oreilles* et *transparentes* est attribut du COD *les*, pronom qui remplace *les oreilles*.

Résumé

- L'attribut du sujet caractérise le sujet par l'intermédiaire d'un verbe attributif.
- L'attribut du sujet fait partie du groupe verbal et ne peut pas être supprimé.
- L'attribut de l'objet caractérise le COD par l'intermédiaire d'un verbe.

La fonction complément d'objet

Que *mange Marie ?*
De qui *ou* ***de quoi*** *te souviens-tu ?*
Quel continent *Christophe Colomb a-t-il découvert ?*
De qui *ou* ***de quoi*** *les philosophes se soucient-ils ?*
Que *provoque la tragédie ?*

La réponse à chacune de ces questions est un complément d'objet.

67 Le rôle du complément d'objet

■ Le complément d'objet est l'élément sur lequel porte l'action exprimée par le verbe. Il peut désigner :
– un objet : *Marie mange* ***un gâteau****.*
– une personne : *Tu te souviens* ***de ton professeur de chant****.*
– un lieu : *Christophe Colomb a découvert* ***l'Amérique****.*
– une idée : *Les philosophes se soucient* ***du bonheur****.*
– un sentiment : *La tragédie provoque* ***de la compassion****.*

■ Le complément d'objet est un **complément essentiel**. Il appartient au groupe verbal : il ne peut pas être supprimé.
Les verbes qui se construisent avec un complément d'objet sont appelés des **verbes transitifs**.

Attention

Le complément d'objet peut être séparé du verbe.

Le complément d'objet est en général placé après le verbe, mais il peut en être séparé par d'autres mots.

> *Je* ***vis****, au fond de la cour, accoudé – la tête dans ses mains, – sur une large table de pierre,* ***un grand vieux tout blanc****.*
>
> ■ Alphonse Daudet, « L'arlésienne », *Lettres de mon moulin.*

Le COD du verbe *vis* est *un grand vieux tout blanc*. Il est placé après le verbe mais il est séparé de lui par d'autres mots.

68 Le complément d'objet direct (COD)

■ Le complément d'objet direct se construit **directement avec le verbe**, sans l'intermédiaire d'une préposition.

*Il faut venger **un père** et perdre **une maîtresse** :*
*L'un m'anime **le cœur**, l'autre retient **mon bras**.*

■ PIERRE CORNEILLE, *Le Cid*.

Un père est COD du verbe *venger* ; *une maîtresse* est COD du verbe *perdre* ; *le cœur* est COD du verbe *anime* ; *mon bras* est COD du verbe *retient*.

■ Il a pour particularité de devenir le sujet du verbe, lors de la **transformation passive**.

*César désire **le pouvoir**.*
***Le pouvoir** est désiré par César.*

Le pouvoir, COD de la première phrase, devient le sujet de la seconde phrase.

■ Les verbes qui se construisent avec un COD sont appelés des verbes **transitifs directs**.

Astuce

Comment reconnaître un COD ?

■ Un COD peut être encadré par **c'est... que**.

*Maxime regarde **la télévision**.*
***C'est la télévision que** Maxime regarde.*

■ On peut utiliser la question **quoi**, mais cette question doit porter sur **le verbe**.

*Maxime regarde **quoi ? la télévision**.* (COD)

69 Le complément d'objet indirect (COI)

■ Le complément d'objet indirect se construit avec le verbe de façon **indirecte** : il est précédé d'une **préposition imposée** par la construction du verbe. Les prépositions les plus fréquentes sont **à** et **de** : *profiter de quelque chose, ressembler à quelqu'un…*

*Alors, il pensa **à sa maison**, puis **à sa mère**, et,*
*pris d'une grande tristesse, il recommença **à pleurer**.*

À sa maison, à sa mère, sont des COI du verbe *pensa*, *à pleurer* est COI du verbe *recommença*.

- Mais d'autres prépositions sont aussi utilisées.

  Je compte ***sur votre discrétion.***

- Le complément d'objet indirect ne peut pas devenir le sujet de la transformation passive.

On peut dire : *Il profite* ***de ses vacances.***

Mais on ne peut pas dire : ⊖ *Ses vacances sont profitées par lui.*

- Les verbes qui se construisent avec un COI sont appelés des verbes **transitifs indirects**.

Astuce

Comment reconnaître un COI ?

Pour reconnaître un COI, on pose une question qui comprend toujours une **préposition** : *de qui, de quoi, à qui, à quoi, sur qui, sur quoi.* Cette question porte sur le **verbe**.

Le client bénéficie ***d'une réduction.***

De quoi *le client bénéficie-t-il ? D'une réduction.* (COI)

70 Le complément d'objet second (COS)

- Un complément d'objet **second** (autrefois appelé **complément d'attribution**) est un complément d'objet indirect qui suit un premier complément d'objet : *donner quelque chose* (COD) *à quelqu'un* (COS) ; *parler de quelque chose* (COI) *à quelqu'un* (COS).

  Le roi Nabussan confia sa peine ***au sage Zadig.***

  ▪ Voltaire, *Zadig.*

  Sa peine est COD du verbe *confia* ; *au sage Zadig* est COS du verbe *confia.*

  En arrivant sur la porte de notre maison, ma tante me recommanda – à voix basse – de ne jamais parler ***à personne*** *de cette rencontre.*

  ▪ Marcel Pagnol, *La Gloire de mon père.*

  À personne est COS du verbe *parler* ; *de cette rencontre* est COI du verbe *parler.*

Pour aller plus loin

Qu'est-ce qu'un complément d'objet interne ?

Un complément d'objet interne est un complément d'objet qui est très proche du sens du verbe, comme dans les expressions *vivre sa vie, chanter une chanson.*

Deux Pigeons s'aimaient ***d'amour tendre****.*

■ JEAN DE LA FONTAINE, *Les Deux Pigeons.*

D'amour tendre est un complément d'objet interne ; *aimer* et *amour* sont des mots de la même famille.

Résumé

- Le complément d'objet fait partie du groupe verbal. Il complète l'action exprimée par le verbe.
- Le complément d'objet direct se construit directement avec le verbe.
- Le complément d'objet indirect et le complément d'objet second sont introduits par des prépositions.

GRAMMAIRE

LA FONCTION COMPLÉMENT D'AGENT

Le feu a été volé aux dieux ***par Prométhée****.*
L'Amérique a été découverte ***par Christophe Colomb****.*

Par Prométhée, par Christophe Colomb sont des compléments d'agent.

71 Le rôle du complément d'agent

■ Le complément d'agent désigne celui qui accomplit l'action dans une phrase (ou une proposition) dont le verbe est à la voix passive.

■ Le complément d'agent est un groupe nominal introduit :
– le plus souvent par la préposition **par** : *La robe a été achetée* ***par sa grand-mère****.*

> *Je n'entends point que vous ayez d'autres noms que ceux qui vous ont été donnés* ***par vos parrains et marraines****.*
>
> ■ MOLIÈRE, *Les Précieuses ridicules.*

Le GN *par vos parrains et marraines* est complément d'agent du verbe *ont été donnés.*

– parfois par la préposition **de** : *Il est aimé* ***de ses parents****.*

> *Mais moi, j'étais dévoré* ***d'inquiétude****, comme le seraient les enfants de notre vénéré président de la République, s'il leur confiait son intention de s'engager dans le tour de France cycliste.*
>
> ■ MARCEL PAGNOL, *La Gloire de mon père.*

Le GN *d'inquiétude* est complément d'agent du verbe *étais dévoré.*

■ Il est fréquent que le complément d'agent ne soit pas exprimé, mais simplement **sous-entendu**.

> *Quand Iseut la Blonde apprit qu'elle* ***serait livrée*** *à ce couard, elle fit d'abord une longue risée, puis se lamenta.*
>
> ■ *Le Roman de Tristan et Iseut.*

L'agent qui commet l'action de livrer Iseut n'est pas mentionné. Quand on connaît l'histoire, on peut sous-entendre *par son père le roi.*

72 Comment reconnaître un complément d'agent ?

Pour reconnaître le complément d'agent, il suffit de transformer la phrase à la voix passive en phrase à la voix active. Le complément d'agent devient alors le sujet de la phrase obtenue.

Un lourd travail a été accompli ***par les ouvriers****.*

Dans cette phrase à la voix passive, le complément d'agent est *par les ouvriers.*

Les ouvriers *ont accompli un lourd travail.*

Les ouvriers est le sujet dans la phrase à la voix active.

Attention

Il ne faut pas confondre le complément d'agent avec d'autres compléments introduits par la préposition *par.*

Nous nous sommes pris ***par la main.***

On ne peut pas dire *la main nous a pris.* Ici, la main n'est pas l'agent de l'action ; *par la main* est un complément circonstanciel de manière.

Nous avons été renvoyés ***par erreur.***

On ne peut pas dire *l'erreur nous a renvoyés*, c'est une personne qui est l'agent de l'action ; *par erreur* est un complément circonstanciel de cause.

Nous avons été renvoyés ***par notre patron.***

On peut dire *notre patron nous a renvoyés ; par notre patron* est un complément d'agent.

Résumé

- Le complément d'agent est un groupe nominal introduit par la préposition *par* (parfois par la préposition *de*).
- Il est employé dans une phrase à la voix passive.
- Il indique celui qui fait l'action.

LA FONCTION COMPLÉMENT CIRCONSTANCIEL

Pour répondre aux questions : où ? quand ? comment ? avec quoi ? pourquoi ? dans quel but ? on utilise des compléments circonstanciels.

73 Le rôle du complément circonstanciel

■ Le complément circonstanciel apporte une information sur les **circonstances** de l'action exprimée par le verbe. Il y a des compléments circonstanciels :

– de lieu : *Émile se rend **à Marseille**.*
– de temps : *Je pars **demain**.*
– de manière : *Vincent chante **bien**.*
– de moyen : *Le maçon travaille **avec une truelle**.*
– de cause : *Je pars **à cause du froid**.*
– de but : *Cyprien s'entraîne **pour gagner**.*
– de conséquence : *Il est si rapide **qu'il a déjà tout fini**.*
– d'opposition : ***Malgré sa timidité**, Luc est allé voir la maîtresse.*
– de comparaison : ***Comme Balzac**, Zola est un écrivain romancier.*
– de condition : ***Si** tu viens, tu auras une surprise.*

74 Comment reconnaître un complément circonstanciel ?

■ Le complément circonstanciel n'appartient pas au groupe verbal. Il s'agit d'un **complément facultatif** qui complète le groupe verbal ou l'ensemble de la phrase.

> *On descend **une fois par an dans cette carrière, à l'époque où l'on marne les terres**.*
>
> ■ GUY DE MAUPASSANT, « Pierrot », *Contes de la Bécasse.*

Une fois par an et *dans cette carrière* sont des compléments circonstanciels qui complètent le groupe verbal *descend ; à l'époque où l'on marne les terres* est un complément circonstanciel qui complète l'ensemble de la phrase.

■ On peut supprimer, déplacer et multiplier les compléments circonstanciels.

Elle attend le chevalier ***devant sa grande maison tout le temps qu'il faut****.*

■ « La vieille qui graissa la patte au chevalier », *Fabliaux du Moyen Âge*.

On pourrait dire : *Tout le temps qu'il faut, elle attend le chevalier devant sa grande maison*. Ou bien : *Devant sa grande maison, tout le temps qu'il faut, elle attend le chevalier.* Ou encore : *Elle attend le chevalier.*

75 La nature du complément circonstanciel

■ Un complément circonstanciel peut être :

– un groupe nominal : ***Ce soir****, j'irai au cinéma.*

– un groupe prépositionnel : *Il mangea* ***avant de partir****.*

– un adverbe : *Marius s'endort* ***calmement****.*

– un gérondif : *C'est* ***en forgeant*** *qu'on devient forgeron.*

– une proposition subordonnée conjonctive :

Quand la cloche sonnera*, on partira.*

– une proposition participiale :

Une fois ton travail terminé*, tu pourras jouer.*

Attention

Il ne faut pas confondre un complément circonstanciel facultatif et un complément circonstanciel essentiel.

Certains compléments exprimant une circonstance de l'action appartiennent au groupe verbal. Ils apportent une information essentielle à l'action et dépendent du verbe.

Je vais à ***Paris****.*

La représentation dure ***trois heures****.*

Cette maison coûte ***des millions d'euros****.*

Résumé

■ Les compléments circonstanciels apportent une information facultative sur les circonstances de l'action.

■ On peut les supprimer, les déplacer et les multiplier.

LES EXPANSIONS DU NOM

*C'était une **jeune** fille **d'une très rare beauté**,*
*et **qui n'était pas moins aimable que pleine de gaieté.***

■ EDGAR ALLAN POE, *Histoires extraordinaires.*

À l'intérieur du groupe nominal, divers éléments précisent le nom : ce sont des expansions du nom.

76 Le groupe nominal minimal et les expansions du nom

■ Un nom propre ou un nom commun accompagné de son déterminant constitue le **groupe nominal minimal.**

__Vincent__ s'étendit dans __son hamac__ pour faire __la sieste__.

■ On appelle **expansions du nom** les mots ou groupes de mots qui apportent des précisions sur le nom noyau du groupe nominal.

la __vieille__ maison ; la maison __de Paul__ ; la maison __que j'aime__

■ Les expansions élargissent le groupe nominal et constituent ainsi, avec le nom noyau, un **groupe nominal étendu.**

L'humidité __nocturne de la forêt__ la fit frissonner.

Le nom noyau *humidité* est précisé par deux expansions : l'adjectif qualificatif *nocturne* et le complément du nom *de la forêt*.

77 La nature et la fonction des expansions du nom

■ Les expansions du nom peuvent être :

– adjectif (ou participe) épithète ;

Le ciel __bleu__ resplendit.

– proposition subordonnée relative épithète ;

Il trouva la solution __qui lui convenait__.

– groupe prépositionnel complément du nom.

Elle restaura la maison __de ses parents__.

Attention

Apposition et expansion du nom

Lorsqu'une apposition vient enrichir un groupe nominal, on ne la considère pas comme une expansion du nom noyau, mais comme une expansion du groupe nominal.

Sa fille aînée, ***Miranda****, devait avoir sept ans quand elle s'aventura un matin dans la chambre de ses parents.*

Michel Tournier, *Les Rois mages.*

L'apposition *Miranda* est une expansion du groupe nominal *sa fille aînée* et non pas du nom *fille*.

78 La valeur des expansions du nom

- Les expansions du nom ont une valeur **déterminative** lorsqu'elles sont nécessaires pour identifier l'être ou la chose dont on parle.

L'homme ***qui a risqué sa vie pour sauver son semblable*** *peut être fier de lui-même.*

Eugène Labiche, *Le Voyage de Monsieur Perrichon.*

La proposition subordonnée relative épithète est indispensable pour savoir quel homme est concerné.

- Elles ont une valeur **explicative** (ou **descriptive**) lorsqu'elles servent simplement à apporter une précision sur l'être ou la chose dont on parle. On peut alors les supprimer.

C'était une ***belle*** *mule* ***noire, mouchetée de rouge****.*

Alphonse Daudet, « La mule du pape », *Lettres de mon moulin.*

Résumé

- Les expansions du nom précisent le nom.
- On distingue : l'adjectif épithète ; la proposition subordonnée relative épithète ; le complément du nom.
- Les expansions du nom ont une valeur déterminative ou explicative.

La fonction complément du nom

Il y avait aussi dix mille
Boîtes ***de petits pois*** *et* ***de haricots verts,***
De céleris, de macédoine, de carottes *et* ***d'artichauts.***

■ Pierre Gamarra, « Un enfant dans une grande surface », *L'Almanach de la poésie.*

Grâce aux compléments du nom, on arrive à se retrouver parmi toutes ces boîtes.

79 Le rôle du complément du nom

■ Le complément du nom (CDN), aussi appelé **complément de détermination**, sert à **préciser un nom**.

Le Pot ***de fer*** *proposa*
Au Pot ***de terre*** *un voyage.*

■ Jean de La Fontaine, *Le Pot de terre et le Pot de fer.*

De fer et *de terre* sont les compléments du nom *Pot*.

■ Il constitue une **expansion du nom** et appartient donc au groupe nominal. Il peut parfois être remplacé par les autres expansions du nom : l'adjectif épithète ou la proposition subordonnée relative épithète.

le discours ***du président*** *– le discours* ***présidentiel***
le discours ***que prononça le président***

Du président est un GN complément du nom *discours* ; *présidentiel* est un adjectif épithète ; *que prononça le président* est une proposition subordonnée relative épithète.

■ Le complément du nom peut lui-même être complété par d'autres expansions et recevoir son propre complément du nom.

*Ils trouvent dans un val, en un lieu découvert, la maison de Circé <u>**aux murs**</u> <u>**de pierres lisses**</u> et, tout autour, changés en lions et en loups de montagne, les hommes qu'en leur donnant sa drogue, avait ensorcelés la perfide déesse.*

■ Homère, *Odyssée.*

Aux murs est complément du nom *maison* ; *de pierres lisses* est complément du nom *murs.*

80 La nature du complément du nom

■ Le complément du nom est le plus souvent un **groupe nominal prépositionnel** (c'est-à-dire introduit par une préposition).

À ce discours ***du magicien de la Perse****, le sultan sentit en lui monter la colère et, plein de courroux, donna l'ordre de trancher la tête* ***du charlatan****.*

■ « Qui guérira la princesse Clair-de-Lune ? », *Les Mille et Une Nuits.*

De la Perse est complément du nom *magicien* ; *du magicien de la Perse* est complément du nom *discours* ; *du charlatan* est complément du nom *tête.*

■ Mais il peut être aussi :

– un infinitif ;

Désormais Marc prenait le temps ***de vivre****.*

– un pronom ;

Il a toujours agi par amour ***des siens****.*

– un adverbe.

Les gens ***d'ici*** *se sont montrés très accueillants.*

Pour aller plus loin

Le complément du nom peut être une proposition subordonnée conjonctive introduite par *que*.

On rencontre ce cas avec certains noms abstraits :

– *l'idée que,*

– *l'espoir que,*

– *la pensée que,*

– *le fait que…*

Nous gardons l'espoir ***qu'il revienne****.*

Qu'il revienne est une proposition subordonnée conjonctive complément du nom *espoir.*

81 La construction du complément du nom

■ Le complément du nom, placé généralement après le nom, est introduit par une préposition. Les plus fréquemment employées sont **de**, **à** et **en**.

> *Un homme de* ***trente à trente-cinq ans****, en* ***deuil****,*
> *au* ***visage mortellement pâle****, descendit.*
>
> ■ VILLIERS DE L'ISLE-ADAM, *Véra*.

Cette phrase comporte trois compléments du nom *homme*, introduits par les prépositions *de, en, au (à le)*.

■ Mais d'autres prépositions peuvent introduire le complément du nom.

> *une vie sans* ***soucis***
> *un sirop contre* ***la toux***
> *la maison au fond des* ***bois***

■ Certains compléments du nom sont construits sans préposition.

> *un café* ***crème*** *– le style* ***Louis XV*** *– la rue* ***Victor-Hugo***

On parle aussi, dans ce cas, d'**épithète nominale**.

Attention

Il ne faut pas confondre le complément du nom avec d'autres compléments prépositionnels.

■ **Le complément d'objet second (COS)**

> *Je reçois une augmentation* ***du directeur****.*

Du directeur est complément d'objet second du verbe *reçois*. On peut dire : *Je la reçois de lui.*

> *Je reçois les amis* ***du directeur****.*

Du directeur est complément du nom *amis*. On peut dire : *Je les reçois.*

Le complément du nom appartient au groupe nominal, alors que le COS appartient au groupe verbal.

■ **Le complément circonstanciel**

Parfois, la construction ne permet pas de savoir s'il s'agit d'un complément du nom ou d'un complément circonstanciel.

> *Il a rapporté un vase* ***de Chine****.*

De Chine peut être complément du nom *vase* ou complément circonstanciel de lieu.

82 Les différents sens du complément du nom

Le complément du nom apporte au nom des précisions de sens très variées. Il peut exprimer :
- la possession : *la maison* ***de mes parents*** ;
- la matière : *un vase* ***en cristal*** ;
- la cause : *un arrêt* ***de maladie*** ;
- la qualité : *un homme* ***d'une grande générosité***...

Il faut parfois s'aider du contexte pour trouver le sens du complément du nom, par exemple lorsque le nom complété exprime ou sous-entend une action.

l'amour ***des parents***

Cette expression peut signifier :

Les parents *aiment (l'enfant).*
Le complément du nom représente le sujet de l'action.

(L'enfant) aime ***les parents****.*
Le complément du nom représente l'objet de l'action.

Résumé

- Le complément du nom est une expansion du nom ; il appartient au groupe nominal.
- Il a la forme d'un groupe prépositionnel.

La fonction épithète

Épithète vient d'un mot grec signifiant « ajouté ».
L'épithète s'ajoute au nom pour former avec lui un groupe soudé.

83 Le rôle de l'épithète

■ La fonction épithète (aussi appelée **épithète liée**) permet de **caractériser le nom**. Elle est remplie par un mot ou un groupe de mots qui se place directement à côté du nom, sans l'intermédiaire d'une préposition.

Maintenant, c'était la Thénardier qui lui apparaissait ; la Thénardier ***hideuse*** *avec sa bouche d'hyène et la colère* ***flamboyante*** *dans les yeux.* ■ Victor Hugo, *Les Misérables*.

Hideuse est un adjectif qualificatif épithète du GN *la Thénardier* et *flamboyante* est un adjectif qualificatif épithète du GN *la colère*.

■ L'épithète est une **expansion du nom** qui appartient au groupe nominal. Mais elle en est un élément **facultatif** : sa suppression ne rend pas la phrase grammaticalement incorrecte.

Elle lui offrit un ***somptueux*** *collier.*

L'épithète *somptueux* appartient au groupe nominal *un somptueux collier*. On peut dire : *Elle lui offrit un collier.*

84 La nature de l'épithète

■ L'épithète est le plus souvent un **adjectif qualificatif** ou un **participe** (employé comme adjectif) qui précède ou suit le nom. Plusieurs adjectifs peuvent être épithètes d'un même nom.

Sur la branche d'un arbre était en sentinelle
Un ***vieux*** *Coq* ***adroit*** *et* ***matois****.*

■ Jean de La Fontaine, *Le Coq et le Renard*.

■ On rencontre aussi en fonction d'épithète un **adverbe** employé comme adjectif qualificatif.

Paul est un homme ***bien****.*

Attention

Il ne faut pas confondre l'épithète avec les autres fonctions de l'adjectif qualificatif :

- l'adjectif apposé, également appelé épithète détachée : il est séparé du groupe nominal par une virgule ;

  Superbe, la bête s'avança. (adjectif apposé)

  Une bête ***superbe*** *s'avança.* (adjectif épithète)

- l'adjectif attribut : il est construit avec un verbe et appartient au groupe verbal.

  L'attente parut ***interminable****.* (adjectif attribut)

  Une ***interminable*** *attente commença.* (adjectif épithète)

- L'épithète peut être également une **proposition subordonnée relative**. Elle n'est pas séparée de l'antécédent par une virgule, à la différence de la subordonnée relative apposée.

  À quoi peut bien servir un livre ***où il n'y a ni images ni conversations*** *?* — LEWIS CARROLL, *Alice au pays des merveilles*.

  Où il n'y a ni images ni conversations est une proposition subordonnée relative épithète du GN *un livre*.

- Enfin l'épithète peut être un **nom propre**. Cette **épithète nominale** informe sur l'identité.

  la planète ***Mars*** *– le président* ***Mitterrand***

- Il peut également s'agir d'un **nom commun** employé sans déterminant et formant avec le nom qu'il accompagne un groupe soudé à la manière d'un nom composé.

  une femme ***enfant*** *– une pause* ***café***

GRAMMAIRE

Résumé

- La fonction épithète est le plus souvent remplie par un adjectif qualificatif ou par une proposition subordonnée relative.
- L'épithète est une expansion du nom et appartient au groupe nominal.

LA FONCTION APPOSITION

La tante de Bobby Watson, ***la vieille Bobby Watson,*** *pourrait très bien, à son tour, se charger de l'éducation de Bobby Watson,* ***la fille de Bobby Watson.***

■ EUGÈNE IONESCO, *La Cantatrice chauve.*

L'apposition est comme une parenthèse qui vient apporter une information supplémentaire sur le groupe nominal. Le problème, dans cette histoire, est que tout le monde s'appelle Bobby Watson.

85 La construction de l'apposition

■ L'apposition se rapporte à un groupe nominal ou à un pronom, mais en est détachée par une pause à l'oral et par une virgule, deux points ou un tiret à l'écrit.

Le héros d'endurance, ***Ulysse le divin,*** *restait à méditer.*

■ HOMÈRE, *Odyssée.*

Plein d'orgueil, *il essaya pendant quelques secondes de lutter contre les larmes qui l'étranglaient.*

■ GUY DE MAUPASSANT, « Le Papa de Simon », *La Maison Tellier.*

■ L'apposition peut se placer **avant** ou **après** le mot auquel elle se rapporte ; elle peut en être séparée par plusieurs autres mots.

Un grand rire le secoua, ***nerveux, fou, inextinguible.***

■ MICHEL TOURNIER, *Vendredi ou la Vie sauvage.*

Les trois adjectifs qualificatifs sont des appositions au GN *un grand rire.*

86 Le rôle de l'apposition

■ L'apposition apporte une information sur le groupe nominal, comme le ferait une subordonnée relative introduite par *qui est.*

Un Persan, ***magicien et astrologue de son état,*** *vint depuis son pays se présenter au sultan.*

■ « Histoire d'Aladin ou la Lampe merveilleuse », *Les Mille et Une Nuits.*

L'apposition *magicien et astrologue de son état* peut être remplacée par *qui était magicien et astrologue de son état.*

■ L'apposition n'est pas incluse dans le groupe nominal, mais elle le complète, tout comme un complément circonstanciel complète un groupe verbal. Elle est souvent facultative et on peut généralement la déplacer.

M. le sous-préfet était couché sur le ventre, dans l'herbe, ***débraillé comme un bohème****.*

■ ALPHONSE DAUDET, *Lettres de mon moulin.*

Débraillé comme un bohème est une apposition au GN *M. le sous-préfet.* Cette apposition pourrait être placée devant le GN ou immédiatement après lui. Sa suppression ne rendrait pas la phrase incorrecte.

87 La nature de l'apposition

■ L'apposition est le plus souvent :

– un nom ou un groupe nominal (parfois sans déterminant) ;

La voiture, ***une grosse cylindrée****, démarra.*

– un adjectif ou un participe (également appelé épithète détachée) ;

Étonné*, Vincent éclata de rire.*

– une proposition subordonnée relative.

Le film, ***qui était fort long****, l'ennuya beaucoup.*

■ Mais elle peut être aussi :

– un pronom : *Sophie avait retenu un seul nom,* ***le sien****.*

– un infinitif : *Ses amis n'eurent qu'une hâte,* ***le retrouver****.*

– une proposition subordonnée conjonctive.

Nous avions tous un espoir : ***qu'il remporte la victoire****.*

Résumé

■ L'apposition est une construction détachée qui complète un groupe nominal ou un pronom.

■ Elle est le plus souvent :
– un nom ou un groupe nominal ;
– un adjectif, aussi appelé épithète détachée ;
– une proposition subordonnée relative.

LES FONCTIONS DE L'ADJECTIF QUALIFICATIF

*Les **premiers** jours, elle n'osait lever la tête, **gênée** de le sentir autour d'elle, avec sa crinière de **vieux** lion, son nez **crochu** et ses yeux **perçants**, sous les touffes **raides** de ses sourcils.*

■ ÉMILE ZOLA, *Au Bonheur des dames.*

L'adjectif qualificatif peut occuper différentes fonctions.

GRAMMAIRE

88 L'adjectif qualificatif épithète

■ L'adjectif est **épithète** lorsqu'il est placé **directement à côté du nom** ou du groupe nominal qu'il qualifie : aucun verbe ni aucune préposition n'est alors nécessaire entre le nom et l'adjectif. On parle aussi d'épithète liée.

■ L'adjectif épithète fait partie du groupe nominal mais, si on le supprime, la phrase reste correcte.

*Je me rappellerai toujours ces bois **sombres**, la rivière **frissonnante**, l'air **tiède** et le **grand** aigle…*

■ JULES VALLÈS, *L'Enfant.*

Sombres est épithète du nom *bois*, *frissonnante* est épithète du nom *rivière*, *tiède* est épithète du nom *air*, *grand* est épithète du nom *aigle*. Sans ces adjectifs, la phrase reste correcte.

89 L'adjectif qualificatif attribut

■ L'adjectif est **attribut** lorsqu'il est **relié au nom** ou **au groupe nominal** qu'il qualifie par un **verbe attributif**, qui est souvent un verbe d'état ou de changement d'état : *être, paraître, sembler, rester, devenir, avoir l'air…*

■ L'adjectif attribut fait alors partie du groupe verbal et on ne peut pas le supprimer : on peut ainsi le différencier facilement de l'adjectif épithète.

*Mme Loisel semblait **vieille**, maintenant.*

■ GUY DE MAUPASSANT, *La Parure.*

La suppression de l'adjectif attribut *vieille* rendrait la phrase incorrecte.

Pour aller plus loin

L'adjectif qualificatif peut être attribut de l'objet.

Certains verbes permettent d'attribuer une qualité non pas au sujet de la phrase mais au **complément d'objet**. Il s'agit le plus souvent de verbes d'opinion, de sentiment : *croire, estimer, juger, trouver*... Dans ce cas, l'adjectif qualificatif qui est relié au COD par l'un de ces verbes est attribut de l'objet.

Ils trouvent leurs enfants ***turbulents****.*

L'adjectif *turbulents* qualifie *leurs enfants*, COD du verbe *trouvent* : il est donc attribut de l'objet *leurs enfants*.

90 L'adjectif qualificatif apposé

- L'adjectif est **apposé** lorsqu'il est **séparé** du nom ou du groupe nominal qu'il qualifie par une pause à l'oral et **par une virgule** à l'écrit, comme s'il s'agissait d'une parenthèse. On parle aussi d'épithète détachée.

- L'adjectif apposé est extérieur au groupe nominal et, si on le supprime, la phrase reste correcte.

Grasse *et* ***onctueuse*** *comme une méduse, tante Éponge accourut en se dandinant pour voir ce qui se passait.*

ROALD DAHL, *James et la grosse pêche*.

Grasse et *onctueuse* sont deux adjectifs apposés au GN *tante Éponge*, qu'ils qualifient. Ils en sont séparés par une virgule. On peut les supprimer sans rendre la phrase incorrecte.

Résumé

- Les trois fonctions possibles de l'adjectif qualificatif sont :
  – épithète : l'adjectif fait partie du groupe nominal mais peut être supprimé ;
  – attribut : l'adjectif fait partie du groupe verbal et ne peut pas être supprimé ;
  – apposé : l'adjectif ne fait pas partie du groupe nominal et peut être supprimé.

LA FONCTION APOSTROPHE

Apostrophê, en grec ancien, signifie « action de se détourner », généralement pour fuir. Par une étonnante évolution du sens du mot, l'apostrophe, en grammaire, sert à « détourner » quelqu'un pour qu'il vous écoute et non pour qu'il vous fuie !

91 Le rôle de l'apostrophe

- L'apostrophe est la fonction qui sert à **interpeller** un interlocuteur à qui on veut s'adresser.

*– Oh, oh, **l'ami**, lui répondit le moins âgé des voyageurs, tu ne risques que ta carcasse !* ■ HONORÉ DE BALZAC, *Les Chouans*.

Le GN *l'ami* est une apostrophe qui sert à interpeller le personnage auquel s'adresse le voyageur.

- Le locuteur sollicite ainsi **l'attention de l'interlocuteur**. Il veut que celui-ci l'écoute et éventuellement engage le dialogue.

DON RODRIGUE. – *À moi, **Comte**, deux mots.*
LE COMTE. – *Parle !*

■ PIERRE CORNEILLE, *Le Cid*.

Rodrigue engage fermement le dialogue avec don Gomès, le Comte, en utilisant l'apostrophe *Comte*.

- On peut apostropher quelque chose (une idée, un lieu) que l'on personnifie.

***Rome**, l'unique objet de mon ressentiment !*

■ PIERRE CORNEILLE, *Horace*.

Attention

Il ne faut pas confondre l'apostrophe et l'interjection.

- L'apostrophe s'adresse à quelqu'un : ***Dieu**, aidez-moi !*
- L'interjection ne s'adresse à personne : ***Dieu** ! quel désastre !*

92 La place de l'apostrophe

L'apostrophe est **détachée** du reste de la phrase par une pause à l'oral et par une virgule ou un point d'exclamation à l'écrit. Sa place dans la phrase est **libre**.

Belle marquise, vos beaux yeux me font mourir d'amour.

MOLIÈRE, *Le Bourgeois gentilhomme.*

On pourrait dire : *Vos beaux yeux, belle marquise, me font mourir d'amour* ; ou encore : *Vos beaux yeux me font mourir d'amour, belle marquise.*

93 La nature de l'apostrophe

L'apostrophe peut être :

– un groupe nominal ;

***Anne, ma sœur Anne**, ne vois-tu rien venir ?*

CHARLES PERRAULT, *La Barbe bleue.*

On distingue deux apostrophes successives dans cette phrase : la première est un nom propre sans déterminant, la seconde un GN.

– un pronom.

*– **Toi**, va d'abord mettre tes pantoufles, sinon tu vas nous faire encore une angine. Allez, file !*

MARCEL PAGNOL, *La Gloire de mon père.*

Certains termes de politesse *(Monsieur, Madame)*, ou certains titres professionnels ou sociaux *(Sire, Maître, Docteur, Chauffeur)* sont souvent employés dans une fonction d'apostrophe.

Et sur quoi jugez-vous que j'en perds la mémoire,
***Prince** ? Aurais-je perdu tout le soin de ma gloire ?*

JEAN RACINE, *Phèdre.*

Résumé

- L'apostrophe permet d'interpeller un interlocuteur.
- Les termes employés servent à identifier et (ou) à appeler l'interlocuteur.

PHRASE ET PROPOSITION

Le nain, qui jugeait quelquefois un peu trop vite, décida d'abord qu'il n'y avait personne sur la terre.
■ VOLTAIRE, *Micromégas.*

Cet énoncé comporte une seule phrase et trois propositions. Phrase et proposition ne désignent donc pas la même chose.

94 La phrase verbale et la phrase non verbale

■ On définit généralement la **phrase** comme une suite de mots grammaticalement organisés, ayant un sens complet, commençant par une majuscule et se terminant par une ponctuation forte (point, point d'exclamation...).

■ On parle de **phrase verbale** lorsque la phrase est construite autour d'un verbe conjugué.

■ On parle de **phrase non verbale** (appelée aussi **phrase nominale**) lorsque la phrase ne comprend pas de verbe conjugué et qu'elle est construite autour d'un nom, d'un adjectif...

DORIMÈNE. – *[**Comment**, Dorante ?] [Voilà un **repas** tout à fait magnifique !]* ■ MOLIÈRE, *Le Bourgeois gentilhomme.*

La première phrase est construite autour de l'adverbe *comment*, la seconde autour du nom *repas*.

95 La phrase simple et la phrase complexe

■ On appelle **phrase simple** une phrase qui ne comporte qu'**un** verbe conjugué. On parle aussi de **proposition indépendante**.

*À cet instant, le large sourire du mille-pattes **apparut** dans un trou du plafond.* ■ ROALD DAHL, *James et la grosse pêche.*

Apparut est le seul verbe conjugué : il s'agit donc d'une phrase simple.

■ On appelle **phrase complexe** une phrase qui comporte **plusieurs** verbes conjugués.

*Ses longues jambes maigres **trépignent** de colère, tandis que, de ses mains osseuses, elle **égratigne** son chapelet.*

■ ALFRED DE MUSSET, *On ne badine pas avec l'amour.*

■ Dans une phrase complexe, chaque ensemble composé au minimum d'un verbe conjugué et de son sujet (sauf s'il s'agit du mode impératif, car le sujet n'est pas exprimé) s'appelle une **proposition**.

*[**Remarquez** bien] [que les nez **ont été faits** pour porter des lunettes,] [aussi **avons**-nous des lunettes.]*

■ VOLTAIRE, *Candide.*

Cette phrase comporte trois propositions.

■ Les différentes propositions qui composent une phrase complexe peuvent être **juxtaposées**, **coordonnées** ou **subordonnées**.

96 Les propositions juxtaposées, les propositions coordonnées

■ Les propositions sont **juxtaposées** lorsque la phrase complexe est composée de plusieurs propositions séparées par une virgule, un point-virgule ou deux points, mais non reliées par un mot de liaison.

[Rien ne sert de courir] ; [il faut partir à point.]

■ JEAN DE LA FONTAINE, *Le Lièvre et la Tortue.*

Les deux propositions juxtaposées sont séparées par un point-virgule.

■ Les propositions sont **coordonnées** lorsque la phrase complexe est composée de plusieurs propositions reliées par une **conjonction de coordination** *(mais, car, or, et…)* ou par un **adverbe de liaison** *(cependant, alors, puis…)*.

*[Un seul être vous manque] **et** [tout est dépeuplé.]*

■ ALPHONSE DE LAMARTINE, *Méditations poétiques.*

Les deux propositions juxtaposées sont séparées par la conjonction de coordination *et*.

■ Les propositions juxtaposées ou coordonnées sont **indépendantes**. Si on supprime une des propositions, la phrase reste correcte.

97 Les propositions principale, subordonnée, indépendante

■ Une proposition est **subordonnée** lorsqu'elle dépend d'une autre, appelée proposition **principale**. La subordonnée est le plus souvent reliée à la principale par un **mot subordonnant** comme **que**.

*[Je ne supporterai pas] [**que** tu sois insupportable !]*

■ JEAN-JACQUES SEMPÉ et RENÉ GOSCINNY, *Histoires inédites du Petit Nicolas*.

Je ne supporterai pas est la proposition principale, *que tu sois insupportable* est la proposition subordonnée. Il existe donc bien une relation de dépendance entre les deux propositions : il est impossible de supprimer l'une des deux.

■ Lorsqu'une proposition n'est ni principale ni subordonnée, on parle de proposition **indépendante**.

Pour aller plus loin

Les relations entre les propositions peuvent se combiner.

■ Une proposition subordonnée peut parfois jouer le rôle d'une proposition principale par rapport à une autre subordonnée.

Léa a attaché une casserole à la queue de Médor [qui s'est mis à aboyer] [parce qu'il entendait du bruit.]

Qui s'est mis à aboyer : cette subordonnée est la principale de la subordonnée *parce qu'il entendait du bruit.*

■ Des propositions subordonnées peuvent être coordonnées ou juxtaposées entre elles.

[Elle est venue] [parce qu'elle voulait revoir son frère] et [pour que son père lui pardonne.]

Les propositions *parce qu'elle voulait revoir son frère* et *pour que son père lui pardonne* sont coordonnées par la conjonction de coordination *et*.

98 Les différentes propositions subordonnées

■ Il existe six types de propositions subordonnées :
- la proposition subordonnée **relative** (→ 107 à 110) ;
- la proposition subordonnée **conjonctive complétive** (→ 111 à 114) ;
- la proposition subordonnée **interrogative indirecte** (→ 115 à 117) ;
- la proposition subordonnée **conjonctive circonstancielle** (→ 118 à 132) ;
- la proposition **infinitive** (→ 133-134) ;
- la proposition **participiale** (→ 135-136) ;

La proposition infinitive et la proposition participiale ont la particularité de n'être introduites par aucun mot subordonnant.

Résumé

■ La phrase est en général construite autour d'un verbe conjugué, on l'appelle phrase verbale.

■ La phrase simple ne comporte qu'un seul verbe conjugué et la phrase complexe en comporte plusieurs.

■ Une phrase complexe est composée de plusieurs propositions qui peuvent être juxtaposées, coordonnées ou subordonnées.

Les quatre types de phrase

LÉANDRE – *Me promets-tu de travailler pour moi ?*
SCAPIN – *On y songera.*
LÉANDRE – *Mais tu sais que le temps presse !*
SCAPIN – *Ne vous mettez pas en peine.*

■ MOLIÈRE, *Les Fourberies de Scapin.*

Ce petit dialogue comporte les quatre types de phrase qui existent en français.

99 Quels sont les quatre types de phrase ?

■ Toute phrase appartient à l'un des quatre types suivants :
– la phrase **déclarative** (ou assertive) : *Il fait beau aujourd'hui.*
– la phrase **interrogative** : *Viens-tu au cinéma ?*
– la phrase **impérative** (ou **injonctive**) : *Range ta chambre.*
– la phrase **exclamative** : *Quelle chaleur !*

Ces types de phrase, dits **obligatoires**, se caractérisent par une construction grammaticale et une **intonation** particulières.

100 La phrase déclarative

■ La phrase déclarative **apporte une information, fait une constatation**. Elle est terminée par un point et son intonation est d'abord montante, puis descendante.

Pendant plusieurs jours de suite des lambeaux d'armée en déroute avaient traversé la ville.

■ GUY DE MAUPASSANT, *Boule-de-Suif.*

■ Elle peut aussi exprimer, de manière indirecte :
– une interrogation : *Je me demande quelle heure il est.*
– un ordre : *Vous débarrasserez la table.*
– tout autre acte de parole : promesse, menace, souhait...

Je reprendrais volontiers un peu de thé. (souhait)

101 La phrase interrogative

■ La phrase interrogative **demande une information, pose une question**. Elle est terminée par un point d'interrogation et son intonation est montante.

Est-ce que ça vous chatouille, ou est-ce que ça vous grattouille ? ■ JULES ROMAINS, *Knock ou le Triomphe de la médecine.*

■ Lorsque la question porte sur la totalité de la phrase et qu'on peut y répondre par *oui* ou par *non*, on parle d'**interrogation totale**. Elle s'exprime différemment selon le niveau de langue :

– avec la locution *est-ce que* dans le langage courant ;

Est-ce que tu sors ce soir ?

– avec l'inversion du sujet dans le langage soutenu ;

Sors-tu ce soir ?

– avec uniquement l'intonation montante et le point d'interrogation dans le langage familier.

Tu sors ce soir ?

■ Lorsque la question porte sur une partie de la phrase et qu'on ne peut pas y répondre par *oui* ou par *non*, on parle d'**interrogation partielle**. Elle est introduite par un mot interrogatif : un pronom *(qui…)*, un déterminant *(quel…)*, un adverbe *(comment…)*.

Le mot interrogatif est accompagné de l'inversion du sujet dans le langage courant.

Comment a-t-il fait ?

Dans le langage familier, on peut trouver le mot interrogatif rejeté en fin de phrase ou renforcé par la locution **est-ce que**.

Il a fait comment ? Comment est-ce qu'il a fait ?

■ La phrase interrogative peut également exprimer, de manière indirecte :

– une affirmation : *N'est-il pas mignon ?*

On parle alors de *question rhétorique* : cette fausse question n'appelle pas de réponse de l'interlocuteur, mais vise à l'impliquer.

– un ordre : *Peux-tu m'apporter un verre d'eau ?*

– une hypothèse : *Souhaitez-vous changer d'air ? allez à la mer.*

102 La phrase impérative (ou injonctive)

La phrase impérative exprime un **ordre**, mais aussi une **défense**, une **prière**, un **conseil**, une **demande**, un **souhait**. Elle est terminée par un point ou un point d'exclamation et son intonation est descendante.

> GÉRONTE. – *Va-t'en, Scapin, va-t'en dire à ce Turc que je vais envoyer la justice après lui.*
>
> MOLIÈRE, *Les Fourberies de Scapin.*

Elle est généralement au mode **impératif** et comporte souvent une apostrophe qui désigne la personne à laquelle s'adresse l'ordre. À la troisième personne, l'ordre est exprimé au **subjonctif**.

> – ***Taisez-vous*** *! ordonna la Reine, pourpre de fureur.*
> *– Je ne me tairai pas ! répliqua Alice.*
> – *Qu'on lui* ***coupe*** *la tête ! hurla la Reine de toutes ses forces.*
>
> LEWIS CARROLL, *Alice au pays des merveilles.*

L'ordre est exprimé par l'impératif *taisez-vous* et le subjonctif *coupe*.

Attention

Il existe d'autres moyens d'exprimer l'ordre.

Les actes de parole indirects sont très fréquents pour exprimer une injonction.

On peut utiliser :
- une phrase interrogative ;
  Pourriez-vous m'indiquer l'heure ?
- une phrase déclarative au présent de l'indicatif ;
  Tu vides le lave-vaisselle.
- une phrase déclarative au futur de l'indicatif ;
  Tu videras le lave-vaisselle.
- un verbe à l'infinitif, pour un ordre à valeur générale et impersonnelle ;
  Ne pas fumer.
- une phrase nominale.
  Silence ! Interdiction de fumer.

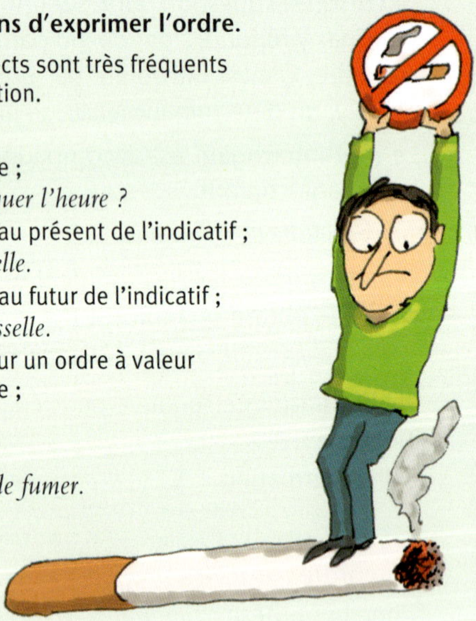

103 La phrase exclamative

■ La phrase exclamative exprime une **émotion** ou un **sentiment** (joie, colère, surprise, admiration…). Elle est terminée par un point d'exclamation et son intonation est montante. Elle comporte souvent une interjection.

Ah ! Gringoire, qu'elle était jolie la petite chèvre de M. Seguin ! ■ ALPHONSE DAUDET, *Lettres de mon moulin.*

■ Elle peut être introduite par le déterminant exclamatif *quel* ou par un adverbe exclamatif : *comme, que, combien* (souvent remplacés par *ce que* dans le langage familier).

Comme tu es belle !

Ce que tu es belle !

Elle peut entraîner une inversion du sujet *(Suis-je bête !)*. Cependant, elle ne comporte pas toujours de verbe *(Que de monde !)*.

■ La phrase exclamative peut aussi exprimer indirectement une demande.

Quelle chaleur !

Cette phrase peut signifier : *Ouvrez la fenêtre !*

Résumé

■ Il existe quatre types de phrase :
- la phrase déclarative, qui donne une information ;
- la phrase interrogative, qui pose une question ;
- la phrase impérative, qui donne un ordre ;
- la phrase exclamative, qui exprime un sentiment.

LA PHRASE AFFIRMATIVE, LA PHRASE NÉGATIVE

TOINETTE. – *Oui, vous n'aurez pas ce cœur-là.*
ARGAN. – *Je l'aurai.*
TOINETTE. – *Vous vous moquez.*
ARGAN. – *Je ne me moque point.*
TOINETTE. – *La tendresse paternelle vous prendra.*
ARGAN. – *Elle ne me prendra point.*

■ MOLIÈRE, *Le Malade imaginaire.*

C'est l'alternance de phrases affirmatives et de phrases négatives qui fait le comique de ce dialogue.

104 Quelles sont les formes facultatives de phrase ?

■ À côté des quatre types obligatoires de phrase, il existe deux formes **facultatives** de phrase : la **forme affirmative** et la **forme négative**.

■ Toute phrase, qu'elle soit déclarative, interrogative, impérative ou exclamative, prend une forme affirmative ou une forme négative. Ces deux formes ne sont pas caractérisées par une intonation particulière.

POIL DE CAROTTE. – *Non, maman, je n'irai pas au moulin.*
MADAME LEPIC. – *Comment ! tu n'iras pas au moulin ?*

■ JULES RENARD, *Poil de Carotte.*

La première phrase est déclarative ; la phrase *tu n'iras pas au moulin ?* est interrogative ; mais toutes deux sont aussi des phrases négatives.

105 La phrase affirmative

■ La phrase affirmative est le contraire de la phrase négative. Elle se caractérise par l'**absence de négation**.

*Le soleil brille. ≠ Le soleil **ne** brille **pas**.*

*Il a de nombreux amis. ≠ Il **n'**a **aucun** ami.*

106 La phrase négative

■ La **phrase négative** se caractérise par la **présence d'une négation**. Tout type de phrase peut subir une transformation négative. Pour une phrase interrogative à la forme négative, on parle de **phrase interro-négative.**

***N'**est-il **pas** déjà parti ?*

■ Il existe différents moyens d'exprimer la négation :

– une locution négative : *ne… pas, ne… plus, ne… jamais, ne… guère, aucun… ne, personne ne, rien ne…* La locution *ne…que* est une négation restrictive qui équivaut à *seulement*.

Mary a bien cuit les pommes de terre, cette fois-ci.
*La dernière fois elle **ne** les avait **pas** bien fait cuire.*
*Je **ne** les aime **que** lorsqu'elles sont bien cuites.*

■ EUGÈNE IONESCO, *La Cantatrice chauve*.

La locution *ne…point* est d'emploi vieilli et littéraire.

*Et ils cherchèrent dans les plis de la robe, dans les plis du manteau, dans les poches, partout. Ils **ne** la trouvèrent **point**.*

■ GUY DE MAUPASSANT, *La Parure*.

– la conjonction de coordination *ni* pour coordonner deux propositions négatives ou deux termes à l'intérieur d'une phrase négative.

*Il **n'**avait **ni** famille **ni** amis.*

– les adverbes *non* et *pas*.

*Il part en juillet et **non** en août.*
*Il y a du sel, mais **pas** de poivre.*

GRAMMAIRE

Non peut aussi être l'équivalent d'une phrase négative.

« Viendras-tu avec nous ?
*– **Non**. »*

Non équivaut à : *je ne viendrai pas.*

■ La place de la locution négative est variable :

– elle encadre le verbe lorsqu'il présente une forme simple ;

LOUISON. – *Là, là, mon papa, **ne** pleurez **point** tant ; je **ne** suis **pas** morte tout à fait.* ■ MOLIÈRE, *Le Malade imaginaire.*

– elle encadre l'auxiliaire lorsque le verbe présente une forme composée ;

*Bien sûr, on **n**'a **pas** pu beaucoup dormir ; il y en avait un qui pleurait tout le temps et qui disait qu'il voulait rentrer chez son papa et sa maman.*

■ JEAN-JACQUES SEMPÉ et RENÉ GOSCINNY, *Les Vacances du Petit Nicolas.*

– elle se place devant le verbe à l'infinitif.

*Cette rusée petite fille s'obstine à **ne pas** dire : « Mère-grand, que vous avez de grandes dents ! »*

■ PIERRE-HENRI CAMI, *Le Petit Chaperon vert.*

■ Dans la langue soutenue, avec certains verbes comme *pouvoir, oser, savoir, cesser…*, la négation est exprimée seulement par *ne*.

*Je **n**'ose vous demander ce service.*

À l'inverse, l'omission de *ne* devant le verbe est incorrecte ; elle est caractéristique de la langue familière et orale.

⊖ *J'ai pas soif.*

Attention

Lorsqu'une phrase comporte deux négations, celles-ci s'annulent et la phrase équivaut à une affirmation.

Il s'agit d'un procédé de style qui consiste à atténuer l'affirmation.

*Je **ne** dis **pas** non.*

Cette phrase signifie : *J'accepte.*

*Je **ne** prétends **pas** qu'elle **ne** soit **pas** belle.*

Cette phrase signifie : *Certes, elle est belle.*

Il existe un emploi de *ne* sans valeur négative.

On l'appelle dans ce cas « *ne* explétif ».

On le rencontre dans le langage soutenu :

– après un verbe de crainte ou d'empêchement :

*Je crains qu'il **ne** vienne.*

La phrase signifie : *Je crains sa venue.*

La forme négative sera : *Je crains qu'il ne vienne pas.*

– après *avant que, de peur que, à moins que, plus que, moins que...*

*Il faut agir avant qu'il **ne** soit trop tard.*

*Il est plus fort qu'on **ne** le croit.*

Dans la langue courante, on pourra dire :

Il faut agir avant qu'il soit trop tard.

Il est plus fort qu'on le croit.

Résumé

- Les quatre types obligatoires de phrase (déclaratif, interrogatif, impératif, exclamatif) peuvent se mettre à la forme affirmative ou à la forme négative.
- La phrase négative est la négation de la phrase affirmative.

La proposition subordonnée relative

Il y a une armoire à peine luisante
qui a entendu les voix de mes grand-tantes,
qui a entendu la voix de mon grand-père,
qui a entendu la voix de mon père.

■ FRANCIS JAMMES, « La salle à manger », *De l'angélus de l'aube à l'angélus du soir.*

Les trois propositions relatives se rapportent au nom *armoire*.

107 Qu'est-ce qu'une proposition relative ?

■ La proposition relative est une **proposition subordonnée** introduite par un **pronom relatif**. Elle complète un groupe nominal ou un pronom appartenant à une autre proposition et appelé **antécédent**.

*Les rares habitants [**qui** se trouvaient en ce moment à leurs fenêtres ou sur le seuil de leurs maisons] regardaient ce voyageur avec une sorte d'inquiétude.*

■ VICTOR HUGO, *Les Misérables.*

Qui se trouvaient en ce moment à leurs fenêtres ou sur le seuil de leurs maisons est une proposition subordonnée relative qui a pour antécédent le groupe nominal *les rares habitants.*

■ La proposition relative permet de réunir en une seule phrase deux phrases comportant le même groupe nominal, évitant ainsi une répétition. Elle suit généralement son antécédent et peut être **enchâssée** (c'est-à-dire insérée) dans la proposition dont elle dépend.

Tu as acheté une voiture. Cette voiture est en panne.
*[La voiture] [**que** tu as achetée] [est en panne.]*

La proposition relative *que tu as achetée* est enchâssée dans la proposition principale *La voiture est en panne.*

108 La fonction de la proposition relative

■ La proposition relative, qui est une **expansion du nom ou du groupe nominal**, peut être **épithète** (on dit aussi **épithète liée**) de l'antécédent.

Et le petit prince eut un très joli éclat de rire
*[**qui** m'irrita beaucoup].*

■ ANTOINE DE SAINT-EXUPÉRY, *Le Petit Prince.*

La proposition relative *qui m'irrita beaucoup* est épithète de l'antécédent *un très joli éclat de rire.*

■ Elle peut être **apposée** (on dit aussi **épithète détachée**) ; elle est alors séparée de l'antécédent par une virgule.

*La princesse, [**qui** ne pouvait croire cette nouvelle,]*
vient vite se présenter à la fenêtre et aperçoit Aladin.

■ « Histoire d'Aladin ou la Lampe merveilleuse », *Les Mille et Une Nuits.*

La proposition relative *qui ne pouvait croire cette nouvelle* est apposée à l'antécédent *la princesse.*

Les fonctions épithète et apposée étaient autrefois réunies sous le nom de **complément de l'antécédent**.

■ Il ne faut pas confondre la fonction de la proposition relative avec la **fonction du pronom relatif**. Celui-ci peut remplir, à l'intérieur de la proposition relative, toutes les fonctions d'un groupe nominal.

*Un Loup survient à jeun [**qui** cherchait aventure,]*
*Et [**que** la faim en ces lieux attirait.]*

■ JEAN DE LA FONTAINE, *Le Loup et l'Agneau.*

Les deux propositions relatives sont épithètes de l'antécédent *un loup.* Le pronom relatif *qui* est le sujet de *cherchait* et le pronom relatif *que* est le COD de *attirait.*

Astuce

Comment distinguer les fonctions du pronom relatif *dont* ?

Le pronom relatif **dont** remplace un groupe nominal précédé de la préposition **de**. On peut identifier ses fonctions en le remplaçant par son antécédent.

Le pronom relatif **dont** peut être :

– complément d'objet indirect ;

*C'est une ville [**dont** il m'a souvent parlé.]*

Il m'a souvent parlé *d'une ville. Dont* est le COI de *a parlé.*

– complément du nom ;

*L'enfant [**dont** le ballon tomba à l'eau] se mit à pleurer.*

Le ballon *de l'enfant* tomba à l'eau. *Dont* est le complément du nom *ballon.*

– complément de l'adjectif ;

*C'est une information [**dont** je suis certain.]*

Je suis certain *de cette information. Dont* est le complément de l'adjectif *certain.*

– complément circonstanciel ;

*La manière [**dont** il t'a parlé] m'a déplu.*

Il t'a parlé *d'une manière qui m'a déplu. Dont* est le complément circonstanciel de manière de a *parlé.*

– complément d'agent.

*Ses amis, [**dont** il fut toujours aimé,] l'aidèrent beaucoup.*

Il fut aimé *de ses amis. Dont* est le complément d'agent de *fut aimé.*

109 La proposition relative déterminative et la proposition relative explicative

■ Une proposition relative est dite **déterminative** lorsqu'elle est indispensable au sens de la phrase. Sans elle, la phrase perd son sens ou prend un autre sens. La relative déterminative est épithète et n'est jamais séparée de l'antécédent par une virgule.

David partit avec son ami en vacances dans les jours [qui suivirent leur rencontre.]

Privée de la proposition relative, la phrase serait incorrecte :

⊖ *David partit dans les jours.*

Les animaux [qui ont été contaminés par cette maladie très contagieuse] seront abattus.

Sans la proposition relative, la phrase signifierait que tous les animaux sont concernés.

■ Une proposition relative est dite **explicative** lorsqu'elle apporte une information qui rend la phrase plus précise, mais qui peut être supprimée. Il s'agit le plus souvent d'une relative apposée, séparée de l'antécédent par une virgule.

Ses longs cheveux dénoués, [où se trouvaient encore mêlées quelques petites fleurs bleues,] faisaient un oreiller à sa tête et protégeaient de leurs boucles la nudité de ses épaules.

■ THÉOPHILE GAUTIER, *La Morte amoureuse.*

110 La proposition relative sans antécédent

■ Il arrive qu'une proposition relative n'ait pas d'antécédent ; elle est introduite par les pronoms relatifs **qui**, **quoi**, **où**, par les locutions relatives **ce qui**, **ce que**, **celui qui**, **celui que** ou par le pronom relatif indéfini **quiconque**. On la rencontre fréquemment dans les proverbes ou pour désigner quelqu'un ou quelque chose d'indéfini.

[Qui aime bien] châtie bien.

■ Cette proposition relative sans antécédent peut être remplacée par un groupe nominal et en a toutes les fonctions.

La vie n'est pas [ce qu'on croit.]

On pourrait dire : *La vie n'est pas un long fleuve tranquille.* La proposition relative est attribut du sujet *la vie*.

Va [où tu veux.]

On pourrait dire : *Va à Paris.* La proposition relative est complément circonstanciel de lieu de *va*.

Résumé

- La proposition subordonnée relative est introduite par un pronom relatif. Elle complète un groupe nominal appartenant à la proposition dont elle dépend et appelé antécédent.
- Elle fait partie des expansions du nom ou du groupe nominal. Elle peut être épithète ou apposée.
- Certaines propositions relatives n'ont pas d'antécédent ; elles ont les mêmes fonctions qu'un groupe nominal.

La proposition subordonnée conjonctive complétive

C'est, mon père, [que je connais] [que vous avez parlé d'une personne], et [que j'ai entendu une autre.]

■ MOLIÈRE, *Le Malade imaginaire.*

Cette phrase comporte trois propositions conjonctives complétives.

111 Qu'est-ce qu'une proposition conjonctive complétive ?

■ La proposition conjonctive complétive est une **proposition subordonnée**. Elle est **conjonctive** parce qu'elle est introduite par la **conjonction *que*** ; elle est **complétive** parce qu'elle est le plus souvent **complément d'objet**. Mais elle peut aussi remplir d'autres fonctions dans la phrase.

La réalité est [que l'empereur, entré dans Grenoble, avait refusé de s'installer à l'hôtel de la préfecture.]

■ VICTOR HUGO, *Les Misérables.*

Que l'empereur, entré dans Grenoble, avait refusé de s'installer à l'hôtel de la préfecture est une proposition subordonnée conjonctive complétive introduite par la conjonction *que*. Elle occupe ici une fonction d'attribut.

112 La proposition conjonctive complétive complément d'objet

■ La proposition conjonctive complétive peut être complément d'objet :

– d'un verbe transitif direct ;

Maintenant, elle savait [qu'elle était orpheline.] (COD)

■ HENRI TROYAT, *Viou.*

– d'un verbe transitif indirect ; la conjonction de subordination prend alors la forme **ce que**.

*Elle veille [à **ce qu'**il ait son compte de sommeil.]* (COI)

Astuce

Comment ne pas confondre la proposition relative introduite par *que* et la proposition conjonctive complétive introduite par *que* ?

- On peut remplacer la proposition relative par un adjectif qualificatif.

  L'homme [que je regarde] porte un chapeau.

  On peut dire : L'homme *maigre* porte un chapeau.

- On ne peut pas remplacer la proposition conjonctive complétive par un adjectif qualificatif.

  Je dis [que l'homme porte un chapeau.]

  On ne peut pas dire : ⊖ Je dis *maigre*.

113 Le mode de la proposition conjonctive complétive complément d'objet

- Le mode de la proposition conjonctive complétive peut être imposé par le sens du verbe de la proposition principale.

Les verbes de **déclaration** *(dire, affirmer, espérer)*, d'**opinion** *(penser, croire, considérer)*, de **perception** *(sentir)*, à la **forme affirmative**, se construisent avec l'**indicatif**.

*Jusque-là, je n'avais pas ouvert les yeux, je sentais [que j'**étais couché** sur le dos et sans liens.]*

EDGAR POE, « Le Puits et le Pendule », *Histoires extraordinaires*.

Sentais est un verbe de perception, employé à la forme affirmative. Le verbe de la proposition complétive, *étais couché*, est donc à l'indicatif.

*Je **crois** que deux et deux **sont** quatre, Sganarelle, et que quatre et quatre sont huit.* MOLIÈRE, *Dom Juan*.

Crois est un verbe d'opinion, employé à la forme affirmative. Le verbe de la proposition complétive, *sont*, est donc à l'indicatif.

Les verbes de **souhait** *(vouloir, souhaiter, désirer)*, de **doute** *(douter)*, d'**ordre** *(ordonner, interdire)*, de **demande** *(demander)*, de **crainte** *(craindre, avoir peur)*, de **sentiment** *(regretter, s'étonner)* se construisent avec le **subjonctif**.

Je voudrais [qu'avec son bien il ***eût*** *encore quelque bon goût des choses.]* ■ MOLIÈRE, *Le Bourgeois gentilhomme*.

Voudrais est un verbe de souhait. Le verbe de la proposition complétive, *eût*, est donc au subjonctif.

En vérité, fait-elle, chevalier, je ***crains*** *que vous* ***soyez*** *bien mal venu.* ■ CHRÉTIEN DE TROYES, *Le Chevalier au lion*.

Après le verbe de crainte, le verbe de la proposition complétive, *soyez*, est au subjonctif.

■ Pour d'autres verbes, le mode est laissé au choix du locuteur : les verbes **déclaratifs** ou d'**opinion**, à la **forme négative** ou **interrogative**, peuvent se construire avec l'**indicatif** ou le **subjonctif**.

On peut choisir le futur de l'indicatif ou le présent du subjonctif. En employant le subjonctif, le locuteur est moins sûr de son affirmation.

Je ne pense pas qu'il ***viendra***.

Viendra est au futur de l'indicatif.

Je ne pense pas qu'il ***vienne***.

Vienne est au présent du subjonctif.

On peut aussi choisir le passé composé de l'indicatif ou le passé du subjonctif. En employant le subjonctif, le locuteur est moins sûr de son affirmation.

Sa mère ne croit pas qu'il ***a volé***.

A volé est au passé composé de l'indicatif.

Sa mère ne croit pas qu'il ***ait volé***.

Ait volé est au passé du subjonctif.

114 Les autres fonctions de la proposition conjonctive complétive

■ Une proposition conjonctive complétive peut occuper d'autres fonctions que celle de complément d'objet. Elle peut être :

– sujet ;

[Qu'il arrive demain] m'ennuie beaucoup.

– attribut du sujet ;

Le problème est [que je n'ai plus d'essence dans ma voiture.]

– complément du nom ;

L'idée [que vous arriviez en retard] est insupportable.

– sujet réel de verbe ou tournure impersonnels.

Il est évident [qu'il n'est pas fort en mathématiques.]

Astuce

Comment reconnaître la fonction d'une proposition conjonctive complétive ?

Il suffit de la remplacer par un groupe nominal et d'identifier la fonction de ce groupe nominal.

Je vois [qu'il marche.]
Je vois [cet arbre].

Cet arbre est un groupe nominal COD du verbe *vois*, *qu'il marche* est donc une complétive COD.

La nouvelle [que vous avez gagné la coupe] me réjouit.
La nouvelle [de votre victoire] me réjouit.

De votre victoire est un groupe nominal complément du nom *nouvelle* ; *que vous avez gagné la coupe* est donc une complétive complément du nom.

Résumé

- La proposition conjonctive complétive est introduite par la conjonction *que*.
- Elle occupe le plus souvent la fonction de complément d'objet du verbe.

La proposition subordonnée interrogative indirecte

ESTRAGON (la bouche pleine, distraitement). – ***On n'est pas liés ?***
VLADIMIR. – *Je n'entends rien.*
ESTRAGON (mâche, avale). – *Je demande **si on est liés**.*

■ SAMUEL BECKETT, *En attendant Godot.*

Estragon utilise d'abord une phrase interrogative directe, puis une proposition interrogative indirecte.

115 Qu'est-ce qu'une proposition interrogative indirecte ?

■ La proposition interrogative indirecte est une **proposition subordonnée** qui pose une question par l'intermédiaire d'un **verbe introducteur** *(demander, chercher, dire, raconter…)*. Il ne faut pas la confondre avec la **phrase interrogative directe**.

On n'est pas liés ?
Il s'agit d'une phrase interrogative directe.

Je demande [si on est liés.]
Si on est liés est une proposition interrogative indirecte subordonnée à la proposition principale *je demande*.

■ Contrairement à la phrase interrogative directe, la proposition interrogative indirecte :
– n'a pas d'intonation montante ;
– n'a pas de point d'interrogation ;
– n'a pas d'inversion sujet-verbe.

As-tu mal ? (interrogation directe)

Je te demande [si tu as mal.] (interrogation indirecte)

Astuce

Comment reconnaître une proposition interrogative indirecte ?

On peut toujours la transformer en une phrase interrogative directe.

Dites-moi s'il est là. On peut dire : *Est-ce qu'il est là ?*

■ La proposition interrogative indirecte est une proposition subordonnée **complétive**. Elle est le plus souvent **COD**.

Léa demande [comment on le nomme.]

On peut remplacer la proposition complétive par un GN : *Léa demande son nom. Comment on le nomme* est une complétive COD du verbe *demande*.

116 La proposition interrogative indirecte introduite par *si*

■ Quand l'interrogation directe est **totale** (on peut répondre par *oui* ou par *non*), l'interrogative indirecte est introduite par **si**.

Elle demanda [si les livres lui seraient utiles.]

L'interrogation directe correspondante est : *Les livres lui seraient-ils utiles ?* La question appelle une réponse par *oui* ou par *non* : l'interrogation indirecte est donc introduite par *si*.

117 La proposition interrogative indirecte introduite par *quel*, *pourquoi*, *comment*...

■ Quand l'interrogation directe est **partielle** (on ne peut pas répondre par *oui* ou par *non*), la proposition interrogative indirecte est introduite par le **même mot interrogatif** que dans l'interrogation directe : *quel, pourquoi, comment*...

Jamais il ne lui révéla [où il s'était caché] et
[qui l'avait aidé cette troisième et dernière fois.]

■ LES FRÈRES GRIMM, « Le ouistiti », *Contes*.

Les deux interrogations directes correspondantes sont : *Où était-il caché ?* et *Qui l'avait aidé ?* Les questions appellent une réponse partielle. *Où* et *qui* introduisent les interrogations directe et indirecte.

Résumé

■ La proposition interrogative indirecte est une proposition subordonnée complétive.

■ Elle est introduite par *si* quand l'interrogation est totale, par des mots interrogatifs *(quel, pourquoi, comment...)* quand l'interrogation est partielle.

LES PROPOSITIONS SUBORDONNÉES CONJONCTIVES CIRCONSTANCIELLES

Pour répondre aux questions où ? quand ? comment ?... se produit l'action, on peut employer des propositions subordonnées conjonctives circonstancielles.

118 Qu'est-ce qu'une proposition subordonnée conjonctive circonstancielle ?

■ La proposition conjonctive circonstancielle est une **proposition subordonnée**. Elle est **conjonctive** parce qu'elle est introduite par une **conjonction de subordination** *(lorsque, comme, quand...)* ou par une **locution conjonctive** *(parce que, après que...)*. Elle est **circonstancielle** parce qu'elle est **complément circonstanciel.**

Le long d'un clair ruisseau buvait une Colombe,
*[**Quand** sur l'eau se penchant une Fourmi y tombe.]*

■ JEAN DE LA FONTAINE, *La Colombe et la Fourmi.*

Quand sur l'eau se penchant une Fourmi y tombe est une subordonnée conjonctive circonstancielle introduite par la conjonction de subordination *quand.*

119 Les différentes subordonnées conjonctives circonstancielles

■ On distingue les subordonnées conjonctives circonstancielles :
– de **temps** ou « temporelles », introduites par : *lorsque, quand, après que, avant que, pendant que...*
– de **cause** ou « causales », introduites par : *parce que, puisque, comme, dès lors que, sous prétexte que...*
– de **conséquence** ou « consécutives », introduites par : *si bien que, de telle sorte que, au point que, si* (+ *adjectif*) *que, tellement que, tant que, trop* (+ *adjectif*) *pour que...*
– de **but** ou « finales », introduites par : *afin que, pour que, de peur que, de crainte que...*

– d'**opposition** et de **concession** ou « concessives », introduites par : *alors que, bien que, même si, quoique…*
– de **condition** ou « conditionnelles », introduites par : *si, pourvu que, à supposer que…*
– de **comparaison** ou « comparatives », introduites par : *comme, de même que, aussi que, tel* (+ *adjectif*) *que, aussi* (+ *adjectif*) *que…*

■ On peut coordonner plusieurs subordonnées conjonctives circonstancielles par **que**.

> *[**Lorsque** je vais sur la jetée,] [**et que** je regarde le bout du ciel,] je suis déjà de l'autre côté.* ■ MARCEL PAGNOL, *Marius*.

On pourrait dire *[Lorsque je vais sur la jetée] [et lorsque je regarde le bout du ciel...]*. La conjonction *que* évite de répéter *lorsque*.

■ Dans une même phrase, on peut trouver plusieurs subordonnées conjonctives circonstancielles exprimant des circonstances variées.

> *[**S**'il tourne bien], [**comme** tout porte à le croire,] il sera notre héritier.* ■ GUY DE MAUPASSANT, « Aux champs », *Contes de la Bécasse*.

Dans cette phrase, on trouve une subordonnée circonstancielle de condition, *S'il tourne bien*, puis une subordonnée circonstancielle de comparaison, *comme tout porte à le croire*.

■ Une subordonnée conjonctive circonstancielle peut dépendre d'une autre subordonnée conjonctive circonstancielle.

> *Il reconnut que c'était les frères de sa femme, l'un Dragon et l'autre Mousquetaire, de sorte qu'il s'enfuit aussitôt pour se sauver ; mais les deux frères le poursuivirent de **si** près [**qu'**ils l'attrapèrent] [**avant qu'**il pût gagner le perron.]*
>
> ■ CHARLES PERRAULT, *La Barbe bleue*.

avant qu'il pût gagner le perron est une subordonnée circonstancielle de temps ; elle complète *qu'ils l'attrapèrent*, qui est une subordonnée circonstancielle de conséquence complétant elle-même la proposition principale *mais les deux frères le poursuivirent de si près*.

120 La subordonnée circonstancielle et les autres moyens d'exprimer une circonstance

■ La subordonnée conjonctive circonstancielle peut remplacer un complément circonstanciel d'une autre nature, qui peut être :

– un **groupe nominal** ;

> ***Sans le vacarme de la ville***, *on pourrait entendre la plainte qui coule de sa gorge.* ■ PIERRE PÉJU, *La Petite Chartreuse.*

Le GN *Sans le vacarme de la ville* pourrait être remplacé par une subordonnée circonstancielle de condition :
[S'il n'y avait pas le vacarme de la ville,] on pourrait entendre la plainte qui coule de sa gorge.

– un **infinitif prépositionnel** : il s'emploie lorsque le sujet de l'infinitif et celui du verbe conjugué de la phrase sont identiques ;

> ***Pour avoir levé*** *une seule fois le regard sur une femme, pour une faute en apparence si légère, j'ai éprouvé pendant plusieurs années les plus misérables agitations.*
>
> ■ THÉOPHILE GAUTIER, *La Morte amoureuse.*

L'infinitif prépositionnel *Pour avoir levé (une seule fois le regard sur une femme)* pourrait être remplacé par une subordonnée circonstancielle de cause : *Parce que j'avais levé une seule fois le regard sur une femme.*

– un **gérondif** : il s'emploie lorsque le sujet du gérondif et celui du verbe conjugué de la phrase sont identiques ;

> *Sa voix résonne comme si elle sortait du puits.*
> ***En l'entendant***, *il redresse la tête et appelle de nouveau.*
>
> ■ *Le Roman de Renart.*

Le gérondif *En l'entendant* pourrait être remplacé par une subordonnée circonstancielle de temps : *Quand il l'entend.*

– une **proposition subordonnée participiale**.

> *La nuit tombait et,* ***mon travail fini***, *j'allais gagner mon hamac, lorsque je m'avisai de manger une pomme.*
>
> ■ ROBERT LOUIS STEVENSON, *L'Île au trésor.*

La proposition participiale *mon travail fini* pourrait être remplacée par une subordonnée circonstancielle de temps : *quand mon travail fut fini.*

■ La proposition conjonctive circonstancielle, qui est une proposition subordonnée, peut aussi remplacer une **proposition coordonnée**.

Toute la journée la banquise gronde
***mais** j'arrive quand même à dormir.*

■ JEAN-LOUIS ÉTIENNE, *Le Marcheur du pôle.*

Au lieu d'une proposition coordonnée par *mais*, on pourrait avoir une subordonnée circonstancielle d'opposition :
[Bien que toute la journée la banquise gronde,] j'arrive quand même à dormir.

■ La proposition conjonctive circonstancielle peut enfin remplacer une **proposition** ou une **phrase juxtaposée**.

Mon père avait envie d'un petit jardin. Son désir flambait au milieu de nous comme un feu.

■ JEAN GIONO, *Jean le bleu.*

Au lieu de la phrase juxtaposée : *Son désir flambait au milieu de nous comme un feu*, on pourrait avoir une proposition subordonnée circonstancielle de conséquence :
Mon père avait tellement envie d'un petit jardin [que son désir flambait au milieu de nous comme un feu.]

GRAMMAIRE

Résumé

■ Les propositions subordonnées conjonctives circonstancielles apportent des précisions sur les circonstances de l'action : le temps, la cause, la conséquence, le but, l'opposition, la condition, la comparaison.

■ Elles peuvent remplacer d'autres tournures exprimant la circonstance :
– un groupe nominal ;
– un infinitif prépositionnel ;
– un gérondif ;
– une proposition subordonnée participiale ;
– une proposition coordonnée ou juxtaposée.

LA PROPOSITION SUBORDONNÉE CIRCONSTANCIELLE DE TEMPS

*Le matin, **quand il fut réveillé**, il courut aussitôt par monts et par vaux à la recherche d'une fleur pareille. Huit jours durant, il la chercha, et à l'aube du neuvième jour, il trouva la fleur rouge de sang.* ■ LES FRÈRES GRIMM, « Yorinde et Yoringue », *Contes*.

La proposition subordonnée circonstancielle est l'un des nombreux moyens d'exprimer le temps.

121 Qu'est-ce qu'une subordonnée circonstancielle de temps ?

■ La proposition subordonnée circonstancielle de temps, aussi appelée **subordonnée temporelle**, permet de **situer** un fait ou une action **dans le temps**.

> *[**Quand l'artiste a mis la dernière main à son œuvre**], il équilibre son poids sur ses deux ailes et il se suspend dans les airs qu'il agite.* ■ OVIDE, « Dédale et Icare », *Métamorphoses*.
>
> La proposition subordonnée *Quand l'artiste a mis la dernière main à son œuvre* indique à quel moment se situe l'action de la principale, *il équilibre son poids sur ses deux ailes.*

■ La subordonnée circonstancielle de temps est une subordonnée conjonctive : elle est introduite par une conjonction de subordination.

122 Qu'exprime la subordonnée circonstancielle de temps ?

■ Elle exprime :

– une **antériorité**, lorsque l'action de la subordonnée se déroule **avant** celle de la principale. La subordonnée est introduite par une conjonction de subordination ou une locution conjonctive suivie de l'**indicatif** : *quand, lorsque, après que, dès que, depuis que, aussitôt que, sitôt que…*

*[**Quand il eut achevé d'écrire**,] [le mort immobile contempla son œuvre.]* ■ GUY DE MAUPASSANT, *La Morte.*

La proposition subordonnée *Quand il eut achevé d'écrire* exprime une action antérieure à l'action de la proposition principale *le mort immobile contempla son œuvre.*

– une **simultanéité**, lorsque l'action de la subordonnée se déroule **en même temps** que celle de la principale. La subordonnée est introduite par une conjonction ou une locution conjonctive suivie de l'**indicatif** : *comme, quand, lorsque, pendant que, tandis que, tant que, au moment où, alors que, à mesure que, chaque fois que…*

*Après quoi, je m'étendis sous un arbre, et [j'allais m'endormir,] [**lorsque mon chien vint me parler à l'oreille**.]* ■ MARCEL PAGNOL, *La Gloire de mon père.*

La proposition subordonnée *lorsque mon chien vint me parler à l'oreille* exprime une action simultanée à l'action de la proposition principale *j'allais m'endormir.*

– une **postériorité**, lorsque l'action de la subordonnée se déroule **après** celle de la principale. La subordonnée est introduite par une locution conjonctive suivie du **subjonctif** : *avant que, en attendant que, jusqu'à ce que…*

*[Et moi, qu'on me porte au bout de la table] [**en attendant que je meure**.]* ■ MOLIÈRE, *Les Fourberies de Scapin.*

La proposition subordonnée *en attendant que je meure* exprime une action postérieure à l'action de la proposition principale *Et moi, qu'on me porte au bout de la table.*

*Rentrons [**avant qu'il ne pleuve**.]*

Dans la langue soutenue, *avant que* est employé avec la négation explétive *ne* qui n'a pas de valeur négative.

Attention

Dans une phrase, il faut bien distinguer l'ordre grammatical et l'ordre chronologique.

■ On ne doit pas confondre l'ordre des propositions dans la phrase (ordre grammatical) et l'ordre des actions dans le temps (ordre chronologique). Une action qui s'est déroulée après une autre action peut précéder cette dernière dans la phrase.

[En attendant que leur mère rentre du travail,]
[ils regardaient la télévision.]

La proposition subordonnée *En attendant que leur mère rentre du travail* est placée avant la proposition principale *ils regardaient la télévision* (ordre grammatical). Mais l'action de la subordonnée est postérieure à l'action de la principale (ordre chronologique).

■ La conjonction **après que** introduit une subordonnée exprimant une antériorité et la conjonction **avant que** introduit une subordonnée exprimant une postériorité, puisqu'on considère la relation temporelle par rapport à l'action de la principale.

[Il referma la porte à clé,] [après que tous eurent quitté la pièce.]

L'action de la proposition subordonnée *après que tous eurent quitté la pièce* est antérieure à l'action de la proposition principale *Il referma la porte à clé.*

L'emploi du subjonctif avec *après que* est fautif.

Toutefois il tend à se généraliser. Ainsi, on trouve :

⊖ *Après que nous soyons allés au cinéma, il nous a emmenés au restaurant.*

au lieu de :

Après que nous sommes allés au cinéma, il nous a emmenés au restaurant.

■ Lorsque plusieurs subordonnées conjonctives circonstancielles de temps sont coordonnées entre elles, on évite la répétition de la conjonction de subordination en la remplaçant par **que**.

*[**Quand** il fut arrivé] et [**qu**'il eut examiné le palais de près et de tous les côtés,] il ne douta pas qu'Aladin ne se fût servi de la lampe pour le faire bâtir.*

■ « Histoire d'Aladin ou la Lampe merveilleuse », *Les Mille et Une Nuits.*

Qu'il eut examiné le palais de près et de tous les côtés est une proposition subordonnée circonstancielle de temps et signifie : *quand il eut examiné.*

Pour aller plus loin

Qu'est-ce qu'un infinitif prépositionnel ?

Lorsque la proposition subordonnée de temps a le même sujet que la proposition principale, certaines locutions conjonctives *(après que, avant que, en attendant que, au moment où...)* peuvent être remplacées par une préposition ou locution prépositionnelle *(après, avant de, en attendant de, au moment de...)* suivie de l'infinitif. On parle alors d'infinitif prépositionnel.

Il prend un café ***avant de partir****.*

Au lieu de : ⊖ *Il prend un café avant qu'il parte.*

Avant de partir est un infinitif prépositionnel, complément circonstanciel de temps du verbe *prend*.

Résumé

- La proposition subordonnée circonstancielle de temps situe une action dans le temps.
- Elle peut exprimer :
  - l'antériorité : *quand, lorsque, après que…*
  - la simultanéité : *comme, alors que, au moment où…*
  - la postériorité : *avant que, jusqu'à ce que…*

LES PROPOSITIONS SUBORDONNÉES CIRCONSTANCIELLES DE CAUSE ET DE CONSÉQUENCE

Je ne comprends pas ***parce que la cause m'échappe.***

■ GUY DE MAUPASSANT, *Le Horla.*

La cause est l'inverse de la conséquence ; le personnage de Maupassant aurait aussi bien pu dire : *La cause m'échappe* ***si bien que je ne comprends pas.***

123 Qu'est-ce qu'une subordonnée circonstancielle de cause ?

■ La proposition subordonnée circonstancielle de cause exprime la **raison** ou le **motif** d'un fait ou d'une action.

*Moi, j'aime bien quand papa m'accompagne, [****parce qu'il me donne souvent des sous pour acheter des choses****.]*

■ JEAN-JACQUES SEMPÉ et RENÉ GOSCINNY, *Les Récrés du Petit Nicolas.*

La proposition subordonnée parce *qu'il me donne souvent des sous pour acheter des choses* exprime la raison de la satisfaction du Petit Nicolas.

■ La subordonnée circonstancielle de cause est une subordonnée conjonctive. Elle est introduite par une conjonction de subordination ou une locution conjonctive : *parce que, puisque, comme, du moment que, dès lors que, étant donné que, attendu que, sous prétexte que, vu que, non que, soit que… soit que…*

■ Ces conjonctions ou locutions conjonctives sont suivies de l'**indicatif**, sauf *non que* et *soit que… soit que…* qui sont suivies du **subjonctif**.

*Tu mangeras de l'oignon, [****parce qu'il te fait mal****,]*
*tu ne mangeras pas de poireaux, [****parce que tu les adores****.]*

■ JULES VALLÈS, *L'Enfant.*

*Il ne partira pas en vacances cette année, [****non qu'il n'en ait pas les moyens****,] mais parce qu'il a trop de travail.*

■ Lorsque plusieurs subordonnées conjonctives circonstancielles de cause se suivent, on évite la répétition de la conjonction de subordination en la remplaçant par **que**.

*[**Étant donné que** le vent avait cessé de souffler] et [**que** la mer s'était calmée,] on put sortir l'embarcation.*

Attention

Il ne faut pas confondre les conjonctions *parce que* et *puisque*.

■ **Parce que** s'emploie pour informer l'interlocuteur d'une cause.

*« Le match n'aura pas lieu, [**parce que** le terrain est impraticable] », a annoncé l'entraîneur aux parents.*

La proposition subordonnée introduite par *parce que* présente à l'interlocuteur (les parents) la cause de l'annulation du match.

■ **Puisque** s'emploie pour une cause déjà connue de l'interlocuteur et présentée comme une justification par le locuteur.

*« Eh bien, tu ne viendras pas, [**puisque** tu n'en as pas envie !] », s'est exclamé mon père.*

La proposition subordonnée introduite par *puisque* présente à l'interlocuteur (l'enfant) la justification de la décision du père.

Il ne faut pas confondre les différents sens de *comme*.

La conjonction **comme** peut exprimer :

■ la **cause** : le plus souvent, la subordonnée est en tête de phrase.

*[**Comme** il faisait chaud,] ils allèrent se rafraîchir à la fontaine.*

■ le **temps** : *Il entra, [**comme** elle sortait.]*

■ la **comparaison** : *Il dormait, [**comme** dort un enfant.]*

124 Qu'est-ce qu'une subordonnée circonstancielle de conséquence ?

■ La proposition subordonnée circonstancielle de conséquence indique l'**effet** ou le **résultat** d'une action ou d'un fait.

*J'ai tant rêvé de toi [**que tu perds ta réalité**.]*

■ ROBERT DESNOS, *Corps et Biens*.

La proposition subordonnée *que tu perds ta réalité* exprime la conséquence du rêve.

■ La proposition subordonnée circonstancielle de conséquence est une subordonnée conjonctive. Elle est toujours placée après la proposition principale et elle est introduite par :

– une locution conjonctive : *si bien que, de façon que, de manière que, de sorte que, en sorte que, au point que, trop… pour que, assez… pour que…*

> *Toutes ces paroles étaient entrecoupées de caresses délirantes qui étourdirent mes sens et ma raison [**au point que** je ne craignis point pour la consoler de proférer un effroyable blasphème, et de lui dire que je l'aimais autant que Dieu.]*
>
> ■ THÉOPHILE GAUTIER, *La Morte amoureuse.*

– la conjonction **que** précédée, dans la proposition principale, par un terme appelé **corrélatif** (qui met en relation deux termes) : l'adjectif **tel** ou les adverbes d'intensité **si, tant, tellement**.

> *Alice avait **tellement** pris l'habitude de s'attendre à des choses extravagantes, [**qu'**il lui paraissait ennuyeux et stupide de voir la vie continuer de façon normale.]*
>
> ■ LEWIS CARROLL, *Alice au pays des merveilles.*

■ Les propositions subordonnées de conséquence sont à l'**indicatif**, sauf celles introduites par *trop… pour que, assez… pour que* qui sont au **subjonctif**.

> *La porte de la roulotte était **trop** étroite [**pour qu'une vache y pût passer**.]*
>
> ■ MARCEL AYMÉ, *Les Contes du chat perché.*

Attention

Il ne faut pas confondre la cause et la conséquence.

Alors que la **cause** exprime ce qui **provoque un fait ou une action**, la **conséquence** exprime **ce qui en découle**. Une phrase qui exprime un rapport de conséquence peut être transformée de manière à exprimer un rapport de cause, et inversement.

Les voitures ne cessaient d'affluer, ***[si bien qu'un gigantesque embouteillage se forma.]***

Si bien qu'un gigantesque embouteillage se forma est une proposition subordonnée circonstancielle de conséquence.

Un gigantesque embouteillage se forma, ***[étant donné que les voitures ne cessaient d'affluer.]***

Étant donné que les voitures ne cessaient d'affluer est une proposition subordonnée circonstancielle de cause.

Résumé

- La proposition subordonnée circonstancielle de cause exprime la raison d'une action.
  Elle peut être introduite par : *parce que, puisque, comme…*
- La proposition subordonnée circonstancielle de conséquence exprime l'effet d'une action.
  Elle peut être introduite par : *si bien que, de sorte que…*

La proposition subordonnée circonstancielle de but

J'écrirai ce poème
pour qu'il t'offre une aurore
quand il fait nuit

■ ALAIN BOSQUET, *Poèmes, un.*

C'est un bien noble but que celui du poète.

125 Qu'est-ce qu'une subordonnée circonstancielle de but ?

■ La proposition subordonnée circonstancielle de but indique l'**objectif visé** par l'action.

J'écrirai ce poème
*[**pour qu'il me donne***
un fleuve doux
***comme les ailes du toucan**]* [...]

■ ALAIN BOSQUET, *Poèmes, un.*

La proposition subordonnée *pour qu'il me donne un fleuve doux comme les ailes du toucan* exprime l'objectif que se donne le poète en écrivant.

■ La subordonnée circonstancielle de but est une subordonnée conjonctive. Elle est introduite par une locution conjonctive qui est toujours suivie du **subjonctif** : *pour que, afin que*…

Le petit Prince s'assit sur une pierre et leva les yeux vers le ciel :
*– Je me demande, dit-il, si les étoiles sont éclairées [**afin que chacun puisse un jour retrouver la sienne**.]*

■ ANTOINE DE SAINT-EXUPÉRY, *Le Petit Prince.*

■ Cette locution exprime parfois un but négatif, c'est-à-dire une action qu'on cherche à éviter : *de peur que, de crainte que*… Dans la langue soutenue, ces locutions s'emploient avec un ***ne* explétif,** particule sans valeur négative.

*Denise, [**de peur que les larmes ne lui jaillissent des yeux**,] se hâta de retourner au tas de vêtements qu'elle transportait et qu'elle classait sur un comptoir.*

■ ÉMILE ZOLA, *Au Bonheur des dames.*

■ Après un verbe à l'impératif, le but s'exprime par la conjonction de subordination **que**, équivalant à **pour que**.

*Appelez-moi Nicole, [**que je lui donne quelques ordres**.]*

■ MOLIÈRE, *Le Bourgeois gentilhomme*.

Attention

Il ne faut pas confondre le but avec la conséquence.

La **conséquence** est le **résultat obtenu**, alors que le **but** est le **résultat que l'on cherche à obtenir**. Les propositions subordonnées de but sont au subjonctif, mode de la volonté, alors que les propositions subordonnées de conséquence sont à l'indicatif, mode du réel.

*Les parents s'étaient sacrifiés [**pour que leur enfant réussisse**.]*

Pour que leur enfant réussisse est une proposition subordonnée circonstancielle de but. Le verbe *réussir* est au subjonctif.

*Il avait toujours eu de la chance, [**si bien qu'il avait réussi**.]*

Si bien qu'il avait réussi est une proposition subordonnée circonstancielle de conséquence. Le verbe *réussir* est à l'indicatif.

Il ne faut pas confondre *pour que, trop… pour que* et *assez… pour que*.

■ **Pour que** exprime le but.

*Je lui téléphonerai [**pour que** nous convenions d'un rendez-vous.]* (but)

■ **Trop… pour que** et **assez… pour que** expriment la conséquence.

*Il a **trop** d'ennuis [**pour que** nous le laissions tomber en ce moment.]* (conséquence)

Résumé

■ La proposition subordonnée circonstancielle de but exprime l'objectif visé.

■ Elle peut être introduite par : *pour que, afin que, de peur que…*

GRAMMAIRE

La proposition subordonnée circonstancielle d'opposition ou de concession

***Bien que Poil de Carotte n'aime pas le rhum**, il dit : « Je ne donne ma part à personne. »* ■ JULES RENARD, *Poil de Carotte.*

Voilà une contradiction bien singulière : pourquoi Poil de Carotte tient-il tant à ce qu'il n'aime pas ?

126 Qu'est-ce qu'une subordonnée circonstancielle d'opposition ou de concession ?

■ La proposition subordonnée circonstancielle d'**opposition** met en relation deux faits ou deux actions qui font **contraste** entre eux.

*[**Alors que ma voisine est une femme charmante,**] son mari est un homme détestable.*

Dans la proposition subordonnée *Alors que ma voisine est une femme charmante*, l'adjectif *charmante* s'oppose à l'adjectif détestable de la proposition principale.

■ On parle de proposition subordonnée de **concession** lorsque les faits mis en relation sont **contradictoires**, c'est-à-dire logiquement incompatibles. La concession est une cause qui ne produit pas l'effet attendu.

*Il parlait si bas que, [**quoique la porte-fenêtre fût ouverte,**] Vanina ne put entendre ses paroles.*

■ STENDHAL, *Vanina Vanini.*

L'ouverture de la porte-fenêtre devrait permettre à Vanina d'entendre les paroles prononcées ; or c'est l'inverse qui se produit.

■ La subordonnée circonstancielle d'opposition ou de concession est une subordonnée conjonctive. Elle est introduite par une conjonction de subordination ou une locution conjonctive.

127 La subordonnée d'opposition ou de concession : quel mode utiliser ?

■ Selon la conjonction de subordination ou la locution conjonctive utilisée, le mode varie :

– *quoique, bien que, encore que, sans que…* sont suivies du **subjonctif** ;

*[**Bien qu'il fasse chaud**,] il porte un épais manteau de laine.*

– *alors que, tandis que, quand…* sont suivies de l'**indicatif** ;

*Madame, dit-il, pourquoi donc, s'il vous plaît, n'avez-vous point vos ferrets de diamants, [**quand vous savez**] qu'il m'eût été agréable de les voir ?*

■ ALEXANDRE DUMAS, *Les Trois Mousquetaires.*

– *quand bien même, alors même que…* sont suivies du **conditionnel**.

*[**Quand bien même je serais malade**,] j'irais à cette réunion.*

Pour aller plus loin

Quelles sont les autres formes de la subordonnée d'opposition ?

■ La subordonnée d'opposition peut prendre la forme d'une subordonnée **relative indéfinie** introduite par une locution relative suivie du **subjonctif** : *qui que, quoi que, quel que, où que, pour... que...* Dans ces locutions, **que** est un pronom relatif.

*La pensée de Clarimonde recommença à m'obséder, et, [**quelques efforts que je fisse pour la chasser**,] je n'y parvenais pas toujours.*

■ THÉOPHILE GAUTIER, *La Morte amoureuse.*

■ La subordonnée d'opposition introduite par **quoique** ou **bien que** est souvent **elliptique** du verbe : son verbe n'est pas exprimé.

*[**Bien qu'affaibli**,] le cerveau du jeune homme fut frappé par cette idée banale constamment présente à l'esprit des prisonniers : la liberté.* ■ ALEXANDRE DUMAS, *Le Comte de Monte-Cristo.*

Résumé

■ La proposition subordonnée circonstancielle d'opposition ou de concession exprime un contraste ou une contradiction.

■ Elle peut être introduite par : *alors que, quoique, bien que…*

La proposition subordonnée circonstancielle de condition

*« **Si tu avais seulement deux mille ans**, reprit le vieux roi, je t'accorderais bien volontiers la princesse, mais la disproportion est trop forte, et puis il faut à nos filles des maris qui durent.*

■ Théophile Gautier, *Le Pied de momie.*

Voilà une condition bien difficile à remplir pour un jeune Français qui veut épouser une momie.

128 Qu'est-ce qu'une subordonnée circonstancielle de condition ?

■ La proposition subordonnée circonstancielle de condition exprime le **fait** ou l'**action nécessaire** à la réalisation d'un autre fait ou d'une autre action.

*Il fait bon écouter les fabliaux, Messires. [**Si le conte est joliment fait,**] [on oublie tout ce qui est désagréable.]*

■ Courtebarbe, « Les trois aveugles de Compiègne », *Fabliaux du Moyen Âge.*

Si le conte est joliment fait est la condition de *on oublie tout ce qui est désagréable.*

■ On appelle **système hypothétique** l'ensemble formé par la principale et la subordonnée de condition. L'hypothèse consiste à supposer que la condition est remplie.

[S'il ***fait beau dimanche,]*** *nous irons nous baigner.*

Le beau temps est la condition de la baignade, c'est-à-dire ce qui la rend possible, et cette condition est exprimée par une hypothèse : *S'il fait beau dimanche.*

129 Quel mode employer dans la subordonnée de condition ?

■ La subordonnée circonstancielle de condition, aussi appelée subordonnée hypothétique, est une subordonnée conjonctive.

■ Elle est le plus souvent introduite par la conjonction de subordination **si**. Dans ce cas, elle est toujours à l'**indicatif**.

> ***[Si tu connaissais le Temps aussi bien que moi,]*** *dit le Chapelier, tu ne* ***parlerais*** *pas de le perdre. Le Temps est un être vivant.* ■ LEWIS CARROLL, *Alice au pays des merveilles.*

Astuce

Quelle forme verbale utiliser lorsque *si* exprime la condition ?

■ Lorsque **si** exprime la condition, il n'est jamais suivi du conditionnel.

S'il venait, je serais contente.

On ne dit jamais : ⊖ *S'il viendrait, je serais contente.*

■ Un procédé mnémotechnique permet d'éviter la faute.

Les poissons-scies (si) n'aiment pas les raies (-rais/-rait).

GRAMMAIRE

■ Lorsque deux subordonnées introduites par **si** se suivent, on évite généralement la répétition en remplaçant **si** par **que** ; dans ce cas, le mode est le **subjonctif**.

*[**S'il aime ces fruits**] et [**qu'il en veuille d'autres**], il peut venir en ramasser.*

■ La subordonnée circonstancielle de condition peut aussi être introduite par une locution conjonctive :
– *selon que, suivant que,* suivies de l'**indicatif** ;
– *au cas où, dans l'hypothèse où,* suivies du **conditionnel** ;
– *pourvu que, à moins que, à condition que, à supposer que, en admettant que, pour peu que, soit que… soit que, que… que,* suivies du **subjonctif**.

*Peu m'importait la direction que je prenais, [**pourvu qu'elle m'éloignât des assassins**.]*

■ ROBERT LOUIS STEVENSON, *L'Île au trésor.*

130 Les valeurs de la subordonnée de condition introduite par *si*

■ On distingue quatre valeurs de la subordonnée circonstancielle de condition introduite par **si**, selon la manière dont l'hypothèse est envisagée.

– L'**éventuel** présente l'hypothèse comme un fait réel dans le passé, le présent ou l'avenir ; la subordonnée est au présent ou à l'imparfait de l'indicatif ; la principale est à l'indicatif ou à l'impératif.

*S'il **fait** beau, nous **allons** à la piscine.*
*S'il **fait** beau, nous **irons** à la piscine.*
*S'il **faisait** beau, nous **allions** à la piscine.*
*S'il **fait** beau, **allons** à la piscine.*

– Le **potentiel** présente l'hypothèse comme un fait imaginaire possible dans l'avenir ; la subordonnée est à l'imparfait de l'indicatif et la principale est au présent du conditionnel.

*S'il **faisait** beau (demain), nous **irons** à la piscine.*

– L'**irréel du présent** présente l'hypothèse comme un fait imaginaire mais contraire à la réalité présente ; la subordonnée est à l'imparfait de l'indicatif et la principale est au présent du conditionnel.

*S'il **faisait** beau* (aujourd'hui, mais ce n'est pas le cas), *nous **irions** à la piscine.*

Ainsi, le potentiel et l'irréel du présent s'expriment de la même façon ; seul le contexte permet de les distinguer.

– L'**irréel du passé** présente l'hypothèse comme un fait imaginaire et contraire à la réalité passée ; la subordonnée est au plus-que-parfait de l'indicatif et la principale est au passé du conditionnel.

*S'il **avait fait** beau* (hier), *nous **serions allés** à la piscine.*

Pour aller plus loin

L'irréel du passé dans la langue soutenue

On peut utiliser le plus-que-parfait du subjonctif dans la subordonnée comme dans la principale.

*S'il l'**eût rencontrée** alors, il en aurait été (ou **eût été**) amoureux.*

Résumé

- La proposition subordonnée circonstancielle de condition exprime le fait ou l'action nécessaire à la réalisation d'un autre fait ou d'une autre action.
- La subordonnée circonstancielle de condition introduite par *si* est toujours à l'indicatif.

LA PROPOSITION SUBORDONNÉE CIRCONSTANCIELLE DE COMPARAISON

SGANARELLE. – *Monsieur, c'est une grande et subtile question entre les docteurs, de savoir* ***si les femmes sont plus faciles à guérir que les hommes****.* ■ MOLIÈRE, *Le Médecin malgré lui.*

La comparaison met en évidence les ressemblances ou les différences.

131 Qu'est-ce qu'une subordonnée circonstancielle de comparaison ?

■ La proposition subordonnée circonstancielle de comparaison, aussi appelée subordonnée comparative, exprime une **ressemblance**, une **différence**, une **égalité**, une **inégalité** ou une **proportion**.

La mer est toute ronde
*[**Comme une belle montre**]*
Que le soleil remonte ■ MAURICE CARÊME, « La mer », *L'Arlequin.*

La comparaison met en rapport la *mer* et la *montre* pour souligner la ressemblance de forme.

■ La subordonnée circonstancielle de comparaison est une subordonnée conjonctive qui peut être à l'**indicatif** ou au **conditionnel**. Elle est introduite par :

– une conjonction de subordination ou une locution conjonctive : *comme, de même que, ainsi que, autrement que, autant que, moins que, plus que, plutôt que…*

*Denise, qui écoutait [**comme on écoute un conte de fées,**] eut un léger frisson.* ■ ÉMILE ZOLA, *Au Bonheur des dames.*

– la conjonction **que** précédée d'un adjectif ou d'un adverbe appelé **corrélatif** (qui met en relation deux termes) : *tel… que, aussi… que, le même… que, autant… que, plus… que, moins… que, autre… que, d'autant plus… que, d'autant moins… que…*

Il était ***aussi*** *aimable [**que nous l'avions connu autrefois**.]*

132 La subordonnée de comparaison elliptique

■ La subordonnée circonstancielle de comparaison est souvent **elliptique** du verbe, c'est-à-dire que son verbe n'est pas exprimé.

*Quelle sensation bizarre ! dit Alice. Je dois être en train de rentrer en moi-même, [**comme une longue-vue !**]*

■ LEWIS CARROLL, *Alice au pays des merveilles.*

Comme une longue-vue est une subordonnée de comparaison dont le verbe est sous-entendu : il faut comprendre *comme une longue-vue rentre en elle-même.*

■ Le **complément du comparatif** est un cas de subordonnée circonstancielle de comparaison elliptique.

*L'huile de l'épicier du coin est de bien **meilleure** qualité [**que l'huile de l'épicier d'en face**,] elle est même **meilleure** [**que l'huile de l'épicier du bas de la côte**.]*

■ EUGÈNE IONESCO, *La Cantatrice chauve.*

Que l'huile de l'épicier du bas de la côte est une subordonnée de comparaison dont le verbe est sous-entendu ; il faut comprendre : *que ne l'est l'huile de l'épicier du bas de la côte.*

Attention

■ **Il ne faut pas confondre les différents sens de *tel que*.**

La conjonction **tel que** peut exprimer :
- la comparaison : *La voiture était [**telle que nous l'avions laissée.**]*
- la conséquence : *La voiture était dans un tel état [**qu'ils l'avaient laissée sur place.**]*

■ **Il ne faut pas confondre les différents sens de *comme*.**

La conjonction **comme** peut exprimer :
- la comparaison : *Il nage [**comme un poisson.**]*
- la cause : *[**Comme il pleuvait,**] ils restèrent à la maison.*
- le temps : *Ils arrivèrent en vue des côtes, [**comme le jour se levait.**]*

Résumé

■ La proposition subordonnée circonstancielle de comparaison indique une ressemblance ou une différence.

■ Elle peut être introduite par : *comme, de même que, plus que, moins que…*

LA PROPOSITION INFINITIVE

Les vaches regardent ***passer les trains****.*
Le poète voit ***les feuilles tomber****.*
Les oiseaux sentent ***le printemps arriver****.*

Ces phrases sont construites avec des propositions infinitives.

133 Qu'est-ce qu'une proposition infinitive ?

■ La proposition infinitive est une **proposition subordonnée complétive**. Elle est **infinitive** parce que son verbe est à l'**infinitif**. Elle est **complétive** parce qu'elle est **complément d'objet**. Elle est construite **directement** après le verbe de la principale dont elle dépend, sans mot subordonnant pour l'introduire.

> *Il voyait [le* Bonheur des dames *envahir tout le pâté entouré par ces rues.]* ■ ÉMILE ZOLA, *Au Bonheur des dames*.
>
> *Le Bonheur des dames envahir tout le pâté entouré par ces rues* est une proposition infinitive. Elle commence directement après le verbe principal *voyait*. Elle est COD du verbe *voyait*.

■ La proposition infinitive a un **sujet distinct** de celui de la proposition principale. Ce sujet peut être placé avant ou après le verbe à l'infinitif.

> *J'ai senti [mes tempes se gonfler.]*
>
> ■ VICTOR HUGO, *Le Dernier Jour d'un condamné*.
>
> Le pronom *j'* est le sujet du verbe *ai senti* dans la proposition principale. *Mes tempes* est le sujet du verbe *se gonfler* dans la proposition infinitive.

■ Il ne faut pas confondre la proposition infinitive et l'**infinitif complément d'objet**. Quand on sépare la proposition principale et la proposition infinitive en deux propositions indépendantes, elles ont un sujet différent.

> *Julie entend [chanter le merle.]*
>
> *Julie entend. Le merle chante.*

En revanche, quand l'infinitif est complément d'objet, le sujet du verbe principal et le sujet de l'infinitif sont identiques.

Le merle sait chanter.
Savoir et *chanter* ont le même sujet, *le merle.*

134 Quand emploie-t-on la proposition infinitive ?

■ La proposition infinitive s'emploie après :

– les verbes de perception *(regarder, voir, écouter, entendre, sentir)* ;

Il regarde [les oiseaux voler.]
Les oiseaux voler est une proposition infinitive dont le sujet est *les oiseaux* et dont le verbe est *voler.*

– les verbes **laisser** et **faire**.

Je fais [pousser des fleurs.]
Pousser des fleurs est une proposition infinitive dont le sujet est *des fleurs* et dont le verbe est *pousser.*

J'ai laissé [les enfants regarder la télévision.]
Les enfants regarder la télévision est une proposition infinitive dont le sujet est *les enfants* et dont le verbe est *regarder.*

Résumé

■ Une proposition infinitive est une proposition subordonnée complétive.

■ Son verbe est à l'infinitif et son sujet est différent de celui de la proposition principale.

LA PROPOSITION PARTICIPIALE

Toutes proportions gardées... Cela dit... La nuit tombant.

Le langage courant abonde en propositions participiales.

135 Qu'est-ce qu'une proposition participiale ?

■ La proposition participiale est une **proposition subordonnée.** Elle est **participiale** parce que son verbe est au **participe passé** ou **présent**. Elle est **subordonnée** parce qu'elle **dépend** de la proposition principale. Cependant, elle n'a pas de mot subordonnant pour l'introduire.

> *[Le tour du salon **terminé**,] M. Madinier voulut qu'on recommençât : ça en valait la peine.*
>
> ■ ÉMILE ZOLA, *L'Assommoir.*

Le tour du salon terminé est une proposition participiale. Son verbe est le participe passé *terminé*.

■ La proposition participiale a un **sujet distinct** de celui de la proposition principale.

> *Au retour, [**la grande porte du palais** étant embarrassée par les préparatifs d'une illumination,] **la voiture** rentra par les cours de derrière.*
>
> ■ STENDHAL, *Vanina Vanini.*

Dans la proposition participiale, *la grande porte du palais* est le sujet de *étant embarrassée*. Dans la proposition principale, *la voiture* est le sujet du verbe *rentra*.

■ Il ne faut pas confondre la proposition participiale avec le **participe apposé** ou avec le **gérondif**. Le participe apposé et le gérondif n'ont **pas de sujet propre**.

L'hôte, ***entendant*** *la porte s'ouvrir et entrer un nouveau venu, dit sans lever les yeux de ses fourneaux : « Que veut monsieur ? »* ■ VICTOR HUGO, *Les Misérables.*

Le participe *entendant* est apposé au sujet de la phrase, *l'hôte*. Il n'a pas de sujet propre. Cette phrase ne comporte pas de proposition participiale.

En rentrant *à la maison, l'enfant fut stupéfaite d'avoir crié : « Au secours ! »* ■ JULES SUPERVIELLE, *L'Enfant de la haute mer.*

Le gérondif *en rentrant* a pour sujet *l'enfant*, qui est aussi le sujet du verbe conjugué *fut stupéfaite*. Cette phrase ne comporte pas de proposition participiale.

136 La fonction de la proposition participiale

■ La proposition participiale est une proposition subordonnée **complément circonstanciel**. Elle peut être :

– complément circonstanciel de **temps** ;

[La vaisselle terminée,] ils se mirent devant le poste de télévision.

– complément circonstanciel de **cause** ;

[Les Gaulois ayant été vaincus,] César revint à Rome plein de puissance.

– complément circonstanciel de **condition**.

[La pluie cessant,] nous pourrions sortir.

Résumé

■ Une proposition participiale est une proposition subordonnée circonstancielle.

■ Son verbe est au participe et son sujet est différent de celui de la proposition principale.

La concordance des temps dans les propositions subordonnées

Si j'aurais su, j'aurais pas venu !

On ne peut pas, comme le petit Gibus de *La Guerre des boutons*, de Louis Pergaud, employer n'importe quel temps dans une subordonnée. Il faut respecter quelques règles.

137 Qu'est-ce que la concordance des temps ?

■ La concordance des temps désigne un ensemble de règles à respecter concernant le **choix des temps dans une proposition subordonnée**. Ce choix n'est pas libre, il **dépend du temps du verbe dans la proposition principale**.
Ainsi on peut dire : *Je crois qu'il sera là.*
Mais on ne peut pas dire : ⊖ *Je croyais qu'il sera là.*
Si on change le temps de la principale, il faut généralement changer aussi celui de la subordonnée : *Je croyais qu'il serait là.*

■ Les règles de la concordance des temps concernent tous les types de propositions subordonnées comportant un verbe conjugué. Mais lorsqu'il s'agit d'une subordonnée de condition, des règles particulières de concordance s'appliquent.

■ Le temps employé dans la subordonnée dépend de la relation chronologique existant entre la principale et la subordonnée : l'action (ou le fait) exprimée dans la subordonnée peut être **antérieure**, **simultanée** ou **postérieure** à celle de la principale. (→ 138-139)

Pour aller plus loin

Qu'est-ce que le présent de vérité générale ?

Lorsque le verbe de la subordonnée exprime une vérité générale, on utilise le présent, quels que soient le temps et le mode de la principale. On appelle cette valeur du présent le présent de vérité générale.

Il a compris que les hommes sont égoïstes.

138 Les temps dans les subordonnées à l'indicatif

Temps de la principale	**Action de la subordonnée par rapport à la principale**		
	antérieure	**simultanée**	**postérieure**
Présent ou futur *Il dit / Il dira*	Passé composé, imparfait, ou plus-que-parfait *qu'il le* ***savait****.*	Présent *qu'il le* ***sait****.*	Futur *qu'il le* ***saura****.*
Passé *Il a dit /* *Il disait* *Il avait dit*	Plus-que-parfait *qu'il l'****avait su****.*	Imparfait *qu'il le* ***savait****.*	Conditionnel présent *qu'il le* ***saurait****.*

139 Les temps dans les subordonnées au subjonctif

Temps de la principale	**Action de la subordonnée par rapport à la principale**		
	antérieure	**simultanée**	**postérieure**
Présent ou futur *Il craint /* *Il craindra*	Passé *qu'il l'****ait su****.*	Présent *qu'il le* ***sache****.*	Présent *qu'il le* ***sache****.*
Passé *Il a craint /* *Il avait craint*	Plus-que-parfait *qu'il l'****eût su****.*	Imparfait *qu'il le* ***sût****.*	Imparfait *qu'il le* ***sût****.*

■ Aujourd'hui, dans la langue courante, on emploie principalement le présent du subjonctif dans la subordonnée.

Il craignait qu'elle le ***sache****.*

Situation de communication et situation d'énonciation

Où courir ? Où ne pas courir ? N'est-il point là ?
N'est-il point ici ? Qui est-ce ? Arrête.
Rends-moi mon argent, coquin…
(Il se prend lui-même le bras.) *Ah ! c'est moi. Mon esprit est troublé, et j'ignore où je suis, qui je suis, et ce que je fais.*

■ MOLIÈRE, *L'Avare*.

Voilà un énoncé peu clair. Harpagon, qui s'adresse à lui-même, aurait-il des problèmes de communication ?

140 Qu'est-ce qu'une situation de communication ?

■ Toute situation dans laquelle sont échangés des messages est une **situation de communication**.

Un Indien envoie des signaux de fumée au village voisin pour signaler la présence d'un troupeau de bisons.
Un adolescent « tchate » sur Internet avec son copain à propos du film de la veille à la télévision.
Une abeille vole en huit pour indiquer la présence d'un champ de pollen aux autres abeilles.

■ Une situation de communication est toujours composée :
– d'un **émetteur** : *un Indien, un adolescent, une abeille ;*
– d'un **récepteur** : *les Indiens du village voisin, le copain de l'adolescent, les abeilles de la ruche ;*
– d'un **message** : *la présence d'un troupeau de bisons, l'avis des adolescents sur le film de la veille à la télévision, la présence d'un champ de pollen ;*
– d'un **canal** par lequel passe le message : *les signaux de fumée, Internet et l'écran de l'ordinateur, le vol et le corps de l'abeille ;*
– d'un **code** qui traduit le message et le rend intelligible : *le langage humain transformé en signaux de fumée, le langage humain transformé en lettres, les figures formées par le vol de l'abeille.*

141 Qu'est-ce qu'une situation d'énonciation ?

■ Tout acte de communication à l'aide du langage humain (oral ou écrit) est produit dans une situation particulière et unique, dite situation d'énonciation. Elle se définit par quatre questions : **qui parle ?** (ou qui écrit ?) **à qui ? où ? quand ?**

■ Ces questions permettent d'identifier trois repères :
– celui qui parle ou qui écrit : le « **moi** » ;
– le lieu où se trouve celui qui parle ou qui écrit : le « **ici** » ;
– le moment où le « moi » parle ou écrit : le « **maintenant** ».

■ Le message, produit par la situation d'énonciation, est appelé l'**énoncé**. Celui qui parle est appelé le **locuteur**. Celui à qui s'adresse le message est appelé le **destinataire** ou l'**interlocuteur**.

Hé ! bonjour, Monsieur du Corbeau.
Que vous êtes joli ! que vous me semblez beau ! »

■ JEAN DE LA FONTAINE, *Le Corbeau et le Renard.*

Le locuteur est le renard, le destinataire est le corbeau. L'énoncé est produit près d'un arbre, à un moment indéterminé.

142 Comment analyser une situation d'énonciation ?

■ Analyser la situation d'énonciation d'un texte revient à **répondre aux quatre questions : qui parle ? à qui ? où ? quand ?** Cependant, la question « qui parle ? » est doublement importante ; il s'agit de trouver un nom, une identité, mais aussi de repérer une façon de penser, la **subjectivité**. Il faut donc se demander dans quel but et de quelle façon le locuteur formule ses propos.

Pour aller plus loin

Dans un texte littéraire, le locuteur n'est pas toujours l'auteur.

La réponse à la question « qui parle ? » a deux réponses possibles.

■ Dans un texte autobiographique, c'est l'auteur qui parle à travers les pronoms **je** ou **nous.**

Je *suis né à Genève en 1712, d'Isaac Rousseau, Citoyen, et de Suzanne Bernard, Citoyenne.*

■ JEAN-JACQUES ROUSSEAU, *Confessions.*

Le pronom personnel *je* désigne Jean-Jacques Rousseau, auteur des *Confessions.*

■ Dans un texte de fiction (roman, théâtre...), c'est un personnage qui parle à travers les pronoms **je** et **nous.**

Je *descendais le dernier coteau du Canigou, et, bien que le soleil fût déjà couché,* ***je*** *distinguais dans la plaine les maisons de la petite ville d'Ille, vers laquelle* ***je me*** *dirigeais.*

■ PROSPER MÉRIMÉE, *La Vénus d'Ille.*

Les pronoms personnels *je* et *me* ne désignent pas Mérimée auteur de *La Vénus d'Ille*, mais le personnage qui raconte son histoire.

Pour analyser la situation d'énonciation, il faut repérer dans le texte :

– les **indices** (ou **marques**) **de l'énonciation** (→ 143-144) ;

– les **indices** (ou **marques**) **de la subjectivité du locuteur** (→ 145-147) : ces indices révèlent, derrière chaque énoncé, l'influence du locuteur sur le contenu de ses propos.

> *Qui te rend si hardi de troubler mon breuvage ?*
>
> JEAN DE LA FONTAINE, *Le Loup et l'Agneau.*

Dans cette situation d'énonciation, le locuteur est le loup, l'interlocuteur est l'agneau.
Mais il faut aussi se demander dans quel but et de quelle façon le loup s'adresse à l'agneau. Est-il amical ? hostile ? Les indices de la subjectivité du locuteur permettent de répondre à ces questions, par exemple :
– le vocabulaire péjoratif (l'agneau est considéré de façon péjorative comme étant *hardi*, le simple fait de boire est devenu un acte négatif : *troubler*) ;
– le vocabulaire mélioratif (l'eau est nommée de façon méliorative : *breuvage*) ;
– les procédés d'amplification (le loup exagère le caractère de l'agneau en employant l'adverbe d'intensité *si*).

Résumé

- La situation de communication désigne toute situation dans laquelle sont échangés des messages.
- La situation d'énonciation apporte une réponse aux quatre questions : qui parle ? à qui ? où ? quand ? et se définit par rapport au « moi – ici – maintenant » de celui qui parle.

LES INDICES DE L'ÉNONCIATION

Allons, qu'on détale de chez moi, maître juré filou, vrai gibier de potence !

■ MOLIÈRE, *L'Avare.*

À qui s'adresse Harpagon aussi violemment ?
Pour le savoir, il faut analyser les indices de l'énonciation.

143 Quels sont les indices de l'énonciation ?

■ Les indices de l'énonciation permettent de répondre aux questions : **qui parle ? à qui ? où ? quand ?** On distingue :

– les **indices de la personne** (locuteur et interlocuteur) ; les pronoms personnels *(je, tu, nous, vous…)* ; les pronoms possessifs *(le mien, les nôtres…)* et les déterminants possessifs *(mon, ton, nos, vos…)* ;

– les **pronoms** *(celui-ci…)* et les **déterminants démonstratifs** *(ce, cet…)* ;

– les **indices de lieu** *(ici, là…)* ;

– les **indices de temps** *(maintenant, hier, demain, l'autre jour…)* ;

– les **temps verbaux** : présent, futur, passé composé, qui font référence au moment de l'énonciation.

À Madame de Grignan

À Vichy, mardi 19 mai 1676.

***Je** commence **aujourd'hui** à **vous** écrire ; **ma** lettre **partira** quand elle **pourra** ; **je veux** causer avec **vous**. **J'arrivai ici hier** au soir.*

■ MADAME DE SÉVIGNÉ, *Lettres*.

- *Je* désigne la locutrice, l'auteur de la lettre, Mme de Sévigné ; *ma* renvoie aussi à cette locutrice.
- *Vous* désigne le destinataire, Mme de Grignan.
- *Aujourd'hui* se rapporte au moment où est écrite la lettre ; *hier* est la veille de ce moment. Par la date, on sait qu'on est le *mardi 19 mai 1676*.
- *Ici* désigne le lieu où est écrite la lettre. On sait par l'en-tête que ce lieu est *Vichy*.
- Les temps des verbes, présent *(commence, veux)*, passé *(arrivai)* et futur *(partira, pourra)* se comprennent par rapport au moment présent de l'énonciation.

144 Les embrayeurs

■ Parmi les indices de l'énonciation, certains n'ont de sens que dans le cadre de la situation d'énonciation : on les appelle les embrayeurs. À chaque nouvelle situation d'énonciation, ils prennent un **sens nouveau** qui varie **en fonction du « moi – ici – maintenant »** de chaque situation.

Mercredi 8 juillet 1942

Chère Kitty,
*Depuis **dimanche matin**, on dirait que des années se sont écoulées, il s'est passé tant de choses qu'il **me** semble que le monde entier s'est mis tout à coup sens dessus dessous, mais **tu** vois, Kitty, **je** vis encore et c'est le principal, dit Papa.*

■ *Journal d'Anne Franck*.

- *Je*, *me* et *tu* sont des embrayeurs de personne. *Je* et *me* désignent la narratrice du journal d'Anne Franck, *tu* désigne Kitty, l'interlocutrice imaginaire à laquelle la jeune fille adresse son journal.
- *Dimanche matin* sont des embrayeurs de temps, ils ne se comprennent que par rapport à la date *Mercredi 8 juillet 1942*. Cette date n'est pas un embrayeur car elle permet de définir la situation d'énonciation.

■ Les embrayeurs sont **engagés** dans la situation d'énonciation, car leur sens ne dépend que d'elle.

C'est assez, dit le Rustique ;
***Demain vous** viendrez chez **moi**.*
*Ce n'est pas que **je me** pique*
*De tous **vos** festins de roi*

JEAN DE LA FONTAINE, *Le Rat de ville et le Rat des champs.*

Demain, vous, moi, je, me, vos ne se comprennent que dans la situation d'énonciation. Le rat des champs parle *(le rustique)*, il dit *je, moi, me* en parlant de lui-même ; il s'adresse au rat des villes à qui il dit *vous, vos*. Ces pronoms personnels sont engagés dans la situation d'énonciation.

***Les beautés blondes et réservées de la noble Angleterre** avaient brigué l'honneur d'assister à ce bal ; elles arrivaient en foule. **Les plus belles femmes de Rome** leur disputaient le prix de la beauté.*

STENDHAL, *Vanina Vanini.*

Ces phrases se comprennent sans qu'on sache qui les a écrites, ni où, ni quand. Elles ne comportent pas d'embrayeurs engagés dans la situation d'énonciation.

Pour aller plus loin

Le mot *embrayeur* vient de l'anglais.

Ce mot est une traduction du mot anglais *shifters*, qui signifie « mots changeants ».

Les embrayeurs ont un sens relatif.

Ils ne désignent pas une réalité stable, identifiable en dehors de la situation d'énonciation immédiate.

Je suis arrivé ici hier.

Si on ne connaît pas la situation d'énonciation, on ne sait pas ce que désignent *je, ici, hier*.

Ils s'opposent aux indices spatio-temporels ou personnels qui ont un sens absolu.

On peut comprendre ces indices en tous temps et en tous lieux. Il s'agit par exemple des dates historiques, des lieux géographiques, des noms de personnes, ou de groupes de personnes.

Napoléon est arrivé à Sainte-Hélène en 1815.

Napoléon, Sainte-Hélène et 1815 ont un sens absolu qui ne dépend pas de la situation d'énonciation.

Dans un dialogue, les embrayeurs de personne changent de sens à chaque prise de parole.

POIL DE CAROTTE. – *Oh !* ***moi*** *…*

GRAND FRÈRE FÉLIX. – ***Toi*** *ou* ***moi****, c'est la même chose.* ***Je*** *l'ai tué aujourd'hui,* ***tu*** *le tueras demain.*

POIL DE CAROTTE. – *Ah ! demain.*

GRAND FRÈRE FÉLIX. – ***Je te*** *le promets.*

POIL DE CAROTTE. – ***Je*** *sais !* ***tu*** *me le promets, la veille.*

■ JULES RENARD, *Poil de Carotte.*

- Dans la réplique 1, *moi* désigne Poil de Carotte ; dans la réplique 2, *moi* désigne Grand frère Félix.
- Dans les répliques 2 et 4, *je* désigne Grand frère Félix ; dans la réplique 5, *je* désigne Poil de Carotte.
- Dans les répliques 2 et 4, *tu* désigne Poil de Carotte ; dans la réplique 5, *tu* désigne Grand frère Félix.

Résumé

- Les indices de l'énonciation permettent d'analyser la situation d'énonciation.
- Les indices de l'énonciation sont les pronoms personnels, les déterminants possessifs et démonstratifs, les indices de temps et de lieu.
- Certains de ces indices sont des embrayeurs qui changent de sens à chaque situation d'énonciation.

LES INDICES DE LA SUBJECTIVITÉ DU LOCUTEUR

C'est bien à toi, pendard, à me demander des raisons ; sors vite, que je ne t'assomme.

■ MOLIÈRE, *L'Avare.*

Harpagon s'adresse à son valet d'une façon bien particulière. Pour comprendre ses sentiments, il faut étudier les indices de la subjectivité.

145 Quels sont les indices de la subjectivité du locuteur ?

■ Les indices qui dévoilent la subjectivité du locuteur, c'est-à-dire son **jugement** et ses **sentiments**, sont :

– le **vocabulaire mélioratif et péjoratif** : noms *(grandeur, laideur…)*, adjectifs qualificatifs *(stupide, merveilleux, superflu…)* ;

> *Ah ! nous y voilà ! cria M. Hennebeau. Je l'attendais, cette accusation d'**affamer** le peuple et de vivre de sa sueur ! Comment pouvez-vous dire des **bêtises** pareilles ?*
>
> ■ ÉMILE ZOLA, *Germinal.*

Le terme *bêtises* révèle le jugement défavorable porté par M. Hennebeau sur les propos tenus par les mineurs auxquels il s'adresse. Le terme *affamer* révèle le jugement négatif des mineurs sur leurs patrons.

– les **types de phrase** : déclaratif, impératif/injonctif, interrogatif, exclamatif ;

> *Ah ! se disait-elle, si j'avais connu Julien il y a dix ans quand je pouvais encore passer pour jolie !*
>
> ■ STENDHAL, *Le Rouge et le Noir.*

À travers cette phrase exclamative, on perçoit du regret dans la voix de la locutrice, Mme de Rênal, si désireuse de plaire au jeune Julien.

– les **modalisateurs**.

146 Qu'est-ce qu'un modalisateur ?

■ Un modalisateur est un mot, une expression ou un procédé qui indique si le locuteur prend ses distances par rapport à son énoncé ou s'il est sûr de ce qu'il affirme. Il sert à **modaliser**, c'est-à-dire à **nuancer une affirmation**.

■ Les modalisateurs peuvent être :

– des adverbes ou des locutions adverbiales : *certainement, peut-être, sans doute…* ;

> MAGDELON. – *C'est **sans doute** un bel esprit qui aura ouï parler de nous.*
> CATHOS. – ***Assurément**, ma chère.*
>
> ■ MOLIÈRE, *Les Précieuses ridicules.*

Avec l'expression *sans doute*, Magdelon formule une hypothèse.
Avec l'adverbe *assurément*, Cathos confirme avec conviction la validité du propos de sa cousine Magdelon.

– des verbes de jugement ou d'opinion : *prétendre, supposer, croire, penser…* ;

> *Tout bien considéré, **je te soutiens** en somme*
> *Que scélérat pour scélérat,*
> *Il vaut mieux être un Loup qu'un Homme.*
>
> ■ JEAN DE LA FONTAINE, *Les Compagnons d'Ulysse.*

Avec le verbe *je te soutiens*, le locuteur affirme la certitude de son point de vue.

– des verbes à valeur modale (verbes qui nuancent une affirmation, par exemple en la renforçant ou en l'affaiblissant) : *devoir, pouvoir, sembler, paraître…* ;

> *Tout à coup, **il me sembla** que j'étais suivi, qu'on marchait sur mes talons, tout près, à me toucher.*
>
> ■ GUY DE MAUPASSANT, *Le Horla.*

Le verbe impersonnel *il me sembla* indique l'incertitude du locuteur.

– des verbes au conditionnel qui atténuent la certitude du propos ;

Internet et la télévision ***sont*** *responsables de la perte du goût de la lecture chez les jeunes.*
Internet et la télévision ***seraient*** *responsables de la perte du goût de la lecture chez les jeunes.*
Dans la première phrase, le locuteur est sûr de son propos ; dans la seconde phrase, le locuteur n'est pas sûr de la vérité de son propos.

– les procédés d'exagération et d'amplification du propos : superlatif *(le plus, très)*, intensif *(si, trop, tant)*, hyperbole (emploi de termes très forts). Ils visent à faire paraître un fait plus important qu'il n'est en réalité. Le grossissement peut être positif ou négatif ;

SCAPIN – *C'est à vous, Monsieur, d'aviser promptement aux moyens de* ***sauver des fers*** *un fils que vous aimez avec* ***tant de tendresse****.*
■ MOLIÈRE, *Les Fourberies de Scapin*.

Scapin utilise des modalisateurs d'exagération afin de réveiller les sentiments paternels de Géronte : *sauver des fers* est une exagération car le fils ne risque pas du tout d'aller en prison ; *tant de tendresse* est une exagération car le père s'est jusqu'à présent montré bien insensible au sort de son fils.

– des signes de ponctuation (guillemets, parenthèses) et l'écriture en italique qui indiquent que le locuteur prend une certaine distance par rapport à ses propos.

Nous étions à l'étude, quand le Proviseur entra, suivi d'un ***nouveau*** *habillé en bourgeois et d'un garçon de classe qui portait un grand pupitre.*

■ GUSTAVE FLAUBERT, *Madame Bovary*.

L'adjectif *nouveau* a été mis en italique par Flaubert. Ce procédé indique que le locuteur emploie un terme que tout le monde utilise dans le collège pour distinguer le nouveau collégien des autres.

147 La visée du locuteur

■ La visée correspond aux intentions du locuteur. Il s'agit des effets que le locuteur cherche à produire sur son interlocuteur : faire rire, faire pleurer, émouvoir, convaincre, persuader, choquer, flatter, critiquer… Les indices de la subjectivité du locuteur sont particulièrement révélateurs de cette visée.

Pour définir la visée d'un énoncé, il faut se demander quelles sont les intentions réelles d'un locuteur.

Sire, dit le renard, vous êtes ***trop bon roi*** *;*
Vos ***scrupules*** *font voir* ***trop de délicatesse****.*

■ LA FONTAINE, *Les Animaux malades de la peste.*

La visée principale du renard est de gagner la confiance du roi, c'est pourquoi il cherche à le flatter. Il cherche aussi à persuader la cour que le roi est une personne vertueuse. Pour cela, il utilise des modalisateurs mélioratifs pour parler du roi : les hyperboles *trop bon roi, trop de délicatesse*, des substantifs très positifs qui donnent des qualités morales au roi, *scrupules, délicatesse.*

Pour aller plus loin

Quelle est la différence entre convaincre et persuader ?

Dans les deux cas, la visée du locuteur est la même : il veut que son interlocuteur partage son opinion. Ce sont les moyens utilisés qui sont différents.

■ Pour convaincre, le locuteur n'utilise que des arguments qui relèvent de la raison.

■ Pour persuader, le locuteur utilise des procédés qui cherchent à émouvoir son interlocuteur.

Un médecin cherche à ***convaincre*** *son patient qu'il doit prendre ses médicaments régulièrement.*
Un avocat cherche souvent à ***persuader*** *un jury de l'innocence de son client.*

Résumé

■ Les indices de la subjectivité du locuteur montrent le jugement et les sentiments du locuteur.

■ Les indices de la subjectivité du locuteur sont : le vocabulaire mélioratif ou péjoratif, les types de phrase et les modalisateurs.

L'IMPLICITE

La Cigale, ayant chanté
Tout l'été
Se trouva fort dépourvue
Quand la bise fut venue
JEAN DE LA FONTAINE,
La Cigale et la Fourmi.

La Fontaine écrit explicitement *ayant chanté* et suggère implicitement *n'ayant pas travaillé.*

148 Qu'est-ce que l'implicite ?

Lorsqu'un énoncé contient des idées ou des informations qui ne sont pas directement exprimées par les mots prononcés ou écrits, on dit que ces informations sont implicites. L'implicite désigne donc **ce qui n'est pas dit ouvertement**, mais seulement suggéré.

On distingue deux catégories d'idées ou d'informations implicites : les présupposés et les sous-entendus.

149 Les présupposés et les sous-entendus

Un **présupposé** est une information implicite nécessaire, posée au préalable, pour que l'énoncé explicite soit vrai. Un présupposé est compris de façon identique par tout le monde.

Le cinéma est devenu le septième art.
Cet énoncé explicite présuppose nécessairement qu'il n'existait, auparavant, que six autres types d'art.

Il faisait nuit, pas très froid : ce novembre-là ne fut pas très froid. VERCORS, *Le Silence de la mer.*
Le déterminant démonstratif *ce... là* présuppose que le mois de novembre est froid.

■ Un **sous-entendu** est une information implicite qui peut être déduite de ce qui est dit et qui dépend du contexte dans lequel est produit l'énoncé. Un sous-entendu peut être compris de différentes manières par les interlocuteurs.

Avec vous, lire n'est pas une punition !

La personne qui prononce cet énoncé explicite peut sous-entendre que la plupart du temps, lire est une punition.

Monsieur Malaussène est demandé au bureau des Réclamations.
M. Malaussène a entendu, bordel !

■ DANIEL PENNAC, *Au bonheur des ogres.*

La première phrase est prononcée au micro d'un grand magasin. La seconde est une réponse du personnage narrateur de ce roman, M. Malaussène, qui travaille dans ce grand magasin.

• Explicitement, la première phrase est une affirmation.
• Implicitement, il s'agit d'un ordre formulé par la direction du magasin, un ordre répété et impatient, comme le montre, dans la deuxième phrase, la réaction d'agacement de Malaussène. Cet ordre sous-entend que Malaussène a intérêt à se presser pour se rendre au bureau des réclamations. Seul Malaussène est sensible aux sous-entendus de cet énoncé. Pour les clients du magasin, cette phrase reste neutre.

150 Les indices de l'implicite

■ La **ponctuation** peut indiquer un lien logique implicite.

Un loup parut : tout le troupeau s'enfuit.

■ JEAN DE LA FONTAINE, *Le Berger et son troupeau.*

Les deux points indiquent une relation de cause à effet entre les deux propositions : *un loup parut, donc tout le troupeau s'enfuit.*

■ Certaines constructions grammaticales comme la négation restrictive **ne... que**, qui équivaut à *seulement*, reposent sur une information implicite.

*Un meunier **ne** laissa pour tous biens à trois enfants qu'il avait **que** son moulin, son âne et son chat.*

■ CHARLES PERRAULT, *Le Chat botté.*

La négation restrictive *ne... que* présuppose que les biens laissés par le meunier sont peu nombreux. Charles Perrault sous-entend peut-être que ce petit nombre de biens est insuffisant aux yeux des fils héritiers, ce qui ne sera pas sans problèmes.

■ Le **vocabulaire mélioratif et péjoratif** peut sous-entendre des jugements favorables ou défavorables sur l'énoncé.

Votre père, il est vrai, voudrait vous épouser ;
Écouter sa ***folle*** *demande*
Serait faute bien grande

■ Charles Perrault, *Peau d'Âne.*

La marraine de Peau d'Âne qualifie la demande en mariage de son père de *folle demande*. Elle sous-entend par l'adjectif péjoratif et hyperbolique *folle* que cette demande est complètement immorale et elle fait ainsi allusion au caractère incestueux de cette « union » sans le dire explicitement.

151 Le rôle de l'implicite

■ L'implicite permet d'influencer indirectement l'interlocuteur ou le lecteur en imposant subtilement certains présupposés ou sous-entendus de l'énoncé ou en les masquant volontairement.

Don Diègue
Rodrigue as-tu du cœur ?
Don Rodrigue
Tout autre que mon père
L'éprouverait sur l'heure.

■ Corneille, *Le Cid.*

La question de Don Diègue à son fils paraît attendre une réponse par *oui* ou par *non*. Elle présuppose, en théorie, que Rodrigue a ou n'a pas de cœur. Il pourrait répondre, en théorie : *Non, je n'ai pas de cœur* (ici au sens du courage et de la vaillance). Même si Don Diègue connaît la réponse par avance, ce présupposé a un effet immédiat sur le jeune Rodrigue qui se sent presque offensé que son père puisse poser une telle question. Cette question a pour but, implicitement, d'activer le sens de l'honneur du jeune homme.

■ L'implicite est très présent dans :

– Les slogans publicitaires ou politiques ;

Des pâtes oui, mais des pâtes X.

Ce slogan publicitaire sous-entend que seules les pâtes de la marque X sont de vraies et bonnes pâtes. Les autres marques de pâtes sont donc ainsi implicitement décriées.

Socialisme ou barbarie ! ■ ROSA LUXEMBURG, 1915.

Ce slogan révolutionnaire de 1915 sous-entend que toutes les formes d'organisations politiques autres que le socialisme sont des formes de barbarie et incite à œuvrer pour la mise en place du socialisme.

– les textes argumentatifs et polémiques.

Quand nous travaillons aux sucreries, et que la meule nous attrape le doigt, on nous coupe la main ; quand nous voulons nous enfuir, on nous coupe la jambe : je me suis trouvé dans les deux cas. ***C'est à ce prix*** *que vous mangez du sucre en Europe.* ■ VOLTAIRE, *Candide.*

Les étapes entre les malheurs de l'esclave et le *prix du sucre* pour les Européens sont passées sous silence (elles sont implicites). Ainsi Voltaire rapproche les abominations de l'esclavage et la consommation du sucre pour mieux dénoncer le système esclavagiste.

Résumé

■ L'implicite désigne des informations qui ne sont pas explicitement formulées par le locuteur (celui qui parle ou qui écrit) mais qui sont tout de même comprises par l'interlocuteur (celui qui écoute ou qui lit).

■ Le présupposé contient une information nécessaire, posée au préalable.

■ Le sous-entendu est une information qui peut être déduite selon le contexte, et que l'interlocuteur doit interpréter.

LES PAROLES RAPPORTÉES

« Il a vraiment raison, papa, quand il dit que les mamans faut pas chercher à comprendre. »

JEAN-JACQUES SEMPÉ ET RENÉ GOSCINNY, *Le Petit Nicolas.*

Il arrive, comme le fait ici le Petit Nicolas, que l'on rapporte les paroles d'autrui dans son propre discours.

152 Qu'appelle-t-on les paroles rapportées ?

Pour inclure des paroles dans ses propos, celui qui parle utilise des **paroles rapportées** (ou **discours rapporté**).

Il existe quatre façons différentes de rapporter des paroles : au **discours direct**, au **discours indirect**, au **discours indirect libre** ou dans un **récit de paroles**.

153 Le discours direct

Lorsque les paroles sont rapportées telles qu'elles ont été prononcées (ou telles qu'un personnage imaginaire les aurait prononcées), on parle de **discours direct**. Le discours direct rend le récit plus vivant.

Le discours direct se caractérise le plus souvent par la présence :

– de **guillemets** qui encadrent les paroles rapportées ;

Il dit à son maître : « Si vous voulez suivre mon conseil, votre fortune est faite. »

CHARLES PERRAULT, *Le Maître Chat ou le Chat botté.*

– de **tirets** avant chaque prise de parole ;

– d'un **verbe de parole** placé avant ou après les paroles prononcées, ou intégré aux paroles grâce à une **proposition incise** (placée à l'intérieur d'une autre proposition).

*– Elle a, **dit-il**, tout avoué.*

– Enfin !

Ces marques du discours direct ne sont pas nécessairement toutes présentes et les tirets ont actuellement tendance à remplacer les guillemets.

> – *Tu te ratatines, ma vieille !* ***affirma*** *Compère Gredin.*
> – *Impossible !*
> – *Oh si ! tu te ratatines et joliment !* ***continua*** *Compère Gredin.*
>
> ■ ROALD DAHL, *Les Deux Gredins.*

154 Le discours indirect

■ Lorsque les paroles rapportées ne sont pas citées directement mais sont transformées pour être intégrées dans le récit, on parle de **discours indirect**.

■ Le discours indirect se caractérise par l'utilisation d'un **verbe introducteur de paroles**, qui peut être suivi :

– d'une proposition subordonnée conjonctive complétive ;

> *Il* ***dit*** *qu'Auriane l'attend.*

– d'une proposition subordonnée interrogative indirecte ;

> *Il me* ***demande*** *si je viens.*

– d'un infinitif : *Il lui* ***ordonne*** *de se taire.*

> *Mme Moreau, surprise de ses façons, lui demanda* ***ce qu'il voulait devenir****.*
> *– Ministre ! répliqua Frédéric.*
> *Et il affirma* ***qu'il ne plaisantait nullement, qu'il prétendait se lancer dans la diplomatie, que ses études et ses instincts l'y poussaient****.*
>
> ■ GUSTAVE FLAUBERT, *L'Éducation sentimentale.*

Ministre est au discours direct mais tous les passages en gras sont au discours indirect.

155 La transposition du discours direct au discours indirect

■ Transposer un discours direct en un discours indirect implique des transformations.

Jean promit à Marie : « Je viens demain chez toi, tu ne seras pas déçue ! » (discours direct)

Jean promit à Marie ***qu'il viendrait le lendemain*** *chez* ***elle*** *et qu'****elle*** *ne* ***serait*** *pas déçue.* (discours indirect)

On a effectué des transformations :
- de personnes : *je* devient *il* ; *toi* et *tu* deviennent *elle* ;
- de temps : on passe du présent ou du futur au conditionnel présent ;
- d'indices spatio-temporels : *demain* devient *le lendemain* ;
- de ponctuation : le point d'exclamation devient un point.

■ La transposition peut s'effectuer en sens inverse.

Elle dit qu'elle ne partirait que le lendemain. (discours indirect)
Elle dit : « Je ne partirai que demain. » (discours direct)

156 Le discours indirect libre

■ Lorsque les paroles sont intégrées dans le récit mais sans le recours à une proposition subordonnée, on parle de **discours indirect libre**. Celui-ci permet d'éviter toute rupture entre le récit et les paroles rapportées.

C'était Mme Forestier, toujours jeune, toujours belle, toujours séduisante.

Mme Loisel se sentit émue. ***Allait-elle lui parler*** *?*

■ GUY DE MAUPASSANT, *La Parure*.

■ Le discours indirect libre est difficile à identifier, car il ne comporte ni guillemets ni mot subordonnant. Cependant, il existe quelques critères permettant de le repérer :

– les pronoms personnels et les temps sont les mêmes que dans le discours indirect ;

Paul était en colère. Il affirma qu'il voulait se venger. (discours indirect)

Paul était en colère. Il voulait se venger. (discours indirect libre)

– il peut comporter les mêmes signes de ponctuation que le discours direct (point d'exclamation, point d'interrogation…) ;

– le discours indirect libre est souvent précédé d'un passage au discours indirect ou d'une expression mentionnant une prise de parole.

Mais Mme Goujet se récria. ***Cette chemise n'était pas à elle, elle n'en voulait pas. On lui changeait son linge, c'était le comble !*** ■ ÉMILE ZOLA, *L'Assommoir.*

Le verbe *se récria*, qui signifie *s'exclama*, nous fait comprendre que ce qui suit contient les paroles rapportées de Mme Goujet.

157 Le récit de paroles

■ Lorsque le narrateur évoque un discours, une conversation, mais sans en rapporter le contenu, on parle de **récit de paroles** ou de **discours narrativisé**.

■ Le récit de paroles ne se distingue pas du reste du récit, il se signale uniquement par la présence de mots ou d'expressions liés au vocabulaire de la parole.

Après avoir ***dit quelques mots à la vieille dans un argot que je ne pus comprendre****, il courut au hangar.*

■ PROSPER MÉRIMÉE, *Carmen.*

On sait que des paroles ont été prononcées, mais on ignore lesquelles.

Résumé

■ Les paroles peuvent être rapportées :

– au discours direct : les paroles sont rapportées telles qu'elles ont été prononcées ;

– au discours indirect : les paroles sont rapportées dans une proposition subordonnée ;

– au discours indirect libre : les paroles sont présentées sans guillemets ni proposition subordonnée ;

– dans un récit de paroles : les paroles sont évoquées mais non reproduites.

La ponctuation

– Ce n'est pas pour me vanter,
Disait la virgule,
Mais, sans mon jeu de pendule,
Les mots, tels des somnambules,
Ne feraient que se heurter.

MAURICE CARÊME, « Ponctuation », *Au clair de la lune.*

Ainsi que l'affirme ici la virgule, elle est indispensable, comme les autres signes de ponctuation.

158 À quoi servent les signes de ponctuation ?

- Les signes de ponctuation jouent plusieurs rôles : ils participent à l'organisation des phrases et des textes ; ils aident à comprendre le sens des phrases et des textes ; ils permettent de traduire des pauses et des intonations perceptibles à l'oral.

Regardez bien, ***mon ami****.* *Regardez bien* ***mon ami****.*

Dans la première phrase, *mon ami* est mis en apostrophe : c'est à *mon ami* que le propos s'adresse. Avec la suppression de la virgule, la deuxième phrase change de sens ; *mon ami* devient COD de *regardez* : c'est *mon ami* qu'il faut bien regarder.

159 Le point, le point d'exclamation, le point d'interrogation

- Le **point** se place à la fin d'une phrase déclarative. Il est suivi d'une majuscule. Il marque une pause forte. L'intonation est descendante à l'oral.

- Le **point d'exclamation** se place à la fin d'une phrase exclamative. L'intonation est liée à l'émotion ou au sentiment exprimé : colère, joie, admiration…

- Le **point d'interrogation** se place à la fin d'une phrase interrogative directe. L'intonation est montante.

Encore des chaussures ? a crié papa. Mais ce n'est pas possible ! Il les mange !

■ JEAN-JACQUES SEMPÉ et RENÉ GOSCINNY, *Histoires inédites du Petit Nicolas.*

Le point d'interrogation marque l'étonnement, les points d'exclamation expriment la colère.

160 La virgule, le point-virgule, les deux points

■ La **virgule** permet de séparer les mots et les groupes de mots d'une énumération ou placés en apposition. Elle permet également de détacher un élément de la phrase pour le mettre en relief.

Lorsqu'elle sépare des propositions juxtaposées, la virgule indique souvent de manière sous-entendue qu'il existe une relation logique ou chronologique entre ces propositions ; elle remplace ainsi un mot de liaison (ou connecteur).

Je le vis, je rougis, je pâlis à sa vue. ■ JEAN RACINE, *Phèdre.*

La virgule pourrait être remplacée par *puis* mais l'absence du connecteur donne l'impression que les réactions évoquées sont presque simultanées.

La virgule marque une faible pause mais la voix ne descend pas.

■ Le **point-virgule** sépare deux propositions juxtaposées mais dont l'enchaînement n'est que faiblement interrompu. Il est suivi d'une minuscule.

Il arriva un jour vers trois heures ; tout le monde était aux champs ; il entra dans la cuisine.

■ GUSTAVE FLAUBERT, *Madame Bovary.*

Il marque une pause plus importante que la virgule, mais moins importante que le point ; la voix ne descend pas.

■ Les **deux points** permettent d'introduire des paroles : dans ce cas seulement, ils sont suivis d'une majuscule. Ils permettent aussi d'introduire une explication ou une énumération.

Avec Geoffroy, il faut pas croire ce qu'il raconte : il est drôlement menteur et il dit n'importe quoi.

■ JEAN-JACQUES SEMPÉ et RENÉ GOSCINNY, *Les Récrés du Petit Nicolas.*

La première proposition est expliquée après les deux points.

Les quatre singes prisonniers formaient une famille : Bob l'Acrobate, sa femme et ses deux enfants.

■ ROALD DAHL, *Les Deux Gredins.*

Les membres de la famille sont énumérés après les deux points.

Ils expriment souvent une relation logique qui est sous-entendue.

Il commença le récit d'une autre grève : il en avait tant vu !

■ ÉMILE ZOLA, *Germinal.*

Les deux points pourraient être remplacés par *car*.

Les deux points marquent une pause comparable à celle du point-virgule.

161 Les points de suspension

■ Au nombre de trois, les **points de suspension** marquent une interruption de la phrase : lorsqu'une énumération n'est pas terminée (dans ce cas ils signifient *etc.*) ; lorsque celui qui parle hésite, trop ému, ou par manque d'assurance, par peur ; lorsque celui qui parle est interrompu.

Le Gau… les Gau… les Gaulois !

■ RENÉ GOSCINNY et ALBERT UDERZO, *Astérix et le chaudron.*

La vigie des pirates, paralysée par la peur, s'exprime difficilement !

162 Les parenthèses, le tiret, les guillemets

■ Les **parenthèses** isolent un ou plusieurs mots, souvent jugés secondaires par rapport au reste de la phrase.
Elles peuvent également être employées pour insérer des commentaires de celui qui parle ou qui écrit.

Compère Gredin ne songeait pas un seul instant qu'on construit des fenêtres pour regarder à l'extérieur (et pas pour que les voisins viennent nous épier !).

■ ROALD DAHL, *Les Deux Gredins.*

Attention

La parenthèse ne remplace pas le point.

Si la parenthèse est en fin de phrase, elle est obligatoirement suivie d'un point.

■ Dans un dialogue, le **tiret** marque le changement d'interlocuteur. Lorsque des tirets encadrent des mots, ils les isolent, soit comme le feraient les parenthèses soit pour les mettre en relief.

> *En deux enjambées, Mlle Legourdin le rejoignit et, par un habile tour de gymnastique – judo ou karaté –, elle faucha net du pied les deux jambes de Guillaume.*
>
> ■ ROALD DAHL, *Matilda.*

Les tirets jouent ici le rôle de parenthèses.

■ Les **guillemets** encadrent des paroles rapportées au discours direct ou une citation. Dans un long dialogue, ils sont placés seulement au début et à la fin du dialogue ; le changement d'interlocuteur est alors marqué par un tiret.

Ils sont parfois employés pour isoler des mots, les mettant ainsi en relief, de façon positive ou négative.

> *Il la prit par la douceur, par le raisonnement, par les sentiments. Il sut rester « monsieur le comte », tout en se montrant galant quand il le fallut, complimenteur, aimable enfin.*
>
> ■ GUY DE MAUPASSANT, *Boule-de-Suif.*

L'emploi des guillemets permet de donner de l'importance au statut social élevé de ce personnage et de sous-entendre sa dignité liée à son rang.

Résumé

- Les signes de ponctuation permettent d'organiser les phrases et les textes.
- Ils aident à comprendre le sens des phrases ou des textes.
- Ils indiquent l'intonation.

La reprise nominale et pronominale

Elle vit que, dans sa précipitation, elle avait remis le ***Lézard*** *la tête en bas, et que* ***la pauvre bête****, incapable de se tirer d'affaire toute seule, agitait mélancoliquement sa queue dans tous les sens. Elle eut vite fait de* ***le*** *replacer dans une position normale.*

■ Lewis Carroll, *Alice au pays des merveilles.*

Dans ce texte, il est question d'un lézard : grâce aux procédés de reprise, l'auteur peut le désigner de diverses manières.

163 À quoi servent les procédés de reprise ?

■ Dans un texte, des personnes, des choses ou des idées peuvent être évoquées plusieurs fois. Les **procédés de reprise** servent à désigner ce dont on a déjà parlé, soit en le répétant soit en l'exprimant d'une autre façon, pour éviter une répétition.

À la fin, ***Robinson*** *n'en pouvait plus d'attendre en surveillant l'horizon vide.* ***Il*** *décida d'entreprendre la construction d'un bateau assez important pour rejoindre la côte du Chili.* ■ Michel Tournier, *Vendredi ou la Vie sauvage.*

Le pronom *il* reprend le nom propre *Robinson*.

■ Les procédés de reprise assurent la **cohérence du texte** ; grâce à eux, les phrases s'enchaînent en reprenant des informations déjà données.

Dans les premiers jours du mois d'octobre 1815, une heure environ avant le coucher du soleil, ***un homme*** *qui voyageait à pied entrait dans la petite ville de Digne. Les rares habitants qui se trouvaient en ce moment à leurs fenêtres ou sur le seuil de leurs maisons regardaient* ***ce voyageur*** *avec une sorte d'inquiétude. Il était difficile de rencontrer* ***un passant*** *d'un aspect plus misérable. C'était* ***un homme*** *de taille moyenne, trapu et robuste, dans la force de l'âge.*

■ VICTOR HUGO, *Les Misérables.*

Le lien entre la première et la seconde phrase est assuré par la reprise de *un homme* par *ce voyageur* et *un passant* : les deux phrases s'enchaînent en parlant du même personnage dont on apprend qu'il voyage.

■ Il existe deux procédés de reprise : la reprise par un pronom, appelée **reprise pronominale**, et la reprise par un nom, appelée **reprise nominale** (ou **lexicale**).

164 La reprise pronominale

■ Tous les pronoms sont des outils grammaticaux de reprise ; ils jouent un rôle de **substitut**, c'est-à-dire qu'ils remplacent un nom ou un groupe nominal déjà apparu dans le texte ; ils peuvent aussi remplacer une phrase entière.

J'ai beaucoup vécu chez ***les grandes personnes****. Je* ***les*** *ai vues de très près.* ***Ça*** *n'a pas trop amélioré mon opinion.*

■ ANTOINE DE SAINT-EXUPÉRY, *Le Petit Prince.*

Le pronom personnel *les* reprend le groupe nominal *les grandes personnes* ; le pronom démonstratif *ça* reprend l'idée de la deuxième phrase.

■ Un pronom personnel ou démonstratif effectue une **reprise totale** de ce dont on a déjà parlé.

S'il existait sur la terre d'autres êtres que nous, comment ne ***les*** *connaîtrions-nous point depuis longtemps ; comment ne* ***les*** *auriez-vous pas vus, vous ? comment ne* ***les*** *aurais-je pas vus, moi ?*

■ GUY DE MAUPASSANT, *Le Horla.*

Le pronom *les* reprend le groupe nominal *d'autres êtres.*

■ En revanche, un pronom indéfini effectue une **reprise partielle** de ce dont on a déjà parlé.

Edmond remua à poignée les diamants, les perles, les rubis, qui, cascade étincelante, faisaient, en retombant ***les uns*** *sur* ***les autres****, le bruit de la grêle sur les vitres.*

■ ALEXANDRE DUMAS, *Le Comte de Monte-Cristo.*

Les pronoms indéfinis *les uns* et *les autres* renvoient au groupe nominal *les diamants, les perles, les rubis,* mais chacun de ces pronoms n'en désigne qu'une partie.

165 La reprise nominale

On parle de **reprise fidèle** lorsqu'un nom ou un groupe nominal est répété ; seul le déterminant, dans ce cas, est modifié.

*Il était une fois **un homme** qui avait de belles maisons à la Ville et à la Campagne, de la vaisselle d'or et d'argent, des meubles en broderie, et des carrosses tout dorés, mais par malheur **cet homme** avait la barbe bleue.*

CHARLES PERRAULT, *La Barbe bleue*.

On parle de **reprise infidèle** lorsqu'un nom ou un groupe nominal est remplacé par un autre nom ou un autre groupe nominal. On peut avoir :

– un synonyme ;

*Leur **maison** était au coin de la rue. C'était une vieille **demeure** du siècle dernier.*

– un terme générique ;

***Les chiens, les chats, les oiseaux** seront maintenus en quarantaine ; ces **animaux** devront être vaccinés.*

– un nom commun à la place d'un nom propre ;

***Antoine** avait cinq ans ; mais **l'enfant** en paraissait huit.*

– une périphrase ;

***Michael Schumacher** a mis un terme à sa brillante carrière. **Le septuple champion du monde automobile** verra-t-il son record égalé ?*

– la nominalisation d'un verbe ;

Tout le pays ***fut informé*** *de la situation. Mais* ***l'information*** *ne calma pas les esprits.*

– une expression qui résume l'information.

François songeait à partir faire fortune en Amérique. ***Ce rêve*** *était devenu une obsession.*

■ La reprise nominale permet souvent d'apporter une information supplémentaire qui caractérise ce dont on parle ou qui exprime un jugement du locuteur.

Dans la caverne, Hermès ne trouva pas ***Ulysse*** *: il pleurait sur le cap,* ***le héros magnanime****, assis en cette place où chaque jour les larmes, les sanglots, le chagrin lui secouaient le cœur.* ■ HOMÈRE, *Odyssée.*

La périphrase *le héros magnanime*, qui reprend *Ulysse*, a une valeur méliorative.

Résumé

■ Les procédés de reprise permettent d'assurer la cohérence du texte et d'éviter les répétitions.

■ La reprise pronominale consiste à remplacer un nom ou un groupe nominal par un pronom.

■ La reprise nominale consiste à remplacer un nom ou un groupe nominal par un nom ou une expression de même sens.

Les connecteurs temporels, spatiaux et logiques

Le mot connecteur vient du latin *connectere,* qui signifie « lier ensemble ».

166 Qu'est-ce qu'un connecteur ?

■ Un connecteur est un mot de **liaison**. Il permet de **relier** des **propositions**, des **phrases**, des **paragraphes**, des **chapitres**. Il sert à organiser un texte et à assurer sa cohérence.

> ***Enfin**, **le dimanche matin**, au sortir de la messe, sa belle-mère lui demanda ce qu'il avait obtenu de sa bonne amie depuis la conversation dans le verger.*
>
> ■ GEORGE SAND, *La Mare au diable.*

Cette phrase commence un nouveau chapitre du roman *La Mare au diable.* Elle assure la cohérence temporelle et logique entre les chapitres 16 et 17 grâce à deux connecteurs : *enfin* et *le dimanche matin.*

■ Un connecteur se place souvent au **début** de la phrase ou de la proposition.

> *Ma mère m'a abandonné à la porte de l'hospice.*
> ***Mais** elle a agité la cloche.*
>
> ■ ÉVELYNE BRISOU-PELLEN, *Le Fantôme de maître Guillemin.*

? Pourquoi

Pourquoi les connecteurs se trouvent-ils souvent en début de phrase ?

En grec et en latin, il n'y avait pas de signes de ponctuation. Les connecteurs étaient donc les seuls signes qui permettaient de délimiter les phrases. C'est pourquoi on les trouvait en première ou en deuxième position. Cet usage nous est resté.

167 Les connecteurs temporels

■ Les connecteurs temporels situent les actions **dans le temps,** les unes par rapport aux autres.

■ Les principaux connecteurs temporels sont :
– des adverbes ou des locutions adverbiales : *hier, aujourd'hui, demain, ensuite, après, enfin, d'abord...* ;
– des groupes nominaux : *le lendemain, la veille, ce jour-là...* ;
– des conjonctions de subordination : *quand, dès que, tandis que...* ;
– des groupes prépositionnels introduits par *avant, après* ;
– la conjonction de coordination *et*.

> ***Après** s'être reposés quelque temps, ils mangèrent à leur déjeuner deux montagnes, que leur gens leur apprêtèrent assez proprement. **Ensuite** ils voulurent reconnaître le petit pays où ils étaient. Ils allèrent **d'abord** du nord au sud. Les pas ordinaires du Sirien et de ses gens étaient d'environ trente mille pieds de roi ; le nain de Saturne suivait de loin en haletant.* ■ VOLTAIRE, *Micromégas*.

La préposition *après* suivie d'un infinitif, l'adverbe *ensuite* et la locution adverbiale *d'abord* sont des connecteurs temporels. Ils indiquent dans quel ordre les personnages ont accompli leurs différentes actions.

168 Les connecteurs spatiaux

■ Les connecteurs spatiaux situent les actions, les êtres et les objets **dans l'espace,** les uns par rapport aux autres.

■ Les principaux connecteurs spatiaux sont :
– des adverbes ou des locutions adverbiales : *ici, là, devant, au loin...*
– des groupes nominaux introduits par des prépositions de sens spatial : *sur la droite, sur la gauche, d'un côté, de l'autre côté...*

> *Car, tournant le dos au rivage, je ne voyais plus **devant moi** que la rivière. Elle glissait. **Plus loin**, **en aval**, l'île, prise dans les premiers rayons du jour, commençait à sortir des brumes matinales.* ■ HENRI BOSCO, *L'Enfant et la Rivière*.

Les groupes nominaux *devant moi* et *en aval*, le groupe adverbial *plus loin* sont des connecteurs spatiaux. Ils organisent la description du paysage dans l'espace.

169 Les connecteurs logiques

Les connecteurs logiques, appelés aussi connecteurs argumentatifs, assurent la **progression logique** d'un texte. Selon le cas, ils expriment une relation logique :

– de cause : *car ; parce que, puisque…*

– de conséquence ou de conclusion : *donc ; ainsi, c'est pourquoi, si bien que…*

– d'addition ou d'alternative : *et, ni ; ou ; puis, premièrement, deuxièmement, enfin…*

– d'opposition ou de concession : *mais, or ; pourtant, cependant, certes, alors que…*

– d'explication : *en effet, c'est-à-dire, par exemple…*

> *Ma mère la chercha longtemps,* ***et*** *la retrouva plusieurs fois.* ***Mais*** *elle ne la reconnut jamais,* ***car*** *nous l'avions aplatie à coups de marteau pour en faire une truelle.*
>
> MARCEL PAGNOL, *La Gloire de mon père.*

(Le narrateur parle d'une cuillère.)
Et exprime une addition d'actions, *chercher* et *retrouver*.
Mais exprime une opposition entre le fait de trouver et le fait de ne pas reconnaître.
Car exprime l'explication du fait de ne pas reconnaître la cuillère.

Pour aller plus loin

Quel est le rôle des connecteurs dans un raisonnement logique ?

Les connecteurs sont très importants dans un raisonnement logique. ***Or*** et ***Donc*** introduisent les étapes de ce **syllogisme** (raisonnement qui fonde une conclusion sur deux propositions posées comme vraies).

> *Tous les hommes sont mortels.* **Or** *Socrate est un homme.*
> **Donc** *Socrate est mortel.*

170 L'absence de connecteurs : les liens implicites

■ Quand la relation logique entre deux phrases ou deux paragraphes n'est pas exprimée explicitement par un connecteur, on parle de **lien implicite**.

Cette blessure n'est peut-être que superficielle. Il faut l'ignorer, ne pas en retenir l'image.

■ ANDRÉE CHÉDID, *Le Message*.

Le lien implicite entre les deux phrases est un lien de conséquence.
On pourrait dire : *Cette blessure n'est peut-être que superficielle. Il faut donc l'ignorer, ne pas en retenir l'image.*

GRAMMAIRE

Résumé

- Les connecteurs sont des mots de liaison qui relient des propositions, des phrases, des paragraphes ou des chapitres.
- Ils organisent le texte selon un point de vue temporel, spatial et/ou logique.
- On distingue :
  – les connecteurs temporels, qui situent les actions dans le temps ;
  – les connecteurs spatiaux, qui situent les actions, les êtres et les objets dans l'espace ;
  – les connecteurs logiques, qui assurent la progression logique du texte.
- Quand il n'y a pas de connecteurs, les liens sont implicites.

THÈME, PROPOS, EMPHASE

MAÎTRE DE PHILOSOPHIE. – *On peut les mettre premièrement comme vous avez dit : Belle marquise, vos beaux yeux me font mourir d'amour. Ou bien : D'amour mourir me font, belle marquise, vos beaux yeux.* ■ MOLIÈRE, *Le Bourgeois gentilhomme.*

Comme le constate Monsieur Jourdain grâce à la leçon de son maître de philosophie, un même énoncé peut être organisé de différentes façons selon ce qu'on veut mettre en avant.

171 Qu'appelle-t-on le thème et le propos ?

■ Pour rendre son propos clair et cohérent, un locuteur (celui qui parle ou celui qui écrit) peut organiser son énoncé en fonction des informations qu'il veut donner. On distingue alors le **thème**, partie de l'énoncé déjà connue de l'interlocuteur (ou du lecteur), et le **propos**, information nouvelle apportée à l'interlocuteur.

Il était une fois une veuve très pauvre. ***Elle*** *avait un fils nommé Jacques et possédait une vache qu'on appelait Blanchelait.* ■ *Jacques et le haricot magique,* conte anglais.

• Dans la première phrase, qui est le début du conte, tout est propos, car tout est nouveau pour le lecteur.

• Dans la seconde phrase, *elle*, représentant la veuve, devient le thème, car il s'agit d'une information connue au sujet de laquelle on parle ; *avait un fils nommé Jacques et possédait une vache qu'on appelait Blanchelait* est le propos, l'information nouvelle.

172 Le rôle de la transformation passive dans l'organisation en thème et propos

■ Le locuteur peut choisir la voix passive plutôt que la voix active selon l'élément qu'il veut mettre en position de thème ou de propos.

■ La **voix active** met l'**agent** de l'action **en position de thème.**

Les potiers grecs *ont fabriqué* ***des vases à figures noires.***

On parle des *potiers grecs* (thème) et l'information nouvelle concerne *la fabrication des vases* (propos).

■ La **voix passive** met **celui** (objet, homme ou animal) **qui subit** l'action **en position de thème.**

Les vases à figures noires *ont été fabriqués* ***par des potiers grecs.***

On parle, grâce à la voix passive, des *vases à figures noires* (thème) et l'information nouvelle concerne ceux qui les ont fabriqués, les *potiers grecs* (propos).

Nous fûmes tous emportés *par un courant vers une île qui était devant nous.* ***Nous*** *y trouvâmes des fruits et de l'eau de source qui servirent à rétablir nos forces.* ***Nous*** *nous y reposâmes même la nuit dans l'endroit où la mer nous avait jetés, sans avoir pris aucun parti de ce que nous devions faire.*

■ « Sindbad le marin », *Les Mille et Une Nuits.*

Dans cette suite de phrases, le pronom *nous* est en position de thème. La voix passive *(nous fûmes tous emportés)* permet de garder le même thème pour les trois phrases.

173 Qu'est-ce que l'emphase ?

L'emphase modifie l'organisation de la phrase de manière à **mettre en relief** un de ses éléments. Tout type de phrase peut subir cette modification qui est particulièrement fréquente à l'oral.

*À la porte **piaffaient** d'impatience deux chevaux noirs comme la nuit, et soufflant sur leur poitrail deux longs flots de fumée.* ■ THÉOPHILE GAUTIER, *La Morte amoureuse.*

Cette phrase est emphatique : le verbe *piaffaient* est mis en relief en étant placé avant le sujet *deux chevaux noirs*.

Les procédés de mise en relief sont les suivants :

– le **déplacement** : le terme est mis à une place inhabituelle, que ce soit en tête ou en fin de phrase ;

***Nombreux** étaient ses amis.*

L'attribut *nombreux* est mis en relief.

– le **détachement** et la **reprise par un pronom** : le terme mis en relief est détaché et repris (ou annoncé) par un pronom personnel ou démonstratif ; la phrase est alors segmentée ;

*Ta voiture, **elle** est superbe.*

***C**'est dur à trouver, le bonheur.*

*Qu'il soit honnête, tout le monde **le** sait.*

– l'emploi d'un **présentatif** : les présentatifs *(c'est, il y a, voici, voilà…)* servent à présenter un nom dans une phrase. Le terme mis en relief est encadré par une tournure présentative : *c'est… qui, c'est… que ; il y a… qui, il y a… que ; voilà… qui, voilà… que.*

C'est votre fille le Petit Chaperon Vert *qui* vous apporte une galette et un petit pot de beurre.

■ PIERRE-HENRI CAMI, *Le Petit Chaperon Vert.*

174 Le rôle de l'emphase dans l'organisation en thème et propos

■ Le **détachement** permet de mettre le **thème** de la phrase en valeur.

Moi, de ce temps, *je* m'en allais dans notre grand escalier et *je* montais à la rencontre du soleil. ■ JEAN GIONO, *Jean le Bleu.*

Le locuteur, *je*, sujet des verbes *allais* et *montais*, est le thème constant de la phrase.

L'emploi du pronom personnel renforcé *moi*, en début de phrase, le met en valeur comme thème de la phrase.

■ Le **présentatif** permet de mettre le **propos** de la phrase en valeur.

Si ce n'est toi, *c'est* donc ton frère.

■ JEAN DE LA FONTAINE, *Le Loup et l'Agneau.*

L'information nouvelle donnée par le loup est la mention du *frère* comme auteur potentiel du crime « reproché » à l'agneau. Il s'agit donc du propos de la phrase ; il est introduit et mis en relief par le présentatif *c'est*.

Résumé

■ Un énoncé s'organise, en fonction des informations qu'il délivre, en thème et propos. Le thème est ce dont on parle, le propos est l'information nouvelle apportée dans l'énoncé.

■ Les voix passive et active permettent de jouer sur les positions de thème et de propos.

■ L'emphase ou la tournure emphatique est un procédé qui permet de mettre en relief un élément de la phrase.

ORTHOGRAPHE

Le pluriel des noms et des adjectifs

*J'ai vu des continent**s***
*Des île**s** lointaine**s***
*De fabuleu**x** océan**s***
*Des rive**s** incertaine**s***
Dans le regard d'un enfant

■ CLAUDE HALLER, « Dans le regard d'un enfant », *Poèmes du petit matin.*

Comme le montre cet exemple, la plupart des noms et des adjectifs prennent un *s* au pluriel. Cependant, il existe des exceptions.

175 Le pluriel des noms communs

La règle générale

■ Le pluriel des **noms communs** se forme généralement en ajoutant un **s** à la fin du nom singulier : *un fromage – des fromage**s**.*

Les cas particuliers

■ Les noms déjà terminés par **-s**, **-x** ou **-z** au singulier ne changent pas de forme au pluriel.

un palais – des palais | *une croix – des croix*
un nez – des nez | *une noix – des noix*

■ Les noms terminés par **-au**, **-eau** ou **-eu** au singulier prennent un **x** au pluriel, sauf *bleu, pneu* et *landau* qui prennent un **s**.

*un tuyau – des tuyau**x*** | *un bateau – des bateau**x***
*un feu – des feu**x*** | *un pneu – des pneu**s***

■ Les noms terminés par **-ou** au singulier prennent un **s** au pluriel, sauf sept noms : *bijou, caillou, chou, genou, hibou, joujou* et *pou,* qui prennent un **x**.

*un trou – des trou**s*** | *un chou – des chou**x***

■ Les noms terminés par **-al** au singulier s'écrivent **-aux** au pluriel, sauf six noms : *bal, carnaval, chacal, festival, récital* et *régal.*

*un journal – des journ**aux*** | *un bal – des bal**s***

■ Certains noms terminés par **-ail** au singulier s'écrivent **-aux** au pluriel : *bail, corail, émail, soupirail, travail, vantail, vitrail...* Les autres noms prennent un **s**.

*un travail – des trav**aux*** *un chandail – des chandail**s***

■ Il existe quelques noms dont le pluriel n'obéit à aucune des règles citées ci-dessus.

*un œil – des **yeux*** *un ail – des **aulx*** *un ciel – des **cieux***
*un monsieur – des **messieurs*** *un aïeul – des **aïeux***

176 Le pluriel des noms propres

■ En règle générale, les noms propres ne prennent pas la marque du pluriel.

Les Durand ont déménagé.
J'ai rangé tous les Télérama.

■ Il existe des exceptions :

– les noms de familles très célèbres ;

les Bourbons, les Jacksons

– les noms des habitants d'un pays, d'une ville ou d'une région ;

les Belges, les Parisiens, les Auvergnats

– parfois les noms d'œuvres artistiques désignées par le nom de leur auteur.

les Rembrandts

177 Le pluriel des noms composés

■ Pour les noms composés **sans trait d'union**, seul le premier nom se met au pluriel.

des pommes de terre

■ Pour les noms composés **avec un trait d'union**, la règle à appliquer dépend de la nature des mots qui les composent :

– le verbe, l'adverbe, la préposition sont invariables ;

*des **tire**-bouchons* (verbe + nom), *des **avant**-scènes* (adverbe + nom), *des arcs-**en**-ciel* (nom + préposition + nom)

– l'adjectif prend la marque du pluriel ;

*des **belles**-sœurs* (adjectif + nom)

– le nom commun prend en général la marque du pluriel, sauf lorsqu'il désigne une réalité indénombrable (qui ne peut être comptée).

*des taille-**haies*** (adjectif + nom)
*des chasse-**neige*** (verbe + nom indénombrable)
*des gratte-**ciel*** (verbe + nom indénombrable)

Attention

On peut désormais généraliser l'emploi du *s* sur le nom commun placé en deuxième position, quel que soit le sens.
(Rectifications orthographiques de 1990)

On peut par exemple écrire :

*des gratte-**ciels*** *des serre-**têtes***

Dans certains noms composés, les mots *aide* et *garde* sont des noms, pas des verbes.

Ils se mettent donc au pluriel.

*des **aides**-soignantes* *des **gardes**-malades*

Lorsque le nom est composé du groupe **nom** + **préposition** + **nom**, seul le premier nom se met au pluriel.

*des **chefs**-d'œuvre*

Demi-, mi-, semi-, nu-, placés à gauche du nom et reliés par un trait d'union, sont invariables.

*deux **demi**-heures* *des **mi**-bas*
*des **semi**-remorques* *des **nu**-pieds*

Pour aller plus loin

On peut désormais appliquer aux noms empruntés à une langue étrangère les marques du pluriel de la langue française.
(Rectifications orthographiques de 1990)

On peut écrire par exemple :

*des média**s**, des spaghetti**s***

178 Le pluriel des adjectifs qualificatifs

La règle générale

■ Le pluriel des adjectifs qualificatifs se forme généralement en ajoutant un **s** à la fin de l'adjectif masculin ou féminin singulier.

*petit – petit**s*** *grande – grande**s***

Les cas particuliers

■ Les adjectifs masculins terminés par **-s** ou **-x** au singulier ne changent pas de forme au masculin pluriel.

gros – gros *vieux – vieux*

■ Les adjectifs masculins terminés par -**eau** au singulier prennent un -**x** au pluriel.

*beau – beau**x*** *nouveau – nouveau**x***

■ Les adjectifs masculins terminés par **-al** au singulier s'écrivent -**aux** au pluriel, sauf quelques mots : *banal, bancal, fatal, glacial, natal, naval…* qui prennent un **s** au pluriel.

*spéci**aux*** – *spécial – spéci**aux*** *marginal – margin**aux***
*fatal – fat**als*** *banal – ban**als***

Résumé

■ En général, le pluriel des noms communs et des adjectifs se forme en ajoutant un *s* au nom ou à l'adjectif singulier.

■ Mais il existe des règles particulières :
– pour les noms en *-s, -x, -z, -au, -eau, -eu, -ou, -al, -ail* ;
– pour les noms composés : seuls l'adjectif et le nom peuvent prendre la marque du pluriel ;
– pour les adjectifs en *-s, -x, -eau et -al.*

LE FÉMININ DES ADJECTIFS QUALIFICATIFS

*– Eh bien, voilà, Apolon, dit Mlle Legourdin, et de nouveau sa voix était sucré**e**, persuasi**ve**, presque onctueu**se**.*

■ ROALD DAHL, *Matilda.*

Comme le montre cet exemple, le féminin des adjectifs qualificatifs ne se forme pas toujours de la même façon.

179 La règle générale

■ Le féminin de l'adjectif qualificatif se forme généralement en ajoutant un **e** à la fin de l'adjectif masculin.

*gourmand – gourman**de***

■ Quand l'adjectif se termine par une voyelle au masculin, le passage au féminin ne s'entend généralement pas à l'oral.

*pointu – pointu**e***

180 Les cas particuliers

■ Quand l'adjectif se termine par **-on**, **-ien**, **-s** ou **-el** au masculin, la consonne finale est doublée au féminin.

*breton – breton**ne*** *ancien – ancien**ne***
*gros – gros**se*** *mortel – mortel**le***

■ La consonne finale est aussi doublée pour quelques adjectifs en **-et**.

*net – net**te*** *fluet – fluet**te***

■ Pour certains adjectifs terminés par **-f**, **-c**, **-s** ou **-x** au masculin, ces consonnes sont modifiées au féminin ; parfois, un accent est ajouté sur la voyelle précédant la consonne modifiée.

*neuf – neu**ve*** *sec – s**è**che*
*frais – fra**î**che* *heureux – heureu**se***

■ Certains adjectifs changent de suffixe au féminin :

– **-eau** devient **-elle** ;

*beau – b**elle***

– **-eur** devient **-euse**, **-rice** ou **-eresse** ;

*moqueur – moqu**euse***
*dominateur – dominat**rice***
*enchanteur – enchant**eresse***

– **-er** devient **-ère** ;

*cher – ch**ère***

– **-ou** devient **-olle**.

*mou – m**olle***

■ L'ajout d'une consonne avant le **e** est parfois nécessaire pour certains adjectifs qui se terminent par une voyelle au masculin.

*favori – favori**te*** *rigolo – rigolo**te***

■ Les adjectifs terminés par **-e** au masculin ne changent pas au féminin.

héroïque – héroïque *salutaire – salutaire*

■ Il existe quelques cas particuliers.

*vieux – **vieille*** *malin – **maligne***

Résumé

■ En général, le féminin des adjectifs qualificatifs se forme en ajoutant un *e* à l'adjectif masculin.

■ Pour certains adjectifs, il faut modifier la consonne finale ou le suffixe.

Accorder les déterminants

Quand reverrai-je, hélas ! de ***mon*** *petit village*
Fumer ***la*** *cheminée, et en* ***quelle*** *saison*
Reverrai-je ***le*** *clos de* ***ma*** *pauvre maison*
Qui m'est ***une*** *province, et beaucoup davantage ?*

JOACHIM DU BELLAY, *Les Regrets.*

Le déterminant tout naturellement s'accorde avec le nom qu'il accompagne.

181 La règle générale

Le déterminant s'accorde en genre et en nombre avec le nom qu'il détermine.

le chien *la chienne* *les chiens*
un chien *une chienne* *des chiens*

182 Cet, nul, tel, quel

Certains déterminants ont la même prononciation au masculin et au féminin ou au singulier et au pluriel. À l'écrit, il faut penser à faire l'accord :

– **cet** / **cette** : on écrit **cet** devant un nom masculin singulier commençant par une voyelle ou un **h** muet. On écrit **cette** devant un nom féminin singulier.

Cet *homme et* ***cette*** *femme sont mal assortis.*

– **nul** / **nulle** : on écrit **nul** devant un nom masculin et **nulle** devant un nom féminin.

Nul *homme,* ***nulle*** *femme ne peut ignorer la loi.*

– **tel** / **telle** / **tels** / **telles** : on écrit **tel** devant un nom masculin, **telle** devant un nom féminin, **tels** devant un nom masculin pluriel, **telles** devant un nom féminin pluriel.

Tel *père,* ***telle*** *fille.*

Il accomplit de ***tels*** *exploits, il vécut de* ***telles*** *aventures !*

– **quel / quelle / quels / quelles** : on écrit **quel** devant un nom masculin, **quelle** devant un nom féminin, **quels** devant un nom masculin pluriel, **quelles** devant un nom féminin pluriel.

> ***Quel*** *bel appartement !*
> ***Quelle*** *belle voiture !*
> ***Quels*** *beaux garçons vous avez !*
> ***Quelles*** *belles petites filles !*

183 Les déterminants numéraux

- Les déterminants **numéraux cardinaux** sont invariables.

> *trente élèves*

- Mais **vingt** et **cent** prennent un *s* **quand ils sont multipliés sans être suivis d'un autre nombre** : on écrit *deux cents* ou *quatre-vingts* mais *deux cent un* et *quatre-vingt-deux.*

> *À l'heure où je vous parle, il y a* ***cent mille*** *fous de notre espèce, couverts de chapeaux, qui tuent* ***cent mille*** *autres animaux couverts d'un turban.* ■ VOLTAIRE, *Micromégas*.

Attention

On peut désormais généraliser l'emploi du trait d'union dans les déterminants numéraux composés.
(Rectifications orthographiques de 1990)

Tous les déterminants inférieurs ou supérieurs à **cent** peuvent être liés par un trait d'union, même s'ils sont séparés par **et**.

trois-cents *quarante-et-un*

Résumé

- Le déterminant s'accorde avec le nom qu'il détermine.
- À l'exception de *vingt* et *cent*, les déterminants numéraux sont invariables.

ACCORDER L'ADJECTIF AVEC LE NOM

[…] Le ***monde*** *est* ***pointu***
La ***terre*** *est* ***pointue***
*L'****espace*** *est* ***carré****.*

■ ROBERT DESNOS, « Le carré pointu », *Destinée arbitraire.*

Ces vers comportent trois noms, trois adjectifs, mais une même règle d'accord.

184 La règle générale

■ **L'adjectif**, quelle que soit sa fonction, s'accorde en **genre** et en **nombre** avec le nom auquel il se rapporte :

– adjectif épithète ;

N'importe ! tel qu'il est, avec ses yeux ***clignotants*** *et sa mine* ***renfrognée****, ce locataire* ***silencieux*** *me plaît encore mieux qu'un autre, et je me suis empressé de lui renouveler son bail.* ■ ALPHONSE DAUDET, *Lettres de mon moulin.*

Cette phrase comporte trois adjectifs épithètes : *clignotants* s'accorde avec le nom *yeux*, au masculin pluriel, *renfrognée* s'accorde avec le nom *mine*, au féminin singulier, *silencieux* s'accorde avec le nom *locataire*, au masculin singulier.

– adjectif apposé ou épithète détachée ;

La tête, ***petite*** *comme celle de presque toutes les statues grecques, était légèrement inclinée en avant.*

■ PROSPER MÉRIMÉE, *La Vénus d'Ille.*

L'adjectif apposé *petite* s'accorde avec le nom *tête* au féminin singulier.

– adjectif attribut.

La terre est ***bleue*** *comme une orange*
Jamais une erreur les mots ne mentent pas […]

■ PAUL ELUARD, *L'Amour la poésie.*

L'adjectif attribut *bleue* s'accorde avec le nom *terre* au féminin singulier.

L'**adjectif verbal** obéit à la même règle, il s'accorde en genre et en nombre avec le nom auquel il se rapporte.

*Je trouve les caprices de la mode, chez les Français, **étonnants**.* ■ MONTESQUIEU, *Lettres persanes*.

La forme verbale *étonnants* s'accorde en genre et en nombre avec *caprices*, car il s'agit d'un adjectif verbal.

OCTAVE. – *Si tu l'avais vue, Scapin, en l'état que je dis, tu l'aurais trouvée admirable.*

SCAPIN. – *Oh ! je n'en doute point ; et, sans l'avoir vue, je vois bien qu'elle était tout à fait **charmante**.*

■ MOLIÈRE, *Les Fourberies de Scapin*.

La forme verbale *charmante* s'accorde en genre et en nombre avec le pronom *elle*, car il s'agit d'un adjectif verbal.

Attention

Certains adjectifs comme *bon, cher, droit, fort, haut* sont parfois utilisés comme adverbes.

Dans ce cas, ils ne s'accordent pas.

On écrit : *des habits **chers** mais ces habits coûtent **cher**.*

*des athlètes **forts** mais ils parlent **fort**.*

185 L'accord de l'adjectif qui se rapporte à plusieurs noms

L'adjectif qui se rapporte à plusieurs noms se met au pluriel. Si ces noms sont de genre identique, l'adjectif s'accorde avec ce genre (féminin ou masculin).

*Ma <u>jupe</u> et ma <u>chemise</u> sont **froissées**.*

Si ces noms sont de genres différents, l'adjectif prend le genre masculin.

*Ma <u>jupe</u> et mon <u>pantalon</u> sont **froissés**.*

Lorsque l'adjectif se rapporte à deux noms singuliers coordonnés par **ou**, il se met au masculin pluriel s'il qualifie les deux noms mais s'il n'en qualifie qu'un, il s'accorde avec ce dernier.

*Elle mange toujours les viandes <u>ou</u> les légumes bien **cuits**.*

L'adjectif *cuits* qualifie les légumes et les viandes, donc il prend la marque du masculin pluriel.

Il lui offre souvent du parfum ou des fleurs ***bleues****.*
L'adjectif *bleues* ne se rapporte qu'au mot *fleurs*, donc il s'accorde au féminin pluriel.

186 L'accord des adjectifs de couleur

■ La plupart des adjectifs de couleur s'accordent en genre et en nombre avec le nom auquel ils se rapportent.

*Je te promets qu'il n'y aura pas d'i vert**s** /*
*Il y aura des i bleu**s** / Des i blanc**s** / Des i rouge**s**.*

■ LUC BÉRIMONT, « Les points sur les i », *La Poésie comme elle s'écrit*.

■ Mais lorsque l'adjectif est composé de deux mots (adjectif + adjectif ou adjectif + nom), il est invariable.

des pantalons ***bleu marine*** *– des tennis* ***jaune citron***

■ Lorsque l'adjectif de couleur est tiré d'un nom, il est généralement invariable : *orange, marron, noisette, argent…*

des chevaux ***marron*** *– des yeux* ***noisette***

Il existe des exceptions : *rose, mauve, fauve, pourpre, écarlate* prennent un **-s** au pluriel.

■ Lorsqu'une même réalité est de plusieurs couleurs, les adjectifs juxtaposés ou coordonnés sont invariables.

des murs ***blanc****,* ***noir*** *et* ***bleu***

187 L'accord des adjectifs composés

■ La règle à appliquer dépend de la nature des mots qui composent l'adjectif :

– l'adverbe, l'adjectif à valeur adverbiale et la préposition ne s'accordent pas ;

ma ***bien****-aimée* (adverbe + adjectif)

une fille ***court****-vêtue* (adjectif à valeur adverbiale + adjectif)

une ***avant****-dernière candidate* (préposition + adjectif)

– l'adjectif, qu'il soit en première ou en deuxième position, s'accorde.

des personnes ***sourdes-muettes*** (adjectif + adjectif)

■ Lorsque le premier élément est un mot tronqué, il ne s'accorde pas.

des usines ***agro****-alimentaires*

des alliances ***franco****-belges*

■ Comme premier élément d'un adjectif composé, **mi-**, **semi-**, **demi-** ou **nu** sont invariables.

une fenêtre ***mi****-close*

des moteurs ***semi****-automatiques*

une table ***demi****-circulaire*

des ***nu****-pieds*

Résumé

- L'adjectif s'accorde en genre et en nombre avec le nom auquel il se rapporte.
- Quand il y a plusieurs noms de genre différent, l'accord se fait au masculin pluriel.
- Un adjectif de couleur composé de deux mots ou tiré d'un nom est invariable.
- L'accord de l'adjectif composé dépend de la nature des mots qui le composent.

ACCORDER LE VERBE AVEC LE SUJET

MARTINE. – *Mon Dieu !* ***je*** *n'****avons*** *pas étugué comme vous,*
Et je parlons tout droit comme on parle cheux nous.

BÉLISE. – *Ton esprit, je l'avoue, est bien matériel.*
Je *n'est qu'un singulier,* ***avons*** *est pluriel.*
Veux-tu toute ta vie offenser la grammaire ?

■ MOLIÈRE, *Les Femmes savantes.*

Au grand désespoir de sa maîtresse Bélise, la servante Martine ne sait pas accorder le verbe avec le sujet.

188 La règle générale

■ Un verbe s'accorde en **nombre** et en **personne** avec son sujet.

*En tout cas, monsieur, je vous l'****ai dit****, j'****ignorais*** *complètement le contenu de la dépêche dont j'****étais*** *porteur.*

■ ALEXANDRE DUMAS, *Le Comte de Monte-Cristo.*

Les verbes *ai dit*, *ignorais* et *étais* s'accordent avec le sujet *je*, première personne du singulier.

■ Seules les formes passives s'accordent aussi en **genre** avec le sujet.

La tarte ***a été mangée*** *par l'ensemble de la famille.*

La tarte est féminin singulier ; *mangée* s'accorde au féminin singulier.

Au cours de cette partie, les filles ***sont attrapées*** *les premières.*

Les filles est féminin pluriel ; *attrapées* s'accorde au féminin pluriel.

■ Lorsque le sujet est un groupe nominal, c'est le **nom noyau** qui commande l'accord du verbe.

Puis un ***vol*** *de plumes mouillées* ***froissa*** *les touffes de roseaux et tout autour de notre barque le* ***murmure*** *confus des bêtes d'eau, encore invisibles,* ***monta****.*

■ HENRI BOSCO, *L'Enfant et la Rivière.*

Un vol de plumes mouillées est le GN sujet du verbe *froissa* ; l'accord se fait avec le nom noyau du groupe, *vol* ; *le murmure confus des bêtes d'eau, encore invisibles,* est le GN sujet du verbe *monta* ; l'accord se fait avec le nom noyau du groupe, *murmure*.

189 L'accord du verbe qui a plusieurs sujets

■ Quand le verbe a plusieurs sujets, il se met au pluriel.

Le tonnerre et la pluie ***ont fait*** *un tel ravage*
Qu'il reste en mon jardin bien peu de fruits vermeils.

■ CHARLES BAUDELAIRE, « L'ennemi », *Les Fleurs du mal.*

Le verbe a deux sujets : *le tonnerre et la pluie* ; il se met au pluriel : *ont fait.*

■ Quand le verbe a des sujets de personnes différentes, il y a deux accords possibles :

– deuxième personne + troisième personne : le verbe se met à la deuxième personne du pluriel ;

Elle et toi ***êtes*** *de grandes amies.*
Eux et vous ***parlez*** *d'une seule voix.*

– première personne + deuxième ou troisième personne : le verbe se met à la première personne du pluriel.

Hugo et moi ***faisons*** *bande à part.*
Toi et moi ***sommes*** *les meilleurs de la classe.*

190 L'accord du verbe avec les pronoms indéfinis *aucun, chacun, on*

■ Quand le sujet est **chacun** ou **aucun**, le verbe se met toujours au singulier : *Chacun* ***fait*** *ce qui lui plaît. Quand je leur ai demandé leur accord, aucun* ***n'a refusé****.*

Mais le matin, il ne s'y trouvait que sept locataires dont la réunion offrait pendant le déjeuner l'aspect d'un repas de famille. Chacun ***descendait*** *en pantoufles.*

■ HONORÉ DE BALZAC, *Le Père Goriot.*

Chacun reprend un par un les sept locataires de la pension de famille.
Mais l'accord du verbe se fait au singulier.

■ Quand le sujet est **on**, le verbe se met au **singulier**.

MAÎTRE JACQUES. – On ne ***saurait*** *aller nulle part où l'on ne vous* ***entende*** *accommoder de toutes pièces ; vous êtes la risée de tout le monde ; et jamais on ne* ***parle*** *de vous, que sous les noms d'avare, de ladre, de vilain et de fesse-mathieu.*

(Un fesse-mathieu est un usurier.)

■ MOLIÈRE, *L'Avare.*

■ Mais l'**adjectif attribut** ou le **participe de la forme passive** peuvent varier en genre et en nombre selon le sens du pronom indéfini.

*On est **content**.*

On signifie *tout le monde, n'importe qui* : l'accord se fait au singulier et au masculin.

*On est **contents**. On est **contentes**.*

On est l'équivalent de *nous* : l'accord se fait au masculin pluriel ou au féminin pluriel, selon ce que *on* représente.

191 L'accord du verbe avec les groupes nominaux comportant un adverbe de quantité

■ Quand le groupe nominal sujet comprend un adverbe de quantité comme *beaucoup de, peu de, combien de, que de…* le verbe se met au pluriel.

Ô combien de marins, combien de capitaines
Qui sont partis joyeux pour des courses lointaines
*Dans ce morne horizon **se sont évanouis** !*

■ VICTOR HUGO, « Oceano Nox », *Les Rayons et les Ombres.*

Combien de marins, combien de capitaines sont sujets du verbe *se sont évanouis*. Ce verbe est au pluriel.

192 L'accord du verbe avec les noms collectifs

■ Quand le mot noyau du groupe nominal sujet est une expression représentant un ensemble d'éléments, c'est-à-dire un nom collectif *(la plupart, une foule, l'ensemble…)*, le verbe se met soit au singulier, soit au pluriel. On peut dire : *la plupart pense* ou *la plupart pensent.*

Le peuple hors des murs était déjà posté.
*La plupart **s'en allaient** chercher une autre terre.*

■ JEAN DE LA FONTAINE, *Les Membres et l'Estomac.*

Dans cet exemple, l'accord se fait au pluriel.

193 L'accord du verbe avec le pronom relatif sujet *qui*

Lorsque l'antécédent du pronom relatif sujet est un pronom personnel, le verbe s'accorde en nombre et en personne avec ce pronom personnel.

C'est moi qui ***vais*** *dans la salle de bains en premier !*
Qui reprend *moi* et impose au verbe *vais* l'accord à la première personne du singulier.

C'est toi qui ***vas*** *ranger la vaisselle !*
Qui reprend *toi* et impose au verbe *vas* l'accord à la deuxième personne du singulier.

Nous qui ***sommes*** *des adultes pouvons regarder la télévision le soir.*
Qui reprend *nous* et impose au verbe *sommes* l'accord à la première personne du pluriel.

Vous qui ***êtes*** *des enfants devez aller vous coucher.*
Qui reprend *vous* et impose au verbe *êtes* l'accord à la deuxième personne du pluriel.

Un soir, ma mère m'annonça que dorénavant ce serait moi qui ***ferais*** *les commissions.* RICHARD WRIGHT, *Black Boy*.
Qui reprend *moi* et impose au verbe *ferais* l'accord à la première personne du singulier.

Résumé

- Le verbe s'accorde en nombre et en personne avec son sujet.
- Lorsqu'il y a plusieurs sujets, le verbe se met au pluriel.
- Dans un groupe nominal, le mot noyau commande l'accord du verbe.

ACCORDER LE PARTICIPE PASSÉ

Pour accorder le participé passé, il faut se poser quatre questions.
– Le participe est-il employé **seul** ?
– Le participe est-il employé avec l'auxiliaire **être** ou **avoir** ?
– Le participe a-t-il un **COD** ?
– Où est placé ce **COD** ?

194 Le participe passé employé seul, sans auxiliaire

■ Le participe passé employé **seul** s'accorde en **genre** et en **nombre** avec le **nom** auquel il se rapporte.

■ Il a les mêmes fonctions qu'un adjectif :
– épithète ;

*« Vois cette île **composée** de volcans », dit le professeur.*

■ JULES VERNE, *Voyage au centre de la Terre.*

– apposé ;

***Bercées** par le grondement des vagues, elles dormaient d'un profond sommeil.*

■ NATHANIEL HAWTHORNE, *Les Héros de la mythologie grecque.*

– attribut.

*Les deux crabes ne parurent pas du tout **gênés** par l'arrivée de Robinson, et ils poursuivirent tranquillement leur bruyant travail.*

■ MICHEL TOURNIER, *Vendredi ou la Vie sauvage.*

195 Le participe passé employé avec l'auxiliaire *être*

Le participe passé employé avec l'auxiliaire **être** s'accorde en **genre** et en **nombre** avec le **sujet**.

*Grand-mère et moi, nous **fûmes convoqués** dans son bureau.* ROALD DAHL, *Sacrées Sorcières.*

Le narrateur de l'histoire est un petit garçon. *Nous* représente donc un masculin et un féminin. Le masculin l'emporte. L'accord du participe passé se fait au masculin pluriel.

Pour aller plus loin

Dans quels cas emploie-t-on l'auxiliaire *être* ?

- Le participe passé est employé avec l'auxiliaire **être** pour former la **tournure passive.**

*Les êtres vivants **sont emportés** par l'onde.* OVIDE, *Les Métamorphoses.*

- Le participe passé est employé avec l'auxiliaire **être** pour former les **temps composés** des **verbes intransitifs** : *aller, arriver, venir, sortir, naître…*

*Jeudi après-midi, toute la classe **est allée** au cirque.*

JEAN-JACQUES SEMPÉ et RENÉ GOSCINNY, *Histoires inédites du Petit Nicolas.*

196 Le participe passé employé avec l'auxiliaire *avoir*

Le participe passé employé avec l'auxiliaire **avoir ne s'accorde jamais avec le sujet.**

*Les femmes, **ayant posé** à leurs pieds leurs grands paniers, en **avaient tiré** leurs volailles qui gisaient par terre, liées par les pattes, l'œil effaré, la crête écarlate.*

GUY DE MAUPASSANT, *La Ficelle.*

Les participes passés *posé* et *tiré* ne s'accordent pas avec le sujet *les femmes*.

Il s'accorde en **genre** et en **nombre** avec le **COD** si celui-ci est placé avant le verbe, c'est-à-dire **antéposé**. Le COD antéposé peut être :

– un pronom relatif ;

*Les statues <u>que</u> cet artiste **a sculptées** sont superbes.*

Que, pronom relatif qui a pour antécédent *statues* (mot féminin pluriel), est COD du verbe *a sculptées* et il est antéposé. L'accord du participe passé se fait au féminin pluriel.

– un pronom personnel ;

Avant d'entrer dans le cirque,
*la maîtresse <u>nous</u> **a comptés**,*
et elle a vu qu'il en manquait un,
c'était Alceste, qui était allé acheter de la barbe à papa.

■ JEAN-JACQUES SEMPÉ et RENÉ GOSCINNY,
Histoires inédites du Petit Nicolas.

Nous, pronom personnel représentant *les élèves*, est COD du verbe *a comptés* et il est antéposé. L'accord se fait au masculin pluriel.

– un groupe nominal avec un déterminant interrogatif ou exclamatif.

*<u>Quelles couleurs</u> **as**-tu **choisies** pour ton dessin ?*
*<u>Quelle belle robe</u> tu **as portée** ce soir-là !*

Attention

Le pronom relatif *que* ne représente pas toujours un COD.

Il existe des formes trompeuses ! Le pronom relatif **que** peut représenter un complément circonstanciel. Dans ce cas, il n'y a pas d'accord du participe passé.

*Les heures <u>que</u> j'**ai passé** à t'attendre ont été interminables.*

Les heures est un complément circonstanciel de temps marquant la durée et non un COD.

? Pourquoi

D'où vient la règle d'accord du participe passé avec le COD ?

La règle d'accord du participe passé lorsque le COD est placé avant lui nous vient de Clément Marot, poète français du XVIe siècle, qui s'inspirait d'un phénomène de la langue italienne. Merci Monsieur Marot !

197 Le participe passé des verbes pronominaux

■ Le participe passé des verbes pronominaux s'accorde avec le **pronom réfléchi** *(me, te, se, nous, vous, se)* lorsque celui-ci est un **COD**.

*Elle s'**est regardée** dans le miroir.*
S' est un COD placé avant le participe, il y a donc accord.

*Les deux soldats se **sont entretués**.*
Se est un COD placé avant le participe, il y a donc accord.

■ Il reste **invariable** lorsque le **pronom réfléchi** est un **COI**.

*Tu t'**es lavé** les pieds ? Tu t'**es coupé** les ongles ?*

■ Marcel Pagnol, *La Gloire de mon père*.

T' correspond à *à toi*, COI des verbes *es lavé* et *es coupé* : il n'y a pas d'accord.

■ Il **s'accorde avec le sujet** quand le **pronom réfléchi** est employé avec des **verbes essentiellement pronominaux** (qui n'existent qu'à la forme pronominale) ou avec les verbes **pronominaux de sens passif**.

*Elles **se sont souvenues** de leur leçon.*
Se souvenir est un verbe essentiellement pronominal. Il y a donc accord du participe passé.

*Les baguettes **se sont** bien **vendues**.*
Se vendre est un verbe pronominal de sens passif. Il y a donc accord du participe passé.

Astuce

Pour trouver le COD des verbes pronominaux, on peut essayer de les transformer en employant l'auxiliaire *avoir*.

Ils se sont regardés.
⊖ Ils ont regardé eux-mêmes. *Eux-mêmes* est COD, il y a donc accord du participe passé.

Ils se sont succédé.
⊖ Ils ont succédé à eux-mêmes. *À eux-mêmes* est COI, il n'y a donc pas d'accord du participe passé.

Elles se sont donné une heure.
⊖ Elles ont donné une heure à elles-mêmes. *À elles-mêmes* est COS et le COD, *heure*, est placé après le verbe, il n'y a donc pas d'accord du participe passé.

Elles se sont évanouies.
La tournure avec l'auxiliaire *avoir* est impossible. *Se* ne représente rien car il s'agit d'un verbe essentiellement pronominal. Il y a donc accord du participe passé.

198 Le participe passé suivi d'un infinitif

■ Lorsque le participe passé est suivi d'un infinitif, il n'y a pas d'accord si c'est l'infinitif qui a un COD.

*Les arbres qu'il **a vu** couper étaient immenses.*
Arbres est COD du verbe *couper* et non du verbe *a vu*, il n'y a donc pas d'accord du participe passé.

■ Lorsque le participe passé est suivi d'un infinitif, si c'est le **participe** qui a un COD et que ce COD est placé avant, le participe s'accorde avec ce COD.

*Les musiciens que j'**ai entendus** jouer hier au concert étaient formidables.*
Les musiciens est COD du verbe *ai entendus*. Ce GN est antéposé au verbe, il y a donc accord du participe passé.

199 Le participe passé des verbes *faire, laisser, devoir, pouvoir, vouloir* suivi d'un infinitif

■ Lorsque le participe passé des verbes **faire**, **laisser**, **devoir**, **pouvoir**, **vouloir** est suivi d'un infinitif, il n'y a jamais d'accord, quelle que soit la place du COD.

*Il **a pu** commettre des fautes.*
*Les fautes qu'il **a pu** commettre ne sont pas graves.*
*Il **a laissé** pourrir des pommes.*
*Les pommes qu'il **a laissé** pourrir ne sont pas bonnes.*
*Il **a fait** rentrer des personnes chez lui.*
*Les personnes qu'il **a fait** rentrer chez lui sont ses invités.*

200 Le participe passé précédé du pronom *en*

■ Le participe passé ne s'accorde pas quand le COD antéposé est le pronom **en**.

J'en ***ai connu*** *beaucoup de ces maîtres d'autrefois.*

■ MARCEL PAGNOL, *La Gloire de mon père.*

En représente *ces maîtres*, mot au masculin pluriel ; pourtant, il n'y a pas d'accord du participe passé.

Pour aller plus loin

Pourquoi n'y a-t-il pas d'accord avec le pronom *en* ?

En est un pronom invariable à valeur neutre ; il ne contient donc pas de marque de genre ni de nombre. Il est logique qu'il n'y ait pas d'accord grammatical.

201 Le participe passé précédé du pronom *le*

■ Le participe passé est au masculin singulier quand le COD antéposé est le pronom **le** mis pour une proposition.

*Sa réussite n'était pas aussi brillante que nous l'****avions imaginé****.*

L' représente la proposition sous-entendue *que sa réussite était brillante* ; le participe passé se met au masculin singulier, comme *le*.

Résumé

- Le participe passé employé comme adjectif s'accorde avec le nom auquel il se rapporte.
- Le participe passé employé avec l'auxiliaire *être* s'accorde avec le sujet.
- Le participe passé employé avec l'auxiliaire *avoir* ne s'accorde jamais avec le sujet, mais s'accorde avec le COD quand celui-ci est placé avant le verbe.

Accorder *tout* et *même*

Tout le monde a les *mêmes* problèmes pour accorder *tout* et *même* !

202 Comment s'accorde le mot *tout* ?

■ Les règles d'accord du mot **tout** varient selon la nature de ce mot. **Tout** est à la fois un déterminant, un pronom indéfini et un adverbe.

■ Comme **déterminant** :

– **tout** peut être utilisé seul au singulier ; il est l'équivalent de **chaque** ; il s'accorde alors en genre : ***tout*** *homme,* ***toute*** *chose* ;

– il peut être utilisé avec un autre déterminant, au singulier ou au pluriel ; il signifie **tout entier** ; il s'accorde alors en genre et en nombre avec le nom auquel il se rapporte : ***tout*** *le monde,* ***toute*** *la foule,* ***tous*** *ces gens,* ***toutes*** *ces statues.*

> ***Tous les mots*** *que j'avais à dire se sont changés en étoiles*
>
> ■ Guillaume Apollinaire, « Je n'ai plus même pitié de moi », *Alcools.*

■ Comme **pronom indéfini** :

– **tout** peut être l'équivalent de **toute chose** ; il reste invariable ;

> ***Tout*** *est clair.*

– il peut être un pronom représentant un élément pluriel du contexte. Il s'accorde en genre et en nombre avec ce qu'il représente.

> *Ils ne mouraient pas* ***tous****, mais* ***tous*** *étaient frappés.*
>
> ■ Jean de La Fontaine, *Les Animaux malades de la peste.*

■ Comme **adverbe**, **tout** est l'équivalent de **tout à fait**, **entièrement**.

Il est invariable devant un adjectif ou un participe au masculin pluriel.

> *des arbres* ***tout*** *verts*

Il s'accorde en genre et en nombre devant un adjectif ou un participe au féminin.

> *des feuilles* ***toutes*** *vertes*

Devant un nom féminin commençant par une voyelle, **tout** reste invariable, mais on tolère aujourd'hui l'accord : on peut dire *tout entière* ou *toute entière*.

*C'est Vénus **tout entière** à sa proie attachée.*

■ JEAN RACINE, *Phèdre*.

203 Comment s'accorde le mot *même* ?

■ Les règles d'accord du mot **même** varient selon la nature de ce mot. **Même** est à la fois un déterminant indéfini et un adverbe.

■ Comme **déterminant**, **même** s'accorde en nombre avec le nom ou le pronom auquel il se rapporte : *les **mêmes** fleurs, nous-**mêmes**.*

*Ils battent **au même rythme** pour **la même besogne***
tous ces cœurs [...]

■ ROBERT DESNOS, « Ce cœur qui haïssait la guerre », *Destinée arbitraire*.

■ Comme **adverbe**, **même** est invariable. Il signifie **aussi, de plus, encore plus**. On peut le déplacer dans la phrase.

***Même** les arbres*
ont perdu leurs couleurs.
*Les arbres **même** (aussi)*
ont perdu leurs couleurs.

Résumé

■ Les règles d'accord des mots *tout* et *même* varient selon leur nature : déterminant, pronom indéfini ou adverbe.

Les principaux homophones grammaticaux

*J'ai mieux mangé que toi, **ce** soir.*
*Comment ça **se** fait ?*
D'habitude, c'est toi qui manges
*le plus. **Ce** n'est pas l'appétit*
qui te manque.

■ EUGÈNE IONESCO, *La Cantatrice chauve.*

Pour savoir s'il faut écrire *ce* ou *se*, il faut apprendre à distinguer les homophones grammaticaux.

204 a / à

■ On écrit **a** quand il s'agit du verbe ou de l'auxiliaire **avoir**. Pour le reconnaître, on peut le remplacer par l'imparfait **avait**.

*Il **a** treize ans.* Il *avait* treize ans.

*Il **a** rencontré des amis.* Il *avait* rencontré des amis.

■ On écrit **à** quand il s'agit de la préposition. On ne peut pas la remplacer par **avait**.

*Il habite **à** Paris.*

⊖ Il habite *avait* Paris.

*Nous avons rendez-vous **à** deux heures.*

⊖ Nous avons rendez-vous *avait* deux heures.

205 ça / çà

■ On écrit **ça** quand il s'agit du pronom démonstratif d'emploi courant et familier. Pour le reconnaître, on peut le remplacer par **cela**, **ceci**.

***Ça** ne m'étonne pas de lui.* *Cela* ne m'étonne pas de lui.

On écrit **çà** quand il s'agit de l'adverbe de lieu. Pour le reconnaître, on peut le remplacer par **ici**.

Çà et là traînaient de vieux papiers.
Ici et là traînaient de vieux papiers.

206 ce / se

On écrit **ce** :

– lorsqu'il s'agit du déterminant démonstratif employé devant un nom masculin singulier. Pour le reconnaître, on peut remplacer le nom masculin par un nom féminin ; **ce** devient alors **cette** ;

Ce chien est fort beau.
Cette chienne est fort belle.

– lorsqu'il s'agit du pronom démonstratif employé devant le verbe **être** ou devant un pronom relatif. Dans ces deux cas, pour le reconnaître, on peut remplacer **ce** par **cela**.

Ce n'est pas très aimable de votre part.
Cela n'est pas très aimable de votre part.

Ce qui me plaît chez lui, c'est son humour.
⊖ *Cela* qui me plaît chez lui, c'est son humour.

On écrit **se** uniquement devant un verbe pronominal ; il s'agit alors du pronom personnel réfléchi de la troisième personne. Pour le reconnaître, on peut conjuguer le verbe pronominal à une autre personne ; **se** devient alors **me**, **te**…

*Il **se** promène souvent par ici.* Je *me* promène, tu *te* promènes…

207 ces / ses

On écrit **ces** quand il s'agit du déterminant démonstratif au pluriel. Pour le reconnaître, on peut mettre le nom auquel il se rapporte au singulier ; **ces** devient alors **ce**, **cet** ou **cette**.

Ces pommes me font envie. *Cette* pomme me fait envie.

On écrit **ses** quand il s'agit du déterminant possessif au pluriel ; il indique à qui appartient quelque chose (*ses* signifie *les siens*, *les siennes*). Pour le reconnaître, on peut mettre le nom auquel il se rapporte au singulier ; **ses** devient alors **son** ou **sa**.

*Elle mit **ses** plus beaux vêtements.* Elle mit *sa* plus belle robe.

208 c'est / s'est

■ On écrit **c'est** devant un nom ou un groupe nominal, un adjectif ou un pronom (*c'* est la forme élidée du démonstratif *ce*). Pour le reconnaître, on peut le remplacer par **cela**. La forme négative est : **ce n'est pas**.

> ***C'est*** *une affaire sérieuse.*
> *Cela* est une affaire sérieuse.
>
> ***C'est*** *triste.*
> *Cela* est triste.
>
> ***C'est*** *lui que tu as vu.*
> *Ce n'est pas* lui que tu as vu.

■ On écrit **s'est** seulement devant un participe passé ; il s'agit alors d'un verbe pronominal (*s'* est la forme élidée du pronom réfléchi *se*). Pour le reconnaître, on peut conjuguer le verbe à une autre personne ; **s'** devient alors **me**, **t'**… La forme négative est : **ne s'est pas**.

> *Il* ***s'est*** *amusé.*
> Je *me* suis amusé, tu *t'*es amusé…
>
> *Elle ne* ***s'est pas*** *entendue avec lui.*
> Je ne *me* suis pas entendue avec lui.

209 dans / d'en

■ On écrit **dans** quand il s'agit de la préposition. Elle est toujours suivie d'un nom et peut être remplacée par **à l'intérieur de**, **au milieu de**, **en**, **pendant**.

> *Il s'était perdu* ***dans*** *la foule.*
> Il s'était perdu *au milieu de* la foule.

■ On écrit **d'en** quand il s'agit de la préposition **de** et du pronom personnel **en**. Il est suivi d'un verbe à l'infinitif. Pour le reconnaître, on peut le remplacer par **de cela**. On le rencontre aussi dans les expressions **d'en haut**, **d'en bas** où **en** est une préposition.

> *Il vient* ***d'en*** *parler.* Il vient de parler *de cela*.

210 des / dès

On écrit **des** quand il s'agit du déterminant indéfini ou partitif. Il est toujours suivi d'un nom au pluriel.

*Il mangeait **des** bonbons.*

On écrit **dès** quand il s'agit de la préposition qui indique le **temps** ou quand il s'agit de la locution conjonctive **dès que**.

***Dès** son arrivée, il est allé la saluer.*

***Dès qu'il** est arrivé, il est allé la saluer.*
Quand il est arrivé, il est allé la saluer.

211 du / dû

On écrit **du** quand il s'agit du déterminant défini ou partitif. Il est la contraction de **de le** et il est toujours suivi d'un nom.

*Il est monté dans le premier wagon **du** train pour Marseille.*

*Il a bu **du** chocolat.*

On écrit **dû** quand il s'agit du participe passé du verbe **devoir** ou du nom formé sur celui-ci.

*J'ai **dû** m'absenter deux jours.*

*Il a eu son **dû**.*

212 est / et

On écrit **est** quand il s'agit du verbe ou de l'auxiliaire **être**. Pour le reconnaître, on peut le remplacer par l'imparfait **était**.

*Il **est** très surpris.* Il *était* très surpris.

*Elle **est** arrivée.* Elle *était* arrivée.

On écrit **et** quand il s'agit de la conjonction de coordination. On ne peut pas la remplacer par **était**.

*C'est un homme riche **et** puissant.*
⊖ C'est un homme riche *était* puissant.

213 la / l'a / là

On écrit **la** :

– quand il s'agit du déterminant défini employé devant un nom féminin. Pour le reconnaître, on peut remplacer le nom féminin par un nom masculin ; **la** devient alors **le** ;

La chatte dormait au soleil.
Le chat dormait au soleil.

– quand il s'agit du pronom personnel féminin employé devant un verbe. Pour le reconnaître, on peut le remplacer par le pronom masculin **le**.

Cette voiture me plaît ;
je ***la*** *veux.*
Ce collier me plaît ; je *le* veux.

On écrit **l'a** quand il s'agit du verbe ou de l'auxiliaire **avoir** conjugué et précédé d'un pronom personnel. Pour le reconnaître, on peut le remplacer par l'imparfait **l'avait**.

Cette voiture, il ***l'a*** *depuis deux jours.*
Cette voiture, il *l'avait* depuis deux jours.

Ce livre, il ***l'a*** *lu plus d'une fois.*
Ce livre, il *l'avait* lu plus d'une fois.

On écrit **là** quand il s'agit de l'adverbe de lieu. Pour le reconnaître, on peut le remplacer par **ici** ou un complément de lieu.

C'est ***là*** *que nous nous sommes rencontrés.*
C'est *ici* (c'est *dans cette ville*) que nous nous sommes rencontrés.

214 l'ai / les

On écrit **l'ai** quand il s'agit du verbe **avoir** à la première personne du singulier précédé du pronom personnel élidé **le** ou **la**. Pour le reconnaître, on peut le remplacer par la première personne du pluriel **nous l'avons**.

Je ***l'ai*** *rencontré ici.* *Nous l'avons* rencontré ici.

■ On écrit **les** quand il s'agit du déterminant défini pluriel ou du pronom personnel pluriel. Pour le reconnaître, on peut le remplacer par les formes du singulier **le** ou **la**.

> ***Les*** *coureurs approchent ; je* ***les*** *aperçois.*
> *Le* coureur approche ; je *l'*aperçois.

215 leur / leurs

■ **Leur** ne prend jamais de **s** quand il est devant un verbe. Il s'agit du pronom personnel au pluriel. Pour le reconnaître, on peut le remplacer par le pronom singulier **lui**.

> *Il* ***leur*** *a parlé.*
> Il *lui* a parlé.

■ On écrit également **leur** quand il s'agit du déterminant possessif employé devant un nom singulier. Pour le reconnaître, on peut le remplacer par **sa** ou **son**.

> ***Leur*** *maison était spacieuse.* *Sa* maison était spacieuse.
>
> *Ils avaient écourté* ***leur*** *voyage.* Il avait écourté *son* voyage.

■ On écrit **leurs** quand il s'agit du déterminant possessif employé devant un nom pluriel. Pour le reconnaître, on peut le remplacer par **ses**.

> ***Leurs*** *amis les avaient aidés.* *Ses* amis l'avaient aidé.

216 mais / mes

■ On écrit **mais** quand il s'agit de la conjonction de coordination. Pour la reconnaître, on peut la remplacer par **cependant**, **toutefois**.

> *Nous voulions pêcher,* ***mais*** *nous n'avions pas de canne à pêche.*
> Nous voulions pêcher, *toutefois* nous n'avions pas de canne à pêche.

■ On écrit **mes** quand il s'agit du déterminant possessif pluriel de la première personne. Pour le reconnaître, on peut le remplacer par la deuxième personne **tes**.

> ***Mes*** *chaussures sont neuves.* *Tes* chaussures sont neuves.

217 ni / n'y

On écrit **ni** quand il s'agit de la conjonction de coordination. Pour la reconnaître, on peut mettre la phrase à la forme affirmative ; **ni** devient alors **et**.

*Il ne riait **ni** ne pleurait.* Il riait *et* il pleurait.

*Il ne voulait **ni** bonbons **ni** chocolat.*
Il voulait des bonbons *et* du chocolat.

On écrit **n'y** quand il s'agit du pronom adverbial **y** précédé de la négation **n'**. Pour le reconnaître, on peut le remplacer par **à cela, à ce, dans cela, dans ce**... À la différence de **ni**, **n'y** peut toujours être précédé d'un pronom personnel sujet *(je, tu, il...)*.

*Sophie **n'y** comprenait rien.*
Elle ne comprenait rien *à cela*.

*Il **n'y** faisait guère chaud.*
Il ne faisait guère chaud *dans ce* pays.

218 ont / on / on n'

On écrit **ont** quand il s'agit du verbe ou de l'auxiliaire **avoir**. Pour le reconnaître, on peut le remplacer par l'imparfait **avaient**.

*Nos voisins **ont** un nouveau chien.*
Nos voisins *avaient* un nouveau chien.

*Les spectateurs **ont** applaudi à tout rompre.*
Les spectateurs *avaient* applaudi à tout rompre.

On écrit **on** quand il s'agit du pronom personnel ou du pronom indéfini. On ne peut pas le remplacer par **avaient**.

***On** a tous eu très peur.* ⊖ *Avaient* a tous eu très peur.

On écrit **on n'** quand il s'agit du pronom personnel ou du pronom indéfini suivi d'une négation : **n'... pas, n'... plus, n'... jamais, n'... rien, n'... personne, n'... aucun**, etc. Pour ne pas confondre **on n'** avec **on** suivi d'un verbe qui commence par une voyelle – ce qui entraîne une liaison –, on observe si la phrase est affirmative ou négative. On peut aussi remplacer **on** par **il**.

*On avait envie de partir. **On n'**avait aucune envie de partir.*
Il avait envie de partir. *Il n'*avait aucune envie de partir.

219 ou / où

On écrit **ou** quand il s'agit de la conjonction de coordination. Pour la reconnaître, on peut la remplacer par **ou bien**.

*Préfères-tu la mer **ou** la montagne ?*
Préfères-tu la mer *ou bien* la montagne ?

On écrit **où** quand il s'agit d'un adverbe interrogatif de lieu ou d'un pronom relatif qui introduit une subordonnée relative. On ne peut pas le remplacer par **ou bien**.

***Où** irons-nous en vacances ?*
⊖ *Ou bien* irons-nous

*Voici le chalet **où***
⊖ Voici le chalet *ou b.*

220 peut être / peut-être

On écrit **peut être** quand il s'agit du verbe **pouvoir** suivi du verbe **être**. Pour le reconnaître, on peut le remplacer par l'imparfait **pouvait être**.

*Malgré sa blessure, il **peut être** efficace sur le terrain.*
Malgré sa blessure, il *pouvait* être efficace sur le terrain.

On écrit **peut-être** quand il s'agit de l'adverbe signifiant probablement. On ne peut pas le remplacer par **pouvait être**.

*Il a **peut-être** oublié.*
⊖ Il a *pouvait* être oublié. Il a *probablement* oublié.

221 peux / peut / peu

On écrit **peux** ou **peut** quand il s'agit du présent de l'indicatif du verbe **pouvoir** à la première et à la deuxième personne *(peux)* ou à la troisième personne *(peut)* du singulier. Pour le reconnaître, on peut le remplacer par l'imparfait **pouvais** ou **pouvait**.

*Tu **peux** partir quand tu veux.*
Tu *pouvais* partir quand tu voulais.

*Il ne **peut** rien faire comme tout le monde.*
Il ne *pouvait* rien faire comme tout le monde.

■ On écrit **peu** quand il s'agit de l'adverbe de quantité ; il est invariable et on ne peut pas le remplacer par **pouvait**.

*Il y avait fort **peu** de dégâts.*
⊖ Il y avait fort *pouvait* de dégâts.

222 plus tôt / plutôt

■ On écrit **plus tôt** quand il s'agit du comparatif de l'adverbe **tôt**, le contraire de **tard**.
Pour le reconnaître, on peut le remplacer par **plus tard**.

*La prochaine fois, arrivez **plus tôt**.*
La prochaine fois, arrivez *plus tard*.

■ On écrit **plutôt** quand il s'agit de l'adverbe qui exprime une préférence. Pour le reconnaître, on peut le remplacer par **de préférence**.

*Prenez **plutôt** ces pneus ; ils sont de meilleure qualité.*
Prenez *de préférence* ces pneus ; ils sont de meilleure qualité.

223 près / prêt

■ On écrit **près** quand il s'agit de l'adverbe ou de la préposition exprimant la proximité dans le lieu ou le temps. Il est invariable. Employé comme préposition, **près** est suivi de **de**.

*L'homme s'était assis tout **près**.* *Près* signifie *à côté*.

*Il était **près de** partir, quand elle arriva.*
Près de signifie *sur le point de*.

■ On écrit **prêt** quand il s'agit de l'adjectif qualificatif qui signifie **préparé** ou **disposé à**. Pour le reconnaître, on peut le mettre au féminin : **prête. Prêt** s'emploie avec la préposition **à**.

*Nous sommes **prêts** depuis plus d'une heure.*
Nous sommes *prêtes*...

*Je suis **prêt à** vous rendre service.* Je suis *prête à*...

224 quand / quant / qu'en

On écrit **quand** lorsqu'il s'agit de l'adverbe interrogatif ou de la conjonction de subordination. Pour le reconnaître, on peut le remplacer par **à quel moment** ou par **lorsque**.

Quand rentres-tu ? À *quel moment* rentres-tu ?

Les oiseaux s'envolèrent, ***quand*** *retentit la détonation.*
Les oiseaux s'envolèrent, *lorsque* retentit la détonation.

On écrit **quant** lorsqu'il s'agit de la préposition. Elle est toujours suivie de **à** ou **au(x)**. Pour la reconnaître, on peut la remplacer par **en ce qui concerne**.

Quant à *moi, je ne crois pas pouvoir venir.*
En ce qui me concerne, je ne crois pas pouvoir venir.

Quant aux *enfants, ils devront partir chez leur père.*
En ce qui concerne les enfants, ils devront partir chez leur père.

On écrit **qu'en** lorsqu'il s'agit de la conjonction de subordination ou du pronom **que** suivi de la préposition ou de l'adverbe **en**. Pour le reconnaître, on peut le remplacer par **que... de cela** ou le décomposer en *que en*.

Qu'en *a-t-il pensé ?* Qu'a-t-il pensé *de cela* ?

Rien ***qu'en*** *le voyant, j'ai compris qu'il était coupable.*
⊖ Rien *que en* le voyant, j'ai compris qu'il était coupable.

225 qu'elle / quel(s) / quelle(s)

On écrit **qu'elle** quand il s'agit de la conjonction de subordination ou du pronom relatif **que** suivi du pronom personnel **elle**. Pour le reconnaître, on peut le remplacer par **qu'il**.

Je pense ***qu'elle*** *viendra.* Je pense *qu'il* viendra.

C'est une erreur ***qu'elle*** *commet souvent.*
C'est une erreur *qu'il* commet souvent.

On écrit **quel(s)** ou **quelle(s)** quand il s'agit du déterminant interrogatif ou exclamatif qui s'accorde avec le nom auquel il se rapporte. On ne peut pas le remplacer par **qu'il**.

Quelle *belle robe !* ⊖ *Qu'il* belle robe !

Quel *temps fait-il ?* ⊖ *Qu'il* temps fait-il ?

226 quel(s) que / quelle(s) que / quelque(s)

■ On écrit **quel(s) que** ou **quelle(s) que** quand il s'agit de la locution suivie du verbe **être** au subjonctif. Dans ce cas, **quel** s'accorde en genre et en nombre avec le nom qui suit le verbe **être**.

Quels que soient *les résultats, tu dois poursuivre.*

Quelle que soit *votre intention, nous ne sortirons pas d'ici.*

■ On écrit **quelques** quand il s'agit du déterminant indéfini qui précède un nom au pluriel. Pour le reconnaître, on peut le remplacer par **plusieurs** ou **des**.

Quelques *personnes attendaient dans le hall.*

Des (plusieurs) personnes attendaient dans le hall.

■ On écrit **quelque** :

– quand il s'agit du déterminant indéfini qui précède un nom au singulier. Pour le reconnaître, on peut le remplacer par **un, un certain, un quelconque** ;

Dans cette affaire, j'ai eu ***quelque*** *inquiétude.*

Dans cette affaire, j'ai eu *une certaine* inquiétude.

– quand il s'agit d'un adverbe ; il est alors invariable et on peut le remplacer par **environ** ou **si**.

Il y avait ***quelque*** *deux cents personnes.*

Il y avait *environ* deux cents personnes.

Quelque *sympathiques qu'ils soient, ils ne m'inspirent guère confiance.*

Si sympathiques soient-ils, ils ne m'inspirent guère confiance.

227 quoique / quoi que

■ On écrit **quoique** quand il s'agit de la conjonction de subordination. Pour la reconnaître, on peut la remplacer par **bien que**.

Quoiqu'*il pleuve, Bernard part faire son jogging.*

*Bien qu'*il pleuve, Bernard part faire son jogging.

On écrit **quoi que** quand il s'agit du pronom relatif composé qui signifie *quelle que soit la chose que*. On ne peut pas le remplacer par **bien que**.

> ***Quoi que*** *tu dises, tu auras raison.*
> ⊖ *Bien que* tu dises, tu auras raison.

228 sans / s'en

On écrit **sans** quand il s'agit de la préposition qui exprime le manque, la privation ; elle est le contraire de **avec**. On la rencontre devant un nom ou un infinitif.

> *Ils sont arrivés* ***sans*** *un bruit.*
> *Elles sont parties* ***sans*** *dire au revoir.*

On écrit **s'en** quand il s'agit du pronom personnel réfléchi (*s'* est la forme élidée de *se*) suivi du pronom adverbial **en. S'en** ne se rencontre que devant un verbe pronominal. Pour le reconnaître, on peut conjuguer le verbe à une autre personne : **s'en** devient alors **m'en, t'en**…

> *De toute façon, il* ***s'en*** *moque complètement.*
> Je *m'en* moque, tu *t'en* moques…
>
> *Il ne pourra jamais* ***s'en*** *servir.*
> Tu ne pourras jamais *t'en* servir.

229 si / s'y / ci

On écrit **si** quand il s'agit de la conjonction de subordination qui exprime la **condition** ou de l'adverbe qui signifie **oui** ou **tellement**.

> ***Si*** *le temps le permet, nous irons à la mer.*
> *À condition que* le temps le permette, nous irons à la mer.
>
> *Mais* ***si****, c'est bien elle. Elle est* ***si*** *gentille.*
> Mais *oui*, c'est bien elle. Elle est *tellement* gentille.

On écrit **s'y** quand il s'agit du pronom personnel réfléchi **se** suivi du pronom adverbial **y. S'y** fait partie d'un verbe pronominal à la troisième personne. Pour le reconnaître, on peut le remplacer par la première ou la deuxième personne **m'y** ou **t'y**.

> *Il ne* ***s'y*** *attendait vraiment pas.*
> Je ne *m'y* attendais vraiment pas.

■ On écrit **ci** quand il s'agit de l'adverbe de lieu qui est l'abréviation de **ici**. On le rencontre également après le pronom ou le déterminant démonstratif : **celui-ci**, **celle-ci**, **ce… ci**, **cet… ci**, **cette… ci**.

*Vous trouverez le document **ci**-joint.*

*Il y avait quelques promeneurs par-**ci** par-là.*

*Que fais-tu debout à cette heure-**ci** ?*

On écrit également **ci** quand il s'agit du pronom démonstratif qui est l'abréviation de **ceci**. Dans ce cas, il s'emploie avec **ça**.

*Comment vas-tu ? Comme **ci** comme ça.*

230 son / sont

■ On écrit **son** quand il s'agit du déterminant possessif qui indique à qui appartient quelque chose. Pour le reconnaître, on peut le remplacer par **sa** ou **ses**.

***Son** chien était un superbe animal.*

Sa chienne, *ses* chiens…

■ On écrit **sont** quand il s'agit du verbe ou de l'auxiliaire **être**. On peut le remplacer par l'imparfait **étaient**.

*Ils **sont** en retard.*

Ils *étaient* en retard.

*Elles **sont** venues nous voir.*

Elles *étaient* venues nous voir.

231 sur / sûr

On écrit **sur** quand il s'agit de la préposition qui signifie **dessus, à propos de.** Elle est immédiatement suivie d'un nom ou d'un pronom.

Il y avait des papiers ***sur*** *son bureau.*

⊖ Il y avait des papiers *dessus* son bureau.

Avez-vous des informations ***sur*** *lui ?*

Avez-vous des informations *à propos de lui ?*

On écrit **sûr** quand il s'agit de l'adjectif qualificatif qui signifie **certain** ou **fiable**. Comme tout adjectif, il s'accorde avec le nom auquel il se rapporte. On le rencontre aussi dans les expressions **bien sûr, pour sûr**.

Es-tu ***sûr*** *de ce qu'elle t'a dit ? Ce n'est pas une personne* ***sûre****.*

Es-tu *certain* de ce qu'elle t'a dit ? Ce n'est pas une personne *fiable*.

LES TERMINAISONS VERBALES HOMOPHONES

*Cela **fait**, il ét**ait** habill**é**, peign**é**, coiff**é**, prépar**é** et parfum**é**, pendant quoi on lui répét**ait** les leçons du jour précédent.*

■ FRANÇOIS RABELAIS, *Gargantua*.

Il ne faut pas confondre les terminaisons verbales en *-ait*, comme *fait, était, répétait*, et les terminaisons verbales en *-é*, comme *habillé, peigné, coiffé, préparé, parfumé*, même si elles sont homophones, puisqu'on entend presque le même son à la fin du mot.

232 Les terminaisons en *-ez*, *-er*, *-é*, *-ai*, *-ais*, *-ait*

■ Plusieurs terminaisons verbales contiennent le son **é** [e] ou le son **ê** [ɛ] : les terminaisons en **-ez**, **-er**, **-é**, **-ai**, **-ais** et **-ait**.
À l'oral, les deux sons ont tendance à se confondre. Cela crée une **homophonie** entre plusieurs formes du verbe qu'il faut bien distinguer.

■ **-ez** ne peut être que la terminaison de la deuxième personne du pluriel ; cette terminaison est donc toujours associée au pronom personnel **vous** (sauf à l'impératif où le pronom est absent). Pour reconnaître la deuxième personne du pluriel, on peut la remplacer par la première personne du pluriel.

*Vous vous **flattez** beaucoup, et vous **devez** savoir*
Que qui sert bien son roi ne fait que son devoir.
*Vous vous **perdrez**, Monsieur, sur cette confiance.*

■ PIERRE CORNEILLE, *Le Cid*.

On pourrait dire : *Nous nous flattons beaucoup et nous devons savoir… Nous nous perdrons…*

■ **-er** est la terminaison de l'infinitif des verbes du premier groupe. On trouve l'infinitif après les prépositions, après un premier verbe (autre qu'un auxiliaire) et comme sujet.

Il refuse de ***parler****.* (infinitif après une préposition)

Il faut ***manger*** *pour vivre.* (infinitif après un autre verbe)

Se tromper *est humain.* (infinitif sujet)

Pour reconnaître le verbe à l'infinitif, on peut le remplacer par un verbe du troisième groupe à l'infinitif.

Mais un jour deux hirondelles ont volé jusqu'à Tintagel pour y ***porter*** *l'un de tes cheveux d'or.* ■ *Le Roman de Tristan et Iseut.*

L'infinitif *porter* est construit après la préposition *pour*. On pourrait dire : *pour y prendre l'un de tes cheveux d'or.*

Pour construire un poème
Il faut ***briser*** *le temps* ■ GEORGES JEAN, *Les Mots du ressac.*

L'infinitif *briser* suit un premier verbe, *faut*. On pourrait dire : *il faut prendre le temps.*

■ **-é** (ou **-ée, -és, -ées**) est la terminaison du participe passé des verbes du premier groupe. On trouve le participe :

– après les auxiliaires **être** ou **avoir** pour les temps composés ;

Elle est ***tombée****. Nous avions* ***oublié****.*

– après l'auxiliaire **être** pour les formes passives et pronominales ;

Vous serez ***trompés****.*

– employé seul (sans auxiliaire) comme épithète ou apposé d'un nom.

Le soldat, ***assommé****, tomba à la renverse.*

Pour reconnaître le verbe au participe, on peut le remplacer par un verbe du troisième groupe au participe.

J'ai ***frappé*** *à ta porte*
J'ai ***frappé*** *à ton cœur*
pour avoir bon lit
pour avoir bon feu ■ RENÉ PHILOMBE, « L'homme qui te ressemble », *Petites Gouttes de chant pour créer l'homme.*

Le participe *frappé* suit l'auxiliaire *ai*. On pourrait dire : *J'ai couru à ta porte.*

Deux Coqs vivaient en paix : une Poule survint,
Et voilà la guerre ***allumée****.*

■ JEAN DE LA FONTAINE, *Les Deux Coqs.*

Le participe *allumée* est épithète du nom *guerre*. On pourrait dire : *Et voilà la guerre éteinte.*

Attention

Pour distinguer les formes *-é,-és*, *-ée*, *-ées*, il faut connaître les règles d'accord du participe passé. (→ 194-201)

■ **-ai** est la terminaison de la première personne du singulier du passé simple des verbes du premier groupe.
Pour reconnaître le verbe au passé simple, on peut le conjuguer à la deuxième personne du singulier du passé simple.

> *Je **demeurai** quelques minutes à contempler sa silhouette merveilleuse.*
> ■ PROSPER MÉRIMÉE, *La Vénus d'Ille.*
>
> On pourrait dire : *Tu demeuras quelques minutes...* À la deuxième personne du singulier, il n'y a plus d'homophonie.

■ **-ais** est la terminaison de la première et de la deuxième personne de l'imparfait de l'indicatif pour tous les groupes de verbes.
Pour reconnaître le verbe à l'imparfait, on peut le conjuguer à une autre personne de l'imparfait de l'indicatif (*nous, vous*).

> *J'**étais** moi-même un homme à habitudes régulières, et je n'**aimais** guère être dérangé à des heures indues.*
> ■ CONAN DOYLE, *Le Ruban moucheté.*
>
> On pourrait dire : *Nous étions nous-mêmes... nous n'aimions guère...* À la première ou à la deuxième personne du pluriel, il n'y a plus d'homophonie.

■ **-ait** est la terminaison de la troisième personne de l'imparfait de l'indicatif. La terminaison **-t** est toujours une marque de la troisième personne.

> *Chaque jour au retour de sa promenade il **demandait** si aucun marin n'**était** passé sur la route.*
> ■ ROBERT LOUIS STEVENSON, *L'Île au trésor.*

233 Les terminaisons en *-rai* et *-rais*

■ **-rai** est la terminaison de la première personne du singulier du futur de l'indicatif pour les trois groupes de verbes : *j'aimerai, je finirai, je prendrai.*

■ **-rais** est la terminaison de la première personne du conditionnel présent pour les trois groupes de verbes : *j'aimerais, je finirais, je prendrais.*

Pour distinguer ces deux homophones, on peut les conjuguer à la deuxième personne du singulier car alors les formes du futur et du conditionnel ne sont pas homophones : *je dirai, tu diras* (futur) ; *je dirais, tu dirais* (conditionnel).

> ÉLISE. – *Je me* ***tuerai*** *plutôt que d'épouser un tel mari.*
> HARPAGON. – *Tu ne te* ***tueras*** *point, et tu l'épouseras.*
>
> MOLIÈRE, *L'Avare*.

La réponse d'Harpagon confirme bien que *tuerai* est un futur et non un conditionnel.

234 Les terminaisons en *-i*, *-is*, *-it*

Plusieurs terminaisons verbales contiennent le son **i** [**i**].

> *Mme Forestier alla vers son armoire à glace,* ***prit*** *un large coffret, l'apporta, l'****ouvrit****, et* ***dit*** *à Mme Loisel : «* ***Choisis****, ma chère. »*
>
> GUY DE MAUPASSANT, *La Parure*.

Ces terminaisons peuvent être :

– des présents de l'indicatif des verbes du deuxième groupe *(finir)* et de certains verbes du troisième groupe *(dire)* aux trois personnes du singulier ;

je finis, tu finis, il finit *je dis, tu dis, il dit*

– des impératifs des verbes du deuxième groupe *(finir)* et de certains verbes du troisième groupe *(dire)* à la deuxième personne du singulier ;

finis, dis

– des passés simples de l'indicatif des verbes du deuxième groupe *(finir)* et de certains verbes du troisième groupe *(dire, prendre, faire, etc.)* aux trois personnes du singulier ;

je finis, tu finis, il finit — *je dis, tu dis, il dit*

je pris, tu pris, il prit — *je fis, tu fis, il fit*

– des participes passés des verbes du deuxième groupe *(finir)* et de certains verbes du troisième groupe *(dire, prendre, etc.)*. Ils peuvent se terminer par **-i**, par **-is** ou par **-it** : *fini, pris, écrit.*

Astuce

Les participes passés peuvent être distingués des autres formes s'ils sont mis au féminin.

On voit alors s'ils sont terminés par une consonne ou non, et si oui par quelle consonne.

Le livre que j'ai ***pris*** *à la bibliothèque est passionnant.*

Au féminin, on aurait : *La photo que j'ai prise*. Donc, *pris* s'écrit *-is*.

235 Les terminaisons en *-u, -us, -ue, -ut*

■ Plusieurs terminaisons verbales contiennent le son **u** [y].

*Le chat ne l'****eut*** *pas plus tôt* ***aperçue*** *qu'il se jeta dessus, et la mangea.*

■ CHARLES PERRAULT, *Le Chat botté.*

■ Ces terminaisons peuvent être :

– des présents de l'indicatif des verbes du troisième groupe comme *conclure* aux trois personnes du singulier ;

je conclus, tu conclus, il conclut

– des impératifs des verbes du troisième groupe comme *conclure* à la deuxième personne du singulier ;

conclus

– des passés simples de certains verbes du troisième groupe ;

devoir : je dus ; boire : je bus ; croire : je crus ; vivre : je vécus
plaire : je plus, tu plus, il plut
lire : je lus, tu lus, il lut
conclure : je conclus, tu conclus, il conclut

– des participes passés de certains verbes du troisième groupe.

plaire : plu ; lire : lu(e) ; devoir : dû(ue) ; boire : bu(e) ;
croire : cru(e) ; conclure : conclu(e) ; vivre : vécu(e)

Attention

Il faut faire attention au participe passé en *-u*.

Un participe passé en **-u** ne se termine jamais par **-t** ni par **-s**.

Que marque la terminaison *-t* ?

Au présent comme au passé simple de tous les verbes, la terminaison **-t** est toujours une marque de la troisième personne.

Quelles sont les formes identiques au présent et au passé simple ?

Certains verbes ont exactement les mêmes formes aux trois personnes du singulier du présent de l'indicatif et du passé simple de l'indicatif : *je finis* (présent ou passé simple) ; *je conclus* (présent ou passé simple).

Résumé

- Pour ne pas confondre les terminaisons verbales qui contiennent le son *é* [e] ou le son *ê* [ɛ], il faut :
  – leur substituer un verbe du troisième groupe ;
  – les conjuguer à d'autres personnes.

- Pour ne pas confondre les terminaisons verbales qui contiennent le son *i* [i] ou le son *u* [y], il faut :
  – distinguer les formes personnelles des participes ;
  – mettre les participes au féminin.

Les formes en *-ant*

Quand vous serez bien vieille, au soir, à la chandelle,
*Assise auprès du feu, **dévidant** et **filant**,*
*Direz, **chantant** mes vers, **en** vous **émerveillant** :*
« Ronsard me célébrait du temps que j'étais belle ! »

■ PIERRE DE RONSARD, *Sonnets pour Hélène.*

Ces vers comportent plusieurs formes en *-ant* qui correspondent à des formes verbales différentes : le participe présent et le gérondif.

236 L'adjectif verbal et le participe présent

■ Il existe deux formes verbales terminées par le suffixe **-ant** : l'une a un emploi d'adjectif, on l'appelle l'**adjectif verbal** ; l'autre a un emploi de verbe, on l'appelle le **participe présent**. Il est important de les distinguer car leur orthographe est souvent différente.

*Ayant ainsi parlé, Athéna aux yeux **brillants** retourna dans l'Olympe.*
*Aussitôt l'aube parut sur son trône d'or, **réveillant** Nausicaa au beau voile.*

■ HOMÈRE, *Odyssée.*

Dans cet exemple, *brillants* se rapporte au nom yeux auquel il s'accorde comme un adjectif qualificatif : il s'agit d'un adjectif verbal.
Réveillant se comporte comme un verbe puisqu'il est suivi d'un complément d'objet (*Nausicaa*) et il ne s'accorde pas avec le nom féminin *aube* auquel il se rapporte : il s'agit d'un participe présent.

■ L'**adjectif verbal** se comporte comme un adjectif : il **s'accorde** en genre et en nombre avec le nom auquel il se rapporte. Il peut occuper toutes les fonctions d'un adjectif et il peut varier en degré grâce à la présence d'un adverbe antéposé.

*Si la conduite des hommes avait été **alarmante** dans le canot, elle devint réellement **menaçante** quand ils furent remontés à bord.*

■ ROBERT LOUIS STEVENSON, *L'Île au trésor.*

Les formes verbales *alarmante* et *menaçante* s'accordent en genre et en nombre avec *la conduite*, car il s'agit d'adjectifs verbaux. Ils sont tous les deux attributs du sujet. L'adverbe *réellement* accroît l'intensité de l'adjectif *menaçante*.

■ Le **participe présent** est un mode impersonnel du verbe : il est **invariable**. Il peut être suivi d'un complément d'objet ou d'un complément circonstanciel. Il peut se mettre à la forme négative *(ne... pas)* et il peut introduire une subordonnée.

> *Pour confirmation, le jeune Martin ira demander à notre bien-aimé recteur, maître Hervé Péro, une attestation écrite,* ***confirmant*** *qu'il possède vraiment, malgré son jeune âge, le grade de bachelier…*
>
> ■ Évelyne Brisou-Pellen, *Le Fantôme de maître Guillemin.*

Confirmant est un participe présent, il reste invariable. Il introduit la subordonnée qui termine la citation.

■ Lorsque le participe présent est **précédé de la préposition *en***, il constitue un **gérondif**. Cette forme verbale, qui est toujours **invariable**, joue le rôle d'un complément circonstanciel.

> *Et la maîtresse a serré la main de nos papas et de nos mamans, qui faisaient des gros sourires et qui nous faisaient bonjour* ***en remuant*** *les doigts,* ***en clignant*** *les yeux ou* ***en bougeant*** *la tête.*
>
> ■ Jean-Jacques Sempé et René Goscinny, *La Rentrée du Petit Nicolas.*

Les formes verbales *en remuant, en clignant, en bougeant* sont des compléments circonstanciels se rapportant au pronom relatif *qui* dont l'antécédent *(nos papas et nos mamans)* est pluriel. Pourtant ils ne s'accordent pas car il s'agit de gérondifs.

237 Quelques particularités orthographiques

Certains adjectifs verbaux ont des particularités orthographiques qui les distinguent des participes présents :

– Les participes présents des verbes en **-quer** et **-guer** gardent la forme du radical des verbes (**-quant**, **-guant**) alors que les adjectifs verbaux de ces verbes ont une forme spécifique (**-cant**, **-gant**).

Verbe	Participe présent	Adjectif verbal
provoquer	provoquant	provocant
fatiguer	fatiguant	fatigant
naviguer	naviguant	navigant
communiquer	communiquant	communicant
convaincre	convainquant	convaincant

Elle a passé une journée très ***fatigante*** *!*

Elle travaille souvent avec des écrans ***fatiguant*** *ses yeux.*

Dans la première phrase, la forme verbale *fatigante* est employée en tant qu'adjectif verbal. Dans la deuxième phrase, *fatiguant* est un participe présent donc l'orthographe « gu » du radical du verbe à l'infinitif est conservée.

– Le participe présent a toujours la désinence **-ant**, alors que certains adjectifs verbaux se terminent par **-ent**.

Verbe	Participe présent	Adjectif verbal
influer	influant	influent
différer	différant	différent
précéder	précédant	précédent
équivaloir	équivalant	équivalent
négliger	négligeant	négligent

Je l'ai rencontré durant les ***précédentes*** *vacances.*

Il s'est blessé le jour ***précédant*** *son examen.*

Dans la première phrase, la forme verbale *précédentes* est employée en tant qu'adjectif verbal. Dans la deuxième phrase, *précédant* est un participe présent.

Astuce

Comment distinguer facilement l'adjectif verbal et le participe présent ?

- On peut remplacer le nom par un nom féminin de façon à rendre l'accord audible et visible : si cet accord est possible, il s'agit d'un adjectif verbal. Dans le cas contraire, il s'agit d'un participe présent.

  *Les enfants, **énervant** leur mère, sont punis.*
  On ne peut pas dire : ⊖ *Les filles, énervantes leur mère*, sont punies.
  Il n'y a pas d'accord possible, donc *énervant* est un participe présent.
  *Les enfants, **énervants**, sont punis.*
  On peut dire : *Les filles, énervantes, sont punies.*
  L'accord est possible, donc *énervants* est un adjectif verbal.

- On peut également essayer de placer un adverbe devant : cela sera possible pour l'adjectif verbal, mais impossible pour le participe présent.

  On ne peut pas dire : ⊖ *Les enfants, très énervant leur mère, sont punis.*
  Donc, *énervant* est un participe présent.
  On peut dire : *Les enfants, très énervants, sont punis.*
  Donc, dans ce cas, *énervants* est un adjectif verbal.

- On peut enfin essayer de remplacer le mot en *-ant* par un autre adjectif : cela sera possible pour l'adjectif verbal, mais impossible pour le participe présent.

  On ne peut pas remplacer : *Les enfants, énervant leur mère, sont punis.*
  par : ⊖ *Les enfants, turbulent leur mère, sont punis.*
  Donc, *énervant* est un participe présent.
  On peut remplacer : *Les enfants, énervants, sont punis.*
  par : *Les enfants, turbulents, sont punis.*
  Donc, dans ce cas, *énervants* est un adjectif verbal.

Résumé

- L'adjectif verbal, contrairement au participe présent, s'accorde en genre et en nombre avec le nom auquel il se rapporte.
- Quand le participe présent est précédé de *en*, il s'agit d'un gérondif, qui est invariable.

LES DOUBLES CONSONNES

*Mme Verdebois mastiquait consciencieusement, les yeux rivés sur l'émi**ss**ion de variétés sauci**ss**o**nn**ée de publicités. C'était une bo**nn**e fe**mm**e ma**ff**lue.* ■ ROALD DAHL, *Matilda*.

Quand faut-il doubler les consonnes ? Voilà une question difficile, mais quelques règles existent.

238 Les doubles consonnes au début d'un mot

■ On double la consonne dans les mots :

– commençant par **ac**- : ***acc**ord*, ***acc**oudoir*… ; parfois, cela s'entend dans la prononciation : ***acc**ident*, ***acc**éder*…
Exceptions : ***ac**acia*, ***ac**ompte*, ***ac**adémie*…

– commençant par **af**- : ***aff**amé*, ***aff**luence*…
Exceptions : ***af**in*, ***Af**rique*, ***af**ricain*.

– commençant par **ap**- : ***app**areil*, ***app**eler*…
Exceptions : ***ap**ercevoir*, ***ap**latir*, ***ap**ostrophe*, ***ap**aiser*, ***ap**eurer*, ***ap**itoyer*, ***ap**lomb*…

– commençant par **as**- si la consonne est suivie d'une voyelle : ***ass**ez*, ***ass**ocié*… (mais ***as**pirer*).

– commençant par **eff**- ou **off**- : ***eff**ort*, ***off**iciel*…

■ On ne double pas la consonne dans les mots :

– commençant par **ad**- : ***ad**roit*, ***ad**opter*…
Exceptions : les mots de la famille d'***add**ition*.

– commençant par **ag-** : ***ag****ricole*, ***ag****rafe*…
Exceptions : ***agg****lomération*, ***agg****raver*, ***agg****lutiner* et les mots de la même famille.

■ Identifier les **préfixes** et leur sens permet parfois d'écrire correctement le début d'un mot. La dernière consonne du préfixe s'assimile parfois à la première consonne du radical.

■ Lorsque le préfixe **a-** ou **ad-** signifie « en direction de », il s'écrit :
– toujours **a-** devant la consonne **b** : ***ab****order*, ***ab****outir*, ***ab****attre*… Il n'y a donc pas de doublement de consonne en début de mot.
– toujours **a-** devant la consonne **m** : ***am****éliorer*, ***am****ortir*, ***am****errir*… Il n'y a donc pas de doublement de consonne en début de mot.
– toujours **an-** devant la consonne **n**, qui est donc doublée : ***ann****once*, ***ann****oter*, ***ann****exe*…
Exception : ***an****oblir*.
– toujours **ar-** devant la consonne **r**, qui est donc doublée : ***arr****iver*, ***arr****acher*, ***arr****anger*…
Exception : ***ar****aser*.

Attention

Le préfixe *a-* est parfois utilisé dans un sens négatif.
Dans ce cas, la consonne qui suit n'est pas doublée, comme dans les mots *anormal, amoral, apolitique*…

■ Lorsque le préfixe **in-** est utilisé dans un sens négatif devant les radicaux commençant par les consonnes **l**, **m**, **n** ou **r**, il se modifie et sa consonne s'assimile à celle du radical qui est alors toujours doublée : ***ill****égal*, ***imm****oral*, ***inn****ocent*, ***irr****éfléchi*…

Attention

Tous les mots commençant par *i* ne comportent pas le préfixe *in*.
La consonne qui suit le **i** n'est donc pas doublée. C'est le cas de mots comme *île, ironie, iris*…

239 Les doubles consonnes au milieu d'un mot

■ Connaître des mots de la même famille et l'étymologie permet souvent de savoir s'il faut doubler ou non la consonne à l'intérieur d'un mot. Pour les **familles de mots régulières**, le radical reste inchangé.

– Les mots de la famille de **terre** prennent deux **r** : *te**rr**ain, te**rr**estre, te**rr**asse, ente**rr**er…*

– Les mots de la famille de **fer** prennent deux **r** : *fe**rr**eux, fe**rr**ailleur, fe**rr**ure…* Le mot **fer** ne prend qu'un **r** car la consonne termine le mot.

– Les mots de la famille de **moral** prennent un seul **l** : *mora**l**ité, mora**l**e, démora**l**iser…*

– Les mots qui proviennent du latin ***domus*** (maison) ne prennent qu'un **m** : *do**m**estique, do**m**icile, do**m**aine…*

– Les mots qui proviennent du latin ***manus*** (main) ne prennent qu'un **n** : *ma**n**ette, ma**n**ucure, ma**n**uscrit…*

– Les mots qui proviennent du grec ***khrônos*** (temps) ne prennent qu'un **n** : *chro**n**ologie, anachro**n**isme, chro**n**omètre…*

■ Mais il existe des **familles de mots irrégulières**. Cette irrégularité peut parfois s'expliquer par la persistance de deux radicaux, l'un savant (directement emprunté au latin) à consonne simple et l'autre populaire à consonne double.

– Le latin ***honor*** (honneur) a donné *ho**n**orer, ho**n**orable*, mais aussi *ho**nn**eur, ho**nn**ête…*

– Le latin ***nomen*** (nom) a donné *no**m**inal, no**m**ination*, mais aussi *no**mm**er, reno**mm**ée…*

– Le latin ***donare*** (donner) a donné *do**n**ation, do**n**ateur*, mais aussi *do**nn**er, pardo**nn**er…*

– Le latin ***moneta*** (monnaie) a donné *mo**n**étaire*, mais aussi *mo**nn**aie, mo**nn**ayer…*

– Le latin ***sonus*** (son) a donné *réso**n**ance, asso**n**ance*, mais aussi *so**nn**er, conso**nn**e…*

■ Cependant, certaines irrégularités ne s'expliquent pas par cette règle. Il reste à les apprendre !
– *ba**tt**re, comba**tt**re,* mais *ba**t**aille, courba**t**ure…*
– *co**ll**ier, déco**ll**eté,* mais *enco**l**ure, acco**l**ade…*
– *cha**rr**ette, cha**rr**ue,* mais *cha**r**iot.*

Attention

On peut désormais harmoniser l'orthographe des mots d'une même famille.
(Rectifications orthographiques de 1990)

On peut, par exemple, écrire :
- *cha**rr**iot* (sur le modèle de *cha**rr**ette*) ;
- *comba**tt**if* (sur le modèle de *ba**tt**re*) ;
- *bonho**mm**ie* (sur le modèle de *bonho**mm**e* et *ho**mm**e*) ;
- *boursou**ff**ler* (sur le modèle de *sou**ff**ler*).

■ La prononciation indique quelquefois qu'il faut doubler la consonne :
– entre deux voyelles, le **s** doit être doublé s'il se prononce [s] et non [z] : *poi**ss**on, poi**s**on* ;
– la voyelle **e** se prononce [ɛ] ou [e] devant des consonnes doubles : *éche**ll**e, ve**rr**ou…* ;
– la voyelle **e** se prononce [a] devant le **m** doublé : *prude**mm**ent, fe**mm**e…*

■ Le doublement de la consonne permet parfois de distinguer des homonymes.

*ca**nn**e – ca**n**e* *ba**ll**ade – ba**l**ade*
*sa**ll**e – sa**l**e* *da**tt**e – da**t**e*

240 Les doubles consonnes à la fin d'un mot

■ Lorsqu'un adjectif passe au féminin, il arrive que la consonne soit doublée :
– adjectifs en **-el** : *ré**ell**e* ;
– adjectifs en **-ien** : *ancie**nn**e* ;
– adjectifs en **-s** : *gra**ss**e* ;
– adjectifs en **-on** : *glouto**nn**e* ;
– quelques adjectifs en **-et** : *mue**tt**e*.

■ Quelques noms féminins correspondant à certains noms masculins comportent une double consonne :
– noms en **-ien** : *chie**nn**e* ;
– noms en **-on** ou **-ion** : *poliss**onn**e, li**onn**e*.

■ Les verbes en **-onner** prennent toujours deux **n** : *chant**onn**er, serm**onn**er*…
Exceptions : *dét**on**er, ram**on**er, s'époum**on**er, diss**on**er*.

■ Lorsqu'un adverbe est formé à partir d'adjectifs terminés par **-ant** ou **-ent** au masculin singulier, il prend **toujours deux m** : *aborda**mm**ent, prude**mm**ent*…

Attention

On peut désormais conjuguer sur le modèle de *acheter* ou *peler* tous les verbes en *-eler* et en *-eter* sauf *appeler, jeter* et leurs dérivés.
(Rectifications orthographiques de 1990)
Auparavant, on devait écrire : *j'épe**ll**e, il ruisse**ll**e, il chance**ll**e*…
On peut désormais écrire : *j'ép**è**le, il ruiss**è**le, il chanc**è**le*…

241 Les consonnes non doublées

■ On ne double jamais les consonnes **h, j, q, v, w, x.**

■ On ne double jamais une consonne qui suit une voyelle comportant un accent : *parall**è**le, h**é**risson*…

■ On ne double jamais une consonne qui suit une autre consonne : *insecte, gonflement*… sauf pour les verbes **tenir** et **venir** à l'imparfait du subjonctif : *que je tinsse, que tu vinsses*…

■ On ne double pas une consonne (sauf le **s** prononcé [s] comme dans *aussi*) après les groupes de lettres **ai**, **au**, **oi** : *voiture, auteur*…

■ On ne met jamais de consonnes doubles comme premières ni dernières lettres d'un mot, sauf pour quelques termes empruntés à des langues étrangères : *football, hall*…

LA FIN DES NOMS

Un écho, un héros, un abri, un tapis, un délai, un relais, un accord, un drap, un enseignant...

Que de diversité dans l'écriture de la fin des noms !

242 Les noms terminés par les sons [ɛj], [aj], [œj], [uj], [war]

■ Les noms terminés par les sons [ɛj], [aj], [œj], [uj], [war] prennent un **e** s'ils sont féminins : le **l** est alors doublé.

un réveil – une abeille
un éventail – une maille
un chevreuil – une feuille
un fenouil – une grenouille
un couloir – une baignoire

■ Il existe quelques exceptions :

– les composés masculins de *feuille* s'écrivent **-lle** : *un portefeuille, un millefeuille...*

– quelques noms masculins en [war] prennent un **-e** : *un répertoire, un laboratoire, un territoire...*

Attention

Après les consonnes c et g, on écrit *-ueil* et non *-euil*.
l'orgueil – un accueil – un recueil

243 Les noms terminés par le son [y]

- Les noms terminés par le son [y] prennent un **e** au féminin : *un tiss**u**, une gr**ue**, une r**ue**…*
Exceptions : *la gl**u**, la trib**u**, la vert**u**…*

- Quelques noms masculins en [y] prennent une consonne muette : *un talu**s**, un ju**s**, un flu**x**…*

244 Les noms terminés par le son [i]

- Les noms féminins terminés par le son [i] prennent un **e** : *la zizani**e**, la plui**e**… ;*
Exceptions : *la sour**is**, la breb**is**, la perdr**ix**, la fourm**i**, la nu**it**.*

- Les noms masculins peuvent, eux, s'écrire de façon très diverse : *un abr**i**, un ni**d**, un répi**t**, un outi**l**, un rubi**s**…*

245 Les noms terminés par le son [e]

- Les noms féminins terminés par le son [e] prennent un **e** (sauf *clé* ou *clef*) : *une randonn**ée**, la pens**ée**…*

- La plupart des noms masculins terminés par le son [e] s'écrivent **-er** : *déjeun**er**, sorci**er**, sangli**er**…*

- Quelques rares noms masculins en [e] prennent aussi un **e** : *un lyc**ée**, un scarab**ée**…*

246 Les noms terminés par le son [ɛ]

- Les noms féminins terminés par le son [ɛ] s'écrivent **-aie** : *la monn**aie**, une b**aie**, une hêtr**aie**…*
Exceptions : *la p**aix*** et *la for**êt**.*

- Les noms masculins terminés par le son [ɛ] s'écrivent généralement **-et** : *un sonn**et**, le mugu**et**, le tick**et**…*
Exceptions : *le rel**ais**, le qu**ai**, le souh**ait**, le pon**ey**, l'abc**ès**, le portr**ait**, le mar**ais**…*

ORTHOGRAPHE

247 Les noms terminés par les sons [te] et [tje]

■ Les noms féminins terminés par les sons [te] et [tje] ne prennent pas de **e** : *une qualité, une amitié...*
Exceptions : les noms qui désignent un contenu, comme *une pelletée, une charretée...* Six autres noms prennent un **e** : *une butée, une dictée, une jetée, une montée, une pâtée, une portée.*

■ Les noms masculins terminés par le son [tje] prennent tous un **r** : *le charcutier, le quartier...*

248 Les noms terminés par le son [œr]

■ Les noms terminés par le son [œr] s'écrivent toujours sans **e**, quel que soit leur genre : *un vendeur, l'ardeur.*
Exceptions : *le beurre, la demeure, l'heure, le leurre.*

249 Les noms terminés par le son [u]

■ Les noms féminins terminés par le son [u] prennent un **e** : *la boue, la joue, la moue...*
Exception : *la toux.*

■ Les noms masculins peuvent, eux, s'écrire de façon très diverse : *le caoutchouc, le loup, le pouls, le pou, le ragoût...*

250 Les noms terminés par les sons [yr] et [yl]

■ Les noms terminés par le son [yr] prennent généralement un **e** : *la voiture, la confiture, la piqûre, le mercure...*
Exceptions : *le mur, l'azur, le futur, le fémur.*

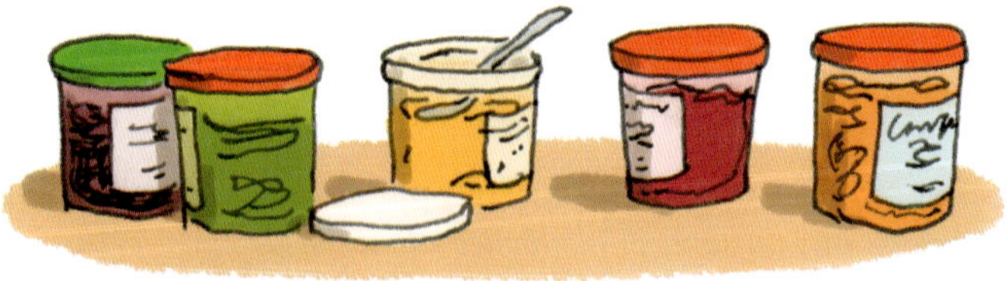

■ Les noms terminés par le son [yl] prennent un **-e** : *la majusc**ule**, la pend**ule**, le montic**ule**, le ventric**ule**…*

Exceptions : *le cons**ul**, le rec**ul**, le calc**ul***. Attention : *bu**ll**e* et *tu**ll**e* prennent deux **l**.

Astuce

Pour savoir comment s'écrit la fin d'un nom, on peut s'aider d'autres mots de la même famille.

■ les mots de la même famille rappellent souvent la présence d'une consonne muette.

*le retar**d** – retar**d**er* *le repo**s** – repo**s**er*
*l'exploi**t** – exploi**t**er* *le ran**g** – ran**g**er*
*le sanglo**t** – sanglo**t**er*

■ Rechercher un mot de la même famille permet parfois de ne pas se tromper quand on hésite entre deux homonymes.

*le chan**t** – chan**t**er* *le cham**p** – cham**p**être*
*le cou**p** – cou**p**er* *le coû**t** – coû**t**er*

■ Il existe cependant des irrégularités.

*le numér**o*** (de la famille de *numér**o**ter*)
*le chao**s*** (de la famille de *chao**t**ique*)
*le favor**i*** (de la famille de *favor**i**ser*)

ORTHOGRAPHE

LES ADVERBES EN *-MENT*

*À quatre ans, elle lisait couram**ment** et, tout naturelle**ment**, se mit à rêver de livres.* ■ ROALD DAHL, *Matilda*.

L'orthographe des adverbes en *-ment* obéit à des règles précises.

251 Comment se forment les adverbes en *-ment* ?

■ La plupart des adverbes de manière se terminent par **-ment**. Pour les écrire correctement, il faut savoir comment ils sont formés. Les adverbes en **-ment** se forment dans la plupart des cas en ajoutant à l'**adjectif féminin singulier le suffixe -ment** : *curieuse, curieuse**ment***.

■ Cependant, quelques particularités sont à signaler :

– lorsque l'adjectif est identique au masculin et au féminin, on ajoute simplement le suffixe : *aimable, aimable**ment*** ;

– lorsque l'adjectif se termine par une voyelle autre que le **e**, on ajoute le suffixe à l'adjectif masculin : *vrai, vrai**ment** ; poli, poli**ment** ; absolu, absolu**ment** ; aisé, aisé**ment*** ;

– lorsque l'adjectif se termine par **-ant** ou **-ent**, une règle particulière s'applique (→ 252).

Attention

Un accent s'ajoute parfois pour former l'adverbe.

■ Dans la formation de quelques adverbes, le **e** de l'adjectif devient **é** : *intens**é**ment, aveugl**é**ment, précis**é**ment...*

■ Beaucoup d'adverbes issus d'adjectifs en **-u** prennent un accent circonflexe : *contin**û**ment, goul**û**ment, assid**û**ment...* mais son omission est maintenant tolérée. (Rectifications orthographiques de 1990)

252 Les adverbes en *-ment* formés sur les adjectifs en *-ant* ou *-ent*

■ Lorsque l'adverbe en -**ment** est formé à partir d'adjectifs terminés par -**ant** ou -**ent** au masculin singulier, il prend **toujours deux m**.
Pour l'écrire correctement, il suffit de conserver la voyelle employée dans l'adjectif :
– l'adjectif terminé par -**ant** donne un adverbe en -**amment** : *constant, constamment ; puissant, puissamment* ;
– l'adjectif terminé par -**ent** donne un adverbe en -**emment** : *prudent, prudemment ; violent, violemment*.

Dans les deux cas, on prononce [amã]. Mais il existe quelques exceptions : *lentement, présentement, véhémentement*... qui se prononcent [emã].

253 Quelques adverbes irréguliers

■ Quelques adverbes en -**ment** n'obéissent pas aux règles générales : *brièvement, grièvement, gentiment, impunément, notamment, sciemment*...

■ L'adverbe issu de l'adjectif *gai* peut s'écrire *gaiement* ou *gaîment*.

Résumé

■ Pour former la plupart des adverbes de manière, il faut ajouter le suffixe *-ment* à l'adjectif féminin singulier.

■ Les adjectifs en *-ant* et *-ent* donnent respectivement des adverbes en *-amment* et *-emment*.

LES ACCENTS

[…] Moi qui suis en ménage
Depuis… ah ! y a bel âge !
De vous goûter, manèges,
Je n'ai plus… que n'ai-je ?…
L'âge. […]

■ MAX JACOB, *Avenue du Maine.*

Qu'ils soient graves, aigus ou circonflexes, les accents coiffent souvent les voyelles !

254 Les différents accents

■ Les accents sont des signes graphiques qui se placent sur les voyelles :

– pour indiquer leur prononciation : *la gelée* ne se prononce pas comme *il gèle* ;

– pour permettre de distinguer des homonymes : *sur, sûr ; ou, où ; du, dû ; ça, çà.*

■ On distingue :

– l'accent **aigu**, qui ne se place que sur la voyelle **e** : *été, habité* ;

– l'accent **grave**, qui peut se placer sur les voyelles **a, e, u** : *déjà, flèche, où* ;

– l'accent **circonflexe**, qui peut se placer sur toutes les voyelles : *âne, pêche, dîner, drôle, flûte.*

255 Les règles d'emploi des différents accents

■ On ne met jamais d'accent devant une consonne double ni devant un **x** : *couette, exil.*

■ Un accent ne peut pas être suivi d'une consonne double : *émission, planète.*

■ L'**accent aigu** sur le **e** indique la prononciation fermée [e] : *étage.*

■ On ne met jamais d'accent aigu sur un **e** qui précède les consonnes finales **d**, **f**, **r**, **z**, même si on entend le son [e] : *pied, clef (qui peut s'écrire clé), premier, nez.*

Attention

■ **Certains mots qui s'écrivaient avec un accent aigu sur le *e* peuvent prendre un accent grave.**
(Rectifications orthographiques de 1990)

un événement : un évènement *je céderai : je cèderai*

■ **L'accent grave peut remplacer le doublement de la consonne.**

Cette règle s'applique dans la conjugaison des verbes en **-eler** et **-eter**, sauf pour les verbes **jeter**, **appeler** et leurs dérivés.

j'épèle, tu époussètes

■ L'**accent grave** :
– placé sur le **e**, il indique la prononciation ouverte [ɛ] : *je pèse ;*
– placé sur le **a** ou sur le **u**, il ne change pas la prononciation mais permet de distinguer des homonymes : *la, là ; ou, où.*

■ L'**accent circonflexe** :
– placé sur le **e**, le **a** ou le **o**, il change la prononciation par rapport à la même lettre sans accent : *fête* (son [ɛ] comme pour l'accent grave), *bâton* (son [ɑ]), *rôti* (son [o]) ;
– placé sur le **i** ou le **u**, il ne change pas la prononciation mais permet parfois de distinguer des homonymes : *mur, mûr.*

Attention

L'accent circonflexe n'est plus obligatoire dans certains cas sur les voyelles *i* et *u*.
(Rectifications orthographiques de 1990)

■ On peut écrire, par exemple : *boite, paraitre, diner.*

■ Mais il faut garder l'accent circonflexe pour les terminaisons verbales au passé simple et à l'imparfait du subjonctif : *nous sentîmes, qu'il crût.*

■ Cet accent reste obligatoire lorsqu'il permet de distinguer des homonymes : *j'ai dû accepter ; sûr de lui ; un fruit mûr, il jeûne, la plante croît.*

Conjugaison

La conjugaison du verbe

Tout ***dormait, dorma, dormut***
Dans les vieux pays fourbus.
Et tout ***dormirait*** *encore,*
Tout ***dormirait*** *à jamais.*

■ Géo Norge, « Chant du Merle », *La Belle Saison.*

Voilà une conjugaison bien poétique du verbe *dormir*... mais pas très grammaticale !

256 Comment un verbe est-il conjugué ?

■ Un verbe comprend un radical et une terminaison :

– le **radical** indique le sens du verbe ; cette partie du verbe **change peu** ;

> ***aim****er*
> Le radical du verbe *aimer* est *aim-*.
>
> ***pouv****oir*
> Les radicaux du verbe *pouvoir* sont *peu-*, *pouv-*, *pu-*.

– la **terminaison change** selon la personne, le temps et le mode du verbe.

> *Je veux faire* ***pendre*** *tout le monde : et si je ne retrouve mon argent, je me* ***pendrai*** *moi-même après.* ■ Molière, *L'Avare.*
> *Pend-* est le radical du verbe *pendre.*
> *-re* est la terminaison de l'infinitif ;
> *-rai* est la terminaison du futur de l'indicatif, première personne du singulier.

■ Un verbe peut prendre différentes formes :

– une forme **simple** ne comprenant qu'un seul mot ;

– une forme **composée** comprenant deux ou trois mots dont un auxiliaire, **être** ou **avoir**.

On appelle ces formes du verbe des formes verbales.

■ Dans une forme verbale composée, l'**auxiliaire** porte les marques de **personne**, de **temps** et de **mode** du verbe.

*Un soir le petit Gavroche n'**avait** point **mangé** ;*
*il se souvint qu'il n'**avait** pas non plus **dîné** la veille.*

■ VICTOR HUGO, *Les Misérables.*

Avait mangé et *avait dîné* sont deux formes verbales composées de l'auxiliaire *avoir* et du participe passé des verbes *manger* et *dîner.* L'auxiliaire comporte la marque de la troisième personne, la marque de temps et de mode : indicatif imparfait. L'ensemble de la forme verbale est au plus-que-parfait de l'indicatif.

Pour aller plus loin

■ **Les formes verbales composées sont parfois séparées par d'autres mots.**

Dans l'exemple ci-dessus, les adverbes de négation *n'... point* et *n'... pas non plus* séparent les formes verbales composées.

■ **La combinaison des marques de personne, de temps, et de mode produit un système de 97 formes.**

On appelle cet ensemble la **conjugaison** du verbe.
Les verbes ne possèdent pas tous ces 97 formes. Certains n'en possèdent que très peu : il s'agit de verbes anciens ou limités dans leurs emplois à cause de leur sens. On les appelle les **verbes défectifs.**

choir : ce verbe ancien n'a plus d'imparfait de l'indicatif ni de présent du subjonctif. C'est un verbe défectif.

pleuvoir : ce verbe n'existe qu'à la troisième personne. C'est un verbe défectif.

257 Les marques de personne

■ Le verbe comprend généralement des **marques de personnes** *(je, tu, il, elle, on, nous, vous, ils, elles).*

***Nous sommes passés** devant le magasin de jouets et, dans la vitrine, **j'ai vu** des nez en carton qu'**on met** sur la figure pour faire rire les copains.*

■ JEAN-JACQUES SEMPÉ et RENÉ GOSCINNY, *Les Récrés du Petit Nicolas.*

Sommes passés est à la première personne du pluriel ; *ai vu* est à la première personne du singulier ; *met* est à la troisième personne du singulier.

■ Certaines formes verbales ne contiennent pas de marques de personnes : l'**infinitif**, le **participe** et le **gérondif**. On les appelle des formes non conjuguées du verbe.

__Quitter__ un appartement. __Vider__ les lieux. __Décamper__.
__Faire__ place nette. __Débarrasser__ le plancher.

■ GEORGES PEREC, « Déménager », *Espèces d'espaces*.

Quitter, vider, décamper, faire et *débarrasser* sont des formes non conjuguées.

258 Temps simple et temps composé

■ Le verbe se conjugue selon deux types de temps : les temps **simples** et les temps **composés**.

■ Les temps simples sont constitués d'un seul mot. On distingue : le **présent**, l'**imparfait**, le **passé simple**, le **futur**.

La mer __écrit__ un poisson bleu,
__efface__ un poisson gris.
La mer __écrit__ un croiseur qui __prend__ feu,
__efface__ un croiseur mal écrit. [...]

■ ALAIN BOSQUET, « Mer », *Poèmes, un*.

Les verbes *écrit, efface* et *prend* sont des présents, ils ne sont constitués que d'une seule forme verbale.

■ Les temps composés sont constitués de plusieurs mots (un ou deux auxiliaires et le participe passé). On distingue : le **passé composé**, le **plus-que-parfait**, le **passé antérieur** et le **futur antérieur**.

Elle __avait pris__ ce pli dans son âge enfantin
De venir dans ma chambre un peu chaque matin.

■ VICTOR HUGO, *Les Contemplations*.

Le verbe *avait pris* est un plus-que-parfait.

259 Les auxiliaires *être* et *avoir*

■ Aux temps composés, le verbe se conjugue avec les auxiliaires *être* ou *avoir*. L'auxiliaire est imposé par le sens du verbe. On ne peut pas le choisir.
Le plus souvent, les verbes **transitifs directs et indirects** forment leurs temps composés avec l'auxiliaire **avoir**.
Les verbes **intransitifs** forment leurs temps composés avec l'auxiliaire **être**.

raconter (verbe transitif direct) : *j'ai raconté* (passé composé)
obéir (verbe transitif indirect) : *j'ai obéi* (passé composé)
venir (verbe intransitif) : *je suis venu* (passé composé)

■ Aux temps composés de la voix passive, les deux auxiliaires sont successivement utilisés.

j'ai été aimé (*ai* : auxiliaire avoir ; *été* : auxiliaire être)

Attention

Il ne faut pas confondre le temps de l'auxiliaire et le temps de la forme composée.

■ Dans une forme composée, l'auxiliaire varie en temps, mais le temps de l'auxiliaire ne donne pas le temps de la forme composée.

j'ai ouvert
L'auxiliaire est conjugué au présent, *ai*, mais la forme verbale est le passé composé.

j'avais ouvert
L'auxiliaire est conjugué à l'imparfait, *avais*, mais la forme verbale est le plus-que-parfait.

■ La forme **été**, participe passé du verbe **être**, est toujours invariable.

*Le coffre a **été** ouvert. Les coffres ont **été** ouverts.*
*La porte a **été** ouverte. Les portes ont **été** ouvertes.*

260 Mode personnel et mode impersonnel

■ Le verbe se conjugue à un mode **personnel** ou à un mode **impersonnel**.

■ Les **modes personnels** sont appelés ainsi car ils comportent des marques de personne. Ils sont au nombre de quatre : **indicatif, subjonctif, conditionnel, impératif**.
L'impératif ne se conjugue qu'à trois personnes (deuxième personne du singulier, première personne du pluriel, deuxième personne du pluriel).

*Si les fléaux de la guerre **sont** inévitables, ne nous **haïssons** pas, ne nous **déchirons** pas les uns les autres dans le sein de la paix.* ■ VOLTAIRE, *Traité sur la tolérance.*

Sont est à la troisième personne du pluriel de l'indicatif présent, *haïssons* et *déchirons* sont à la première personne du pluriel de l'impératif présent.

*Je **voudrais** être fort pour que tu m'**aimes**.*

■ Guillaume Apollinaire, *Poèmes à Lou.*

Voudrais est à la première personne du singulier du conditionnel présent, *aimes* est à la deuxième personne du singulier du subjonctif présent.

Attention

Le conditionnel n'est plus considéré comme un mode à part entière.

On le rattache plutôt aujourd'hui aux temps de l'indicatif pour son emploi de futur dans le passé et au mode pour sa valeur hypothétique.

■ Les **modes impersonnels** ne comportent pas de marques de personne. Ils sont au nombre de trois : l'**infinitif** *(chanter)*, le **participe** *(chantant, chanté)* et le **gérondif**, composé de la préposition **en** et du participe présent *(en chantant)*.

*Nous allons **avoir** l'honneur de vous **charger**, répondit Aramis **en levant** son chapeau d'une main et **tirant** son épée de l'autre.*

■ Alexandre Dumas, *Les Trois Mousquetaires.*

Avoir et *charger* sont des infinitifs, *en levant* est un gérondif, *tirant* est un participe.

261 Voix active et voix passive

■ Le verbe se conjugue à la **voix active** ou à la **voix passive**. La voix active concerne tous les verbes. La voix passive ne concerne que les verbes transitifs directs.

■ La voix passive se construit avec l'auxiliaire **être** et le participe passé du verbe. Les verbes à la voix passive sont donc toujours des formes verbales composées.

*On **aime**, on **est aimé**, bonheur qui manque aux rois !*

■ VICTOR HUGO, *Les Contemplations*.

Le verbe *aime* est à la voix active, le verbe *est aimé* est à la voix passive.

■ À la voix passive, le participe passé s'accorde en genre et en nombre avec le sujet du verbe.

Et sur la croix de marbre où tout à l'heure j'avais lu :
*« Elle aima, **fut aimée** et mourut. »*
J'aperçus :
« Étant sortie un jour pour tromper son amant, elle eut froid sous la pluie, et mourut. »

■ GUY DE MAUPASSANT, *La Morte*.

La forme *fut aimée* est un passé simple de l'indicatif à la voix passive.
Le participe passé s'accorde au féminin singulier avec le sujet du verbe, *elle*.

Résumé

■ Une forme verbale simple se décompose en un radical et une terminaison.

■ Une forme verbale composée comporte un auxiliaire conjugué (*être* ou *avoir*) et le participe passé du verbe.

■ Un verbe se conjugue selon :
– la personne, qui correspond aux pronoms personnels ;
– le temps, simple (présent, imparfait, passé simple, futur) ou composé (passé composé, plus-que-parfait, passé antérieur, futur antérieur) ;
– le mode, personnel (indicatif, subjonctif, conditionnel, impératif) ou impersonnel (infinitif, participe, gérondif) ;
– la voix, active ou passive.

LES VERBES PRONOMINAUX

Qui se ressemble s'assemble.
Qui s'y frotte s'y pique.

Ces célèbres proverbes comportent chacun deux verbes pronominaux.

262 Qu'est-ce qu'un verbe pronominal ?

■ Un verbe pronominal est un verbe dont toutes les formes sont accompagnées d'un **pronom personnel réfléchi**. Il s'agit d'un pronom qui renvoie à la même personne que le sujet, comme un miroir qui **réfléchit** l'image de celui qui se regarde.

*Il **se regarde**.*
Le pronom *se* renvoie au sujet *il*, le verbe est donc pronominal.

*Il **le regarde**.*
Le pronom *le* ne renvoie pas au sujet *il*, mais désigne quelqu'un d'autre, le verbe n'est donc pas pronominal.

■ Les verbes pronominaux se conjuguent avec l'auxiliaire **être** aux temps composés.

*Il **s'est regardé**.*
Il s'agit du passé composé du verbe *se regarder*.

■ Il existe différentes catégories de verbes pronominaux. Certains verbes existent tantôt sous une forme simple, non pronominale, tantôt sous la forme pronominale. Il s'agit des verbes **pronominaux réfléchis, réciproques, de sens passif**.
D'autres verbes n'existent que sous la forme pronominale ; on les appelle les verbes **essentiellement pronominaux**.

263 Les verbes pronominaux réfléchis

Un verbe pronominal est dit **réfléchi** quand le sujet exerce l'action du verbe sur **lui-même**.

*Elle **se regarde**.*
Cette phrase équivaut à : ⊖ *Elle regarde elle-même.*

*Elle **se prépare** un café.*
Cette phrase équivaut à : ⊖ *Elle prépare un café à elle-même.*

*Souvent il demeurait assis sur le petit banc de bois où Charles et Eugénie **s'étaient juré** un éternel amour.*
HONORÉ DE BALZAC, *Eugénie Grandet.*

S'étaient juré est l'équivalent de *avaient juré à eux-mêmes* ; il s'agit d'un verbe pronominal réfléchi.

Pour aller plus loin

La forme pronominale du verbe change parfois le sens du verbe simple.

Le verbe *mettre*, par exemple, qui signifie sous sa forme simple « placer quelque chose ou quelqu'un dans un endroit déterminé », peut signifier sous sa forme pronominale « commencer à ».

*C'est étrange, Ô Abraracourcix ! Pourquoi les Romains **se mettent**-ils à enrôler des Gaulois ?*
RENÉ GOSCINNY et ALBERT UDERZO, *Astérix légionnaire.*

Pour l'accord du participe passé des verbes pronominaux réfléchis, voir « L'accord du participe passé » (→ 197).

264 Les verbes pronominaux réciproques

Un verbe pronominal est dit **réciproque** quand il est nécessairement au pluriel et que les sujets exercent une **action réciproque** les uns sur les autres.

*Ils **se dévisagent**.*
Cette phrase équivaut à : *Chacun dévisage le visage de l'autre de façon réciproque.*

*Ils **se sont serré** la main.*
Cette phrase équivaut à : *Chacun a serré la main de l'autre de façon réciproque.*

Tout à coup, le charme se rompait ; l'accident terrible les désunissait ; leurs bras ***s'étaient désenlacés****.*

■ VILLIERS DE L'ISLE-ADAM, *Véra.*

Le verbe pronominal réciproque *s'étaient désenlacés* signifie que chacun des deux amoureux enlève ses bras du corps de l'autre.

■ Pour l'accord du participe passé des verbes pronominaux réciproques, voir « L'accord du participe passé » (→ 197).

265 Les verbes pronominaux de sens passif

■ Un verbe pronominal peut avoir le sens d'un verbe à la voix passive. Il a généralement pour sujet un nom inanimé. Contrairement à la voix passive, cette tournure n'a pas de complément d'agent.

Ce gâteau ***s'est coupé*** *facilement.*

Cette phrase équivaut à : *Ce gâteau a été coupé facilement.*

Et la fenêtre ***s'ouvre*** *au loin sur la campagne.*

■ PAUL VERLAINE, « L'Auberge », *Jadis et Naguère.*

Le verbe *s'ouvre* est un verbe pronominal de sens passif. Il équivaut à *est ouverte.*

■ Le participe passé des verbes pronominaux de sens passif s'accorde toujours avec le sujet.

Cette maison ***s'est vendue*** *au prix fort.*

266 Les verbes essentiellement pronominaux

■ Certains verbes pronominaux n'existent **que** sous la forme pronominale ; on les appelle des verbes **essentiellement** pronominaux. Il s'agit de verbes tels que *s'évanouir, s'absenter, se repentir, se souvenir, s'enfuir.*

*Les jours **se sont enfuis**, d'un vol mystérieux,*
Mais toujours la jeunesse éclatante et vermeille
Fleurit dans ton sourire et brille dans tes yeux.

■ THÉODORE DE BANVILLE, *Roses de Noël.*

La forme *se sont enfuis* vient du verbe *s'enfuir,* qui est un verbe essentiellement pronominal.

■ Le participe passé des verbes essentiellement pronominaux s'accorde toujours avec le sujet.

*Les jours se sont enfui**s**.*

*Les hirondelles se sont enfui**es**.*

Astuce

Comment reconnaître un verbe essentiellement pronominal ?

Dans le dictionnaire, un verbe essentiellement pronominal est présenté ainsi : *évanouir (s').*
L'indication entre parenthèses du pronom **se** (ou **s'**) signifie que le verbe n'existe pas sans ce pronom.

Résumé

- Les verbes pronominaux se construisent avec un pronom personnel réfléchi.
- Ils se conjuguent avec l'auxiliaire *être* aux temps composés.
- Il existe des verbes pronominaux réfléchis, réciproques, de sens passif et essentiellement pronominaux.

LES TROIS GROUPES DE CONJUGAISON

On classe les verbes français en trois groupes de conjugaison qui ont des caractéristiques communes.

267 Le premier groupe

■ Le premier groupe rassemble tous les verbes terminés par **-er** à l'infinitif. Ils se conjuguent selon un seul modèle. Ils ont un radical unique que l'on obtient en enlevant la terminaison **-er** de l'infinitif.

***aim**er* (Le radical est *aim-*.)

■ Cependant, pour certains verbes, il y a quelques petites modifications orthographiques.

***plac**er*

Le radical est *plac-* devant les voyelles *i* et *e*, et *plaç-* devant les voyelles *o* et *a*.

Pour aller plus loin

Quand on crée un verbe nouveau, on le construit généralement sur le modèle du premier groupe.

Le premier groupe est en effet le groupe de conjugaison le plus simple.

tchater – scanner

Ces nouveaux verbes ont été créés pour désigner des activités nouvelles : converser sur Internet pour le premier, numériser un document sur ordinateur pour le second.

268 Le deuxième groupe

■ Le deuxième groupe rassemble les verbes terminés par **-ir** à l'infinitif et qui font leur participe présent en **-issant**. Ils se conjuguent selon un seul modèle. Ils ont un radical tantôt en **-i-** *(je finis, tu finis…)*, tantôt en **-iss-** *(ils finissent, que je finisse)*.

*finir – fin**issant*** *blanchir – blanch**issant***

269 Le troisième groupe

■ Le troisième groupe rassemble tous les autres verbes. Il compte plusieurs modèles de conjugaison. Les verbes de ce groupe changent de radical dans leur conjugaison. Il s'agit donc d'un groupe très hétérogène.

■ Les formes les plus difficiles à connaître pour ces verbes sont le passé simple de l'indicatif et le participe passé.
On distingue cependant quelques grands types :

– les verbes en -**oir** qui ont leur passé simple en -**u**- ;

*vouloir : il voul**ut*** *pouvoir : il p**ut***

– les verbes en -**oir** qui ont leur passé simple en -**i**- ;

*voir : il v**it*** *asseoir : il ass**it***

– les verbes en -**re** qui ont leur passé simple en -**i**- ;

*prendre : il pr**it*** *faire : il f**it***
*dire : il d**it*** *mettre : il m**it***

– les verbes en -**ir** qui ont leur participe présent en -**ant**, et non en -**issant** comme les verbes du deuxième groupe.

*dormir : dorm**ant*** *tenir : ten**ant***

Résumé

■ Les verbes se classent en trois groupes de conjugaison.

■ Le premier et le deuxième groupe proposent chacun un modèle unique.

■ Le troisième groupe propose plusieurs modèles.

LE PRÉSENT DE L'INDICATIF

je sonne,
tu sonnes,
il sonne,
nous sonnons,
vous êtes sourds ?
Ils ne sont pas là !

■ PEF, *L'Ivre de français.*

Voilà une curieuse façon de conjuguer le verbe *sonner* au présent !

270 Les verbes du premier groupe

Les terminaisons du premier groupe

■ Pour conjuguer au présent de l'indicatif les verbes du premier groupe, il faut ajouter au radical les terminaisons : **-e**, **-es**, **-e**, **-ons**, **-ez**, **-ent**. Tous les verbes de ce groupe ont les mêmes terminaisons.

*j'aim**e**, tu aim**es**, il aime*
*nous aim**ons**, vous aim**ez**, ils aim**ent***

Les particularités orthographiques

Les verbes du premier groupe présentent des particularités orthographiques concernant leur radical. Voici les principales.

■ Les verbes en **-oyer** et en **-uyer** changent le **y** en **i** devant un **e muet**.

*envoyer : j'envo**ie**, nous envo**yons***
*essuyer : tu essu**ies**, vous essu**yez***

■ Les verbes en **-ayer** peuvent se conjuguer de deux façons différentes :

– soit ils changent le **y** en **i** devant un **e muet** ;

– soit ils gardent le **y** dans toute la conjugaison.

*essayer : j'essa**ie** ou j'essa**ye***

*payer : tu pa**ies** ou tu pa**yes***

■ Dans les verbes en **-cer**, il ne faut pas oublier la cédille sous le **c** devant **o**.

*commencer : nous commen**çons***

■ Dans les verbes en **-ger**, il faut garder le **e** devant le **o**.

*manger : nous man**geons***

■ Dans les verbes en **-guer**, il faut garder le **u** après le **g** dans toute la conjugaison.

*naviguer : je navi**gue**, nous navi**guons***

■ Les verbes **appeler**, **jeter** et leurs composés doublent la consonne devant une syllabe comportant un **e muet**.

*appeler : j'appe**lle**, nous appe**lons***

*jeter : il je**tte**, nous je**tons***

■ Les verbes en **e** + consonne + **er** changent le **e** en **è** devant une syllabe comportant un **e muet**.

*lever : je l**è**ve* *peser : tu p**è**ses*

■ Les verbes en **é** + consonne + **er** changent le **é** en **è** devant une syllabe comportant un **e muet**.

*céder : je c**è**de* *espérer : tu esp**è**res*

■ Les verbes en **-éer** conservent le **é** du radical avant la terminaison.

*créer : je cr**ée*** *agréer : vous agr**éez***

271 Les verbes du deuxième groupe

■ Pour conjuguer au présent de l'indicatif les verbes du deuxième groupe, il faut ajouter au radical les terminaisons : **-s**, **-s**, **-t**, **-ons**, **-ez**, **-ent**. Tous les verbes de ce groupe ont les mêmes terminaisons. Mais le radical est en **i** au singulier et en **iss** au pluriel.

j'obéis, tu obéis, il obéit

*nous obéiss**ons**, vous obéiss**ez**, ils obéiss**ent***

272 Les verbes du troisième groupe

Les terminaisons du troisième groupe

■ Pour conjuguer au présent de l'indicatif la plupart des verbes du troisième groupe, il faut ajouter au radical les terminaisons : **-s, -s, -t, -ons, -ez, -ent**.

je crois, tu crois, il croit
nous croyons, vous croyez, ils croient

Les particularités orthographiques

Les verbes du troisième groupe n'ont cependant pas tous les mêmes terminaisons et le radical subit souvent des modifications.

■ Certains verbes comme *cueillir, offrir, ouvrir, souffrir* prennent les terminaisons des verbes du premier groupe aux trois personnes du singulier.

cueillir : je cueille, tu cueilles, il cueille
offrir : j'offre, tu offres, il offre
ouvrir : j'ouvre, tu ouvres, il ouvre
souffrir : je souffre, tu souffres, il souffre

■ Les verbes *pouvoir, vouloir, valoir* prennent un **-x** aux deux premières personnes du singulier et un **-t** à la troisième personne.

pouvoir : je peux, tu peux, il peut
vouloir : je veux, tu veux, il veut
valoir : je vaux, tu vaux, il vaut

■ Les verbes en **-dre** gardent le **d** de leur radical aux trois personnes du singulier.

descendre : je descends, tu descends, il descend
rendre : je rends, tu rends, il rend

■ Les verbes en **-eindre**, **-aindre** et **-soudre** perdent le **d** de leur radical aux deux premières personnes du singulier et prennent un **-t** à la troisième personne.

atteindre : j'atteins, tu atteins, il atteint
craindre : je crains, tu crains, il craint
résoudre : je résous, tu résous, il résout

■ Les verbes en **-tir** perdent le **t** de leur radical aux deux premières personnes du singulier.

*sortir : je sor**s**, tu sor**s**, il sor**t***
*mentir : je men**s**, tu men**s**, il men**t***

■ Les verbes **battre**, **mettre** et leurs composés gardent le premier **t** de leur radical aux trois personnes du singulier.

*battre : je ba**ts**, tu ba**ts**, il ba**t***
*mettre : je me**ts**, tu me**ts**, il me**t***

■ Le verbe **rompre** et ses composés gardent le **p** de leur radical aux trois personnes du singulier.

*interrompre : j'interrom**ps**, tu interrom**ps**, il interrom**pt***

■ Le verbe **vaincre** et ses composés gardent le **c** de leur radical aux trois personnes du singulier.

*vaincre : je vain**cs**, tu vain**cs**, il vain**c***

■ Quelques verbes du troisième groupe ont une conjugaison très irrégulière, comme **savoir, faire, dire, aller**. (Voir les tableaux de conjugaison n° 309 à 320.)

Attention

L'accent circonflexe sur le *i* n'est plus obligatoire pour les verbes en *-aitre*
(Rectifications orthographiques de 1990)

On écrit maintenant : *il parait, il connait.*

Résumé

■ Les terminaisons du présent de l'indicatif sont le plus souvent : *-s* (ou *-e*), *-s* (ou *-es*), *-t* (ou *-e*), *-ons*, *-ez*, *-ent*.

■ Beaucoup de verbes du troisième groupe ont cependant des formes très particulières.

L'IMPARFAIT DE L'INDICATIF

*nous cr**ii**ons, nous tr**ii**ons, vous pl**ii**ez, vous r**ii**ez…*

N'y aurait-il pas un ***i*** de trop ? mais non, c'est bien ainsi que se conjugue l'imparfait de l'indicatif.

273 Les terminaisons de l'imparfait de l'indicatif

■ À l'imparfait de l'indicatif, tous les verbes ont les mêmes terminaisons, quel que soit le groupe auquel ils appartiennent : **-ais, -ais, -ait, -ions, -iez, -aient.**

1er groupe	2e groupe	3e groupe
*je chant**ais***	*je finiss**ais***	*je pren**ais***
*tu chant**ais***	*tu finiss**ais***	*tu pren**ais***
*il chant**ait***	*il finiss**ait***	*il pren**ait***
*nous chant**ions***	*nous finiss**ions***	*nous pren**ions***
*vous chant**iez***	*vous finiss**iez***	*vous pren**iez***
*ils chant**aient***	*ils finiss**aient***	*ils pren**aient***

274 Le radical à l'imparfait de l'indicatif

■ Pour conjuguer un verbe à l'imparfait de l'indicatif, il faut ajouter les terminaisons au radical du verbe tel qu'il apparaît à la première personne du pluriel du présent de l'indicatif.

appeler :	*j'appelle, nous <u>appel</u>ons*	→ *j'**appel**/ais*
jeter :	*je jette, nous <u>jet</u>ons*	→ *je **jet**/ais*
annoncer :	*j'annonce, nous <u>annonç</u>ons*	→ *j'**annonç**/ais*
savoir :	*je sais, nous <u>sav</u>ons*	→ *je **sav**/ais*
pouvoir :	*je peux, nous <u>pouv</u>ons*	→ *je **pouv**/ais*
vouloir :	*je veux, nous <u>voul</u>ons*	→ *je **voul**/ais*
faire :	*je fais, nous <u>fais</u>ons*	→ *je **fais**/ais*
fuir :	*je fuis, nous <u>fuy</u>ons*	→ *je **fuy**/ais*

boire :	*je bois, nous buvons*	→ *je* ***buv****/ais*
écrire :	*j'écris, nous écrivons*	→ *j'****écriv****/ais*
résoudre :	*je résous, nous résolvons*	→ *je* ***résolv****/ais*
éteindre :	*j'éteins, nous éteignons*	→ *j'****éteign****/ais*

Attention

Il ne faut pas oublier le *i* de la terminaison aux deux premières personnes du pluriel des verbes en *-gner, -ier, -iller, -indre -yer.*

À la première et à la deuxième personne du pluriel de l'imparfait, ces verbes se prononcent presque comme le présent. Il faut penser à écrire le ***i***.

*nous craign**i**ons, vous craign**i**ez – nous cri**i**ons, vous cri**i**ez,*
*nous brill**i**ons, vous brill**i**ez – nous pay**i**ons, vous pay**i**ez*

Résumé

- Les terminaisons de l'imparfait de l'indicatif sont : *-ais, -ais, -ait, -ions, -iez, -aient.*

LE PASSÉ SIMPLE DE L'INDICATIF

*Oui, dès l'instant où je vous **vis**,*
*Beauté féroce, vous me **plûtes** ;*
*De l'amour qu'en vos yeux je **pris**,*
*Sur-le-champ vous vous **aperçûtes**.*

■ ALPHONSE ALLAIS, *Complainte amoureuse.*

Il n'y a que les poètes pour déclarer leur amour au passé simple !

275 Les verbes du premier groupe

■ Les terminaisons du passé simple de l'indicatif pour les verbes du premier groupe sont : **-ai, -as, -a, -âmes, -âtes, -èrent**.

*je donn**ai**, tu donn**as**, il donn**a***
*nous donn**âmes**, vous donn**âtes**, ils donn**èrent***

■ Pour conjuguer un verbe du premier groupe au passé simple, il faut ajouter les terminaisons au radical du verbe tel qu'il apparaît à la première personne du pluriel du présent de l'indicatif.

*annoncer : j'annonce, nous annonçons → j'**annonç**/ai*
*manger : je mange, nous mangeons → je **mange**/ai*

276 Les verbes du deuxième groupe

■ Les terminaisons du passé simple de l'indicatif pour les verbes du deuxième groupe sont : **-is, -is, -it, -îmes, -îtes, -irent**.

*je fin**is**, tu fin**is**, il fin**it***
*nous fin**îmes**, vous fin**îtes**, ils fin**irent***

Attention

Ne confondons pas passé simple et présent de l'indicatif.

Les verbes du 2e groupe ont des terminaisons identiques au singulier du présent et du passé simple. Seul le contexte permet de les distinguer.

présent : *Il **remplit** son sac et quitte la maison.*
passé simple : *Il **remplit** son sac et **quitta** la maison.*

277 Les verbes du troisième groupe

■ Les terminaisons du passé simple de l'indicatif pour les verbes du troisième groupe sont le plus souvent : **-is**, **-is**, **-it**, **-îmes**, **-îtes**, **-irent**.

*je pr**is**, tu pr**is**, il pr**it***
*nous pr**îmes**, vous pr**îtes**, ils pr**irent***

■ Toutefois, plusieurs verbes, comme *apercevoir, croire, courir, mourir, paraître, pouvoir…*, prennent les terminaisons : **-us**, **-us**, **-ut**, **-ûmes**, **-ûtes**, **-urent**.

*je cr**us**, tu cr**us**, il cr**ut***
*nous cr**ûmes**, vous cr**ûtes**, ils cr**urent***

■ Les verbes *tenir* et *venir* ainsi que leurs composés *(contenir, revenir…)* prennent les terminaisons : **-ins**, **-ins**, **-int**, **-înmes**, **-întes**, **-inrent**.

*je v**ins**, tu v**ins**, il v**int***
*nous v**înmes**, vous v**întes**, ils v**inrent***

■ Les verbes du troisième groupe présentent un radical de passé simple souvent différent du radical d'infinitif ou de présent de l'indicatif. Il convient de consulter un dictionnaire ou un manuel de conjugaison pour connaître ce radical.

savoir :	*je sais, je **sus***	*pouvoir :*	*je peux, je **pus***
devoir :	*je dois, je **dus***	*faire :*	*je fais, je **fis***
mettre :	*je mets, je **mis***	*écrire :*	*j'écris, j'**écrivis***
vivre :	*je vis, je **vécus***	*naître :*	*je nais, je **naquis***

Résumé

■ Les terminaisons du passé simple de l'indicatif sont :
– premier groupe : *-ai, -as, -a, -âmes, -âtes, -èrent.*
– deuxième groupe : *-is, -is, -it, -îmes, -îtes, -irent*
– troisième groupe : *-is, -is, -it, -îmes, -îtes, -irent*
-us, -us, -ut, -ûmes, -ûtes, -urent
-ins, -ins, -int, -înmes, -întes, -inrent

LE FUTUR SIMPLE DE L'INDICATIF

*Selon que vous **serez** puissant ou misérable,*
*Les jugements de cour vous **rendront** blanc ou noir.*

■ JEAN DE LA FONTAINE, *Les Animaux malades de la peste.*

Les futurs des verbes de cette morale la rendent implacable.

278 Les terminaisons du futur simple de l'indicatif

■ Au futur de l'indicatif, tous les verbes ont les mêmes terminaisons : **-ai, -as, -a, -ons, -ez, -ont**. Elles sont précédées de l'affixe **-r-** ou **-er-** et s'ajoutent au radical du verbe.

*je chant-**erai*** (1er groupe)
*je fini-**rai*** (2e groupe)
*je mour-**rai*** (3e groupe)

Astuce

D'un point de vue pratique, on peut conjuguer le futur en ajoutant *-ai, -as, -a, -ons, -ez, -ont* à l'infinitif du verbe.

Cette astuce fonctionne pour de très nombreux verbes, mais pas pour tous.

*manger : je **mangerai***   *sortir : je **sortirai***

279 Les verbes du premier groupe

Les terminaisons du premier groupe

■ Pour conjuguer au futur de l'indicatif les verbes du premier groupe, il faut ajouter au radical du verbe les terminaisons : **-erai, -eras, -era, -erons, -erez, -eront**.

*parler : je parl**erai**, nous parl**erons***

Les particularités orthographiques

Certains verbes de ce groupe ont des particularités orthographiques concernant le radical. Voici les principales.

■ Les verbes en **-oyer** et en **-uyer** changent le **y** en **i** devant un **e muet**, sauf **envoyer** et **renvoyer** qui se conjuguent comme le verbe **voir** *(j'enverrai, tu enverras)*.

*employer : j'emplo**ierai***

*essuyer : tu essu**ieras***

■ Les verbes en **-ayer** peuvent se conjuguer de deux façons différentes :
– soit ils changent le **y** en **i** devant un **e muet** ;
– soit ils gardent le **y** dans toute la conjugaison.

*essayer : j'essa**ierai** ou j'essa**yerai***

*payer : tu pa**ieras** ou tu pa**yeras***

■ Dans les verbes en **-ouer** et en **-uer**, le radical est suivi d'un **e muet** dans toute la conjugaison.

*jouer : je jou**erai***

*tuer : il tu**era***

■ Les verbes en **e** + consonne + **er** changent le **e** en **è** avant la terminaison.

*lever : je l**è**v**erai***

*peser : tu p**è**s**eras***

■ Les verbes en **é** + consonne + **er** changent le **é** en **è** avant la terminaison.

*céder : je c**è**d**erai***

*espérer : tu esp**è**r**eras***

■ Dans les verbes en **-éer**, le **é** du radical est suivi d'un **e muet** qui appartient à la terminaison.

*créer : je cr**éerai***

*agréer : vous agr**éerez***

■ Les verbes en **-eler** et **-eter** ne doublent pas la consonne ; le **e** se change en **è** avant la terminaison.

*acheter : j'ach**è**t**erai***

*peler : tu pè**leras***
*feuilleter : nous feuillè**terons***
*amonceler : vous amoncè**lerez***

■ Les verbes **appeler**, **jeter** et leurs composés doublent la consonne devant le **e** de la terminaison.

*appeler : j'appe**llerai**, nous appe**llerons***
*rejeter : il reje**ttera**, vous reje**tterez***

280 Les verbes du deuxième groupe

■ Pour conjuguer au futur de l'indicatif les verbes du deuxième groupe, il faut ajouter au radical du verbe les terminaisons : **-rai, -ras, -ra, -rons, -rez, -ront**.

*finir : je fini**rai***
*grandir : nous grandi**rons***

281 Les verbes du troisième groupe

■ Pour conjuguer au futur de l'indicatif la plupart des verbes du troisième groupe, il faut ajouter au radical du verbe les terminaisons : **-rai**, **-ras**, **-ra**, **-rons**, **-rez**, **-ront**. On peut distinguer plusieurs types de verbes.

■ Dans les verbes en **-ir** comme *sentir, mentir, partir, sortir, fuir, offrir,* on ajoute les terminaisons au radical qui se termine par **i**.

*je senti**rai**, tu menti**ras**, elle parti**ra***
*nous sorti**rons**, vous fui**rez**, ils offri**ront***

■ Dans les verbes en **-ir** comme *cueillir, accueillir, recueillir,* on ajoute les terminaisons au radical qui se termine par **e**.

*je cueille**rai**, tu accueille**ras**, il recueille**ra***

■ Dans les verbes en **-rir**, on ajoute les terminaisons au radical qui se termine par **r** : ils présentent donc un futur avec deux **r**.

*je cour**rai**, nous cour**rons***
*tu mour**ras**, vous mour**rez***

■ Dans les verbes en **-re**, on ajoute les terminaisons au radical sans le **re**.

*je prend**rai**, tu croi**ras**, il mett**ra***
*nous suiv**rons**, vous viv**rez**, ils rend**ront***
*j'attend**rai**, tu craind**ras**, il craind**ra***
*nous résoud**rons**, vous conclu**rez**, ils exclu**ront***

■ Certains verbes ont un radical particulier au futur : il faut vérifier dans les tableaux de conjugaison.

*je ver**rai**, tu sau**ras**, il pour**ra***
*nous voud**rons**, vous **irez**, ils se**ront**, j'au**rai***

Astuce

Si on sait conjuguer le futur de l'indicatif, il est très facile de conjuguer le conditionnel présent.

Ces deux temps présentent les mêmes radicaux et utilisent le même affixe **-r-** ou **-er-.** Il suffit de remplacer les terminaisons de personne du futur par celles du conditionnel présent : **-ais, -ais, -ait, -ions, -iez, -aient.** Ce sont les mêmes que celles de l'imparfait.

chanter :	*je chan**terai*** (futur)	*je chan**terais*** (conditionnel présent)
finir :	*je fini**rai*** (futur)	*je fini**rais*** (conditionnel présent)
voir :	*je ver**rai*** (futur)	*je ver**rais*** (conditionnel présent)

Résumé

■ les terminaisons du futur de l'indicatif sont :
-erai, -eras, -era, -erons, -erez, -eront
ou *-rai, -ras, -ra, -rons, -rez, -ront.*

LE PASSÉ COMPOSÉ DE L'INDICATIF

*J'ai **invité** les copains à venir à la maison cet après-midi pour jouer aux cow-boys. Ils **sont arrivés** avec toutes leurs affaires.*

■ JEAN-JACQUES SEMPÉ ET RENÉ GOSCINNY, *Le Petit Nicolas.*

Comme le Petit Nicolas, on peut raconter des histoires au passé composé.

282 La conjugaison du passé composé

■ Le passé composé est formé du **présent** de l'auxiliaire **avoir** ou **être** et du **participe passé** du verbe.

■ Les verbes **transitifs directs et indirects** forment leur passé composé avec l'auxiliaire **avoir**.

voir (verbe transitif direct) *: j'ai vu*

penser à (verbe transitif indirect) *: j'ai pensé*

■ Les verbes **intransitifs** forment leur passé composé soit avec l'auxiliaire **avoir**, soit avec l'auxiliaire **être**.

courir : j'ai couru *venir : je suis venu*

283 Le participe passé

■ Le participe passé des verbes du **premier groupe** est formé du radical du verbe et de la terminaison **-é**.

*chant**é**, aim**é**, parl**é**, pens**é***

■ Le participe passé des verbes du **deuxième groupe** est formé du radical du verbe et de la terminaison **-i**.

*fin**i**, sais**i**, grand**i**, haï*

■ Le participe passé des verbes du **troisième groupe** est variable. Il peut être en **-u**, **-i**, **-is**, **-t** et même **-é**.

*ven**u**, cour**u**, batt**u**, v**u**, concl**u**, résol**u***
*fai**t**, pein**t**, crain**t**, sent**i**, pr**is**, m**is**,*
*all**é**, ét**é**, e**u***

Astuce

Pour savoir quelle est la lettre finale d'un participe passé, il suffit d'essayer de le mettre au féminin.

- Si le participe passé se termine par une consonne, celle-ci s'entend au féminin : *pris* → *prise* ; *mis* → *mise* ; *peint* → *peinte* ; *fait* → *faite*.
- Si le participe passé se termine par une voyelle, on n'entend pas de consonne au féminin : *aimé* → *aimée* ; *fini* → *finie* ; *vu* → *vue* ; *battu* → *battue*.

284 La conjugaison des autres temps composés

- Les autres temps composés se forment à l'aide du même auxiliaire et du même participe que ceux du passé composé.
- À chaque temps simple de l'indicatif correspond un temps composé de l'indicatif. L'auxiliaire se met au même temps que le temps simple :

– présent → passé composé : auxiliaire au présent ;
j'ai vu *je suis venu*

– imparfait → plus-que-parfait : auxiliaire à l'imparfait ;
j'avais vu *j'étais venu*

– passé simple → passé antérieur : auxiliaire au passé simple ;
j'eus vu *je fus venu*

– futur → futur antérieur : auxiliaire au futur.
j'aurai vu *je serai venu*

Résumé

- Le passé composé se forme avec le présent de l'auxiliaire *être* ou *avoir* et le participe passé du verbe.
- Les autres temps composés se forment en changeant le temps de l'auxiliaire.

LA VALEUR DES MODES

Viens *en France, enfant lointain.*
Nous ***avons*** *des blés qui dansent, qui dansent :*
on ***dirait*** *des poupées.*

■ ALAIN BOSQUET, « Viens en France », *Le cheval applaudit.*

Dans ces trois vers, trois modes sont utilisés, c'est-à-dire trois manières différentes d'envisager un fait ou une action.

285 Les différents modes

■ Les modes sont l'indicatif, le subjonctif, le conditionnel, l'impératif, l'infinitif, le participe et le gérondif. Ces modes ont plusieurs significations, plusieurs **valeurs**. Ils permettent au locuteur (celui qui parle) de situer son énoncé par rapport à la réalité. Selon le mode qu'il emploie, le locuteur présente les faits comme réels, souhaitables ou éventuels.

Il vient. (fait réel) *Qu'il vienne !* (fait souhaitable)
Il viendrait ? (fait éventuel)

286 Les valeurs de l'indicatif

■ L'indicatif est le mode du réel. Ce qui est exprimé à l'indicatif a valeur de constat.

*Rien n'****a changé****.* ***J'ai*** *tout* ***revu*** *: l'humble tonnelle*
De vigne folle avec les chaises de rotin.

■ PAUL VERLAINE, « Après trois ans », *Poèmes saturniens.*

■ L'indicatif peut aussi marquer une volonté d'**insistance**, de la part du locuteur, à présenter ce qu'il dit comme réel et vrai.

Et, pour trancher toutes sortes de discours, ou vous ***serez mariées*** *toutes deux avant qu'il soit peu, ou, ma foi ! vous* ***serez*** *religieuses, j'en* ***fais*** *un bon serment.*

■ MOLIÈRE, *Les Précieuses ridicules.*

Par deux fois Gorgibus emploie l'indicatif futur pour montrer à sa fille et à sa nièce qu'il est sûr du sort qui les attend.

287 Les valeurs du subjonctif

■ Le subjonctif est le mode du **possible**, de l'**incertain**, de la **volonté** et du **souhait**.

■ Dans les propositions indépendantes, le subjonctif exprime :
– l'ordre ou la défense ;

*Qu'on **mette** donc les chevaux au carrosse.*

■ MOLIÈRE, *L'Avare*.

– le souhait ;

***Puissent** tous les hommes se souvenir qu'ils sont frères !*

■ VOLTAIRE, *Traité sur la tolérance*.

– l'indignation.

*Moi, Héron, que je **fasse** une si pauvre chère !*

■ JEAN DE LA FONTAINE, *Le Héron*.

■ Dans les propositions subordonnées conjonctives, le subjonctif s'emploie avec des verbes de volonté, de doute et de sentiment.

*Je souhaite qu'il **vienne** demain à la première heure.*

■ Dans les propositions subordonnées relatives, le subjonctif exprime un fait virtuel.

*Je voudrais une maison qui **soit** grande et belle.*

288 Les valeurs de l'impératif

■ L'impératif est le mode de l'**injonction**. Il sert à exprimer un **ordre** ou une **défense**.

***Vivez**, si m'en croyez, **n'attendez** à demain :*
***Cueillez** dès aujourd'hui les roses de la vie.*

■ PIERRE DE RONSARD, *Sonnets pour Hélène*.

289 Les valeurs du conditionnel, considéré comme mode

■ Le conditionnel est le mode de l'**imaginaire**, de l'**hypothèse**. Il sert à exprimer :

– la supposition ;

> PYRRHUS. – *Me cherchiez-vous, Madame ?*
> *Un espoir si charmant me* ***serait****-il permis ?*
>
> ■ JEAN RACINE, *Andromaque*.

– l'atténuation ;

> *Je* ***voudrais*** *être beau pour que tu m'aimes.*
>
> ■ APOLLINAIRE, *Poèmes à Lou*.

– l'hypothèse, c'est-à-dire une action soumise à une condition exprimée ou non.

Dans ce cas, on distingue :

– l'action considérée comme possible dans l'avenir (**potentiel**) ;

> *Il* ***devrait*** *y avoir ici un jardin d'été comme le parc Monceau, ouvert la nuit, où on* ***entendrait*** *de la très bonne musique en buvant des choses fraîches sous les arbres.*
>
> ■ GUY DE MAUPASSANT, *Bel-Ami*.

– l'action non réalisée dans le présent (**irréel du présent**) ;

> *Oui, il me semble que tout* ***irait*** *mieux, reprit Briant, si l'un de vous avait autorité sur les autres !*
>
> ■ JULES VERNE, *Deux ans de vacances*.

– l'action non réalisée dans le passé (**irréel du passé**).

> *Le nez de Cléopâtre : s'il eût été plus court, toute la face de la terre* ***aurait changé****.* ■ BLAISE PASCAL, *Pensées*.

■ En plus de ses valeurs de mode, le conditionnel a également une valeur de temps (→ 299).

290 Les valeurs de l'infinitif

■ L'infinitif est le mode de l'**action pure**, sans considération de temps ni de personne car c'est un mode **impersonnel** (sans marque de personne).

Il sert à exprimer :
– une généralisation : ***Coucher*** *à la belle étoile.*
– un ordre dans des situations très générales :

Ne pas ***se pencher*** *au dehors.* (consigne de prudence)

Battre *les œufs en neige.* (recette de cuisine)

Prendre *un comprimé trois fois par jour.* (prescription médicale)

■ L'infinitif peut aussi être l'**équivalent d'un indicatif** dans un discours narratif (on parle d'**infinitif de narration**). Il est alors précédé de la préposition *de*.

Et monsieur Cassandre ***de ramasser*** *piteusement sa perruque, et Arlequin* ***de détacher*** *au viédase un coup de pied dans le derrière.* (*Viédase* signifie idiot.)

■ ALOYSIUS BERTRAND, *Gaspard de la nuit.*

291 Les valeurs du participe présent et du gérondif

■ Le participe présent et le gérondif ont une valeur d'aspect : ils donnent à l'action du verbe une idée de **déroulement**, d'**action simultanée**.

Il arrive à chanter ***en mâchant*** *un chewing-gum.*
L'action du gérondif *en mâchant* se déroule en même temps que celle du groupe verbal *arrive à chanter*. Elles sont simultanées.

Résumé

■ Les modes indiquent comment le locuteur situe son énoncé par rapport à la réalité :
– l'indicatif est le mode du réel ;
– le subjonctif est le mode du possible et de l'incertain ;
– l'impératif est le mode de l'injonction ;
– le conditionnel est le mode de l'imaginaire et de l'hypothèse ;
– l'infinitif est le mode de l'action pure ;
– le participe présent et le gérondif sont les modes de la simultanéité.

LA VALEUR DES TEMPS

Présent
À midi, la chaleur ***s'étale*** *autour des pieds des voyageurs d'autobus.*

Passé simple
Ce ***fut*** *midi. Les voyageurs* ***montèrent*** *dans l'autobus.*

Imparfait
*C'****était*** *midi. Les voyageurs* ***montaient*** *dans l'autobus.*

■ RAYMOND QUENEAU, *Exercices de style.*

Dans ses *Exercices de style*, Raymond Queneau raconte plusieurs fois la même histoire en jouant avec la valeur des temps verbaux.

292 Qu'est-ce que la valeur d'un temps ?

■ Les temps de la conjugaison ont une valeur, c'est-à-dire une signification qui s'ajoute au sens du verbe. Chaque temps peut avoir plusieurs valeurs.

Tu ***fermeras*** *la fenêtre avant de partir.*
Ici, le futur exprime l'avenir, mais il a aussi la valeur d'un ordre.

Ce sont les temps verbaux de l'**indicatif** qui ont les valeurs les plus variées.

293 Les valeurs du présent

■ Le présent, situé à la frontière entre le passé et le futur, s'emploie pour exprimer une action qui se déroule au moment où parle le locuteur. On l'appelle alors **présent d'énonciation** ou **présent actuel**.

*Qu'****est****-ce, seigneur Octave ? qu'****avez****-vous ? qu'y a-t-il ? quel désordre* ***est****-ce là ? Je vous* ***vois*** *tout troublé.*

■ MOLIÈRE, *Les Fourberies de Scapin*.

■ Grâce à sa position intermédiaire, le présent peut prendre d'autres valeurs. On distingue :

– le **présent à valeur de passé proche** ou **de futur proche**, pour une action qui vient de se produire ou qui va se produire ;

Elle ***sort*** *d'ici. On* ***part*** *dans une semaine.*

– le **présent d'habitude**, pour une action répétée ;

Il se ***lève*** *tous les matins à cinq heures.*

– le **présent de vérité générale**, pour une action intemporelle ou de portée générale exprimée dans des proverbes, des maximes, des définitions scientifiques ;

Qui ***aime*** *bien* ***châtie*** *bien.*
La Terre ***tourne*** *autour du Soleil.*

– le **présent de narration**, pour une action passée que l'on veut rendre plus vivante. Il s'emploie à la place du passé simple dans un récit au passé.

Les enfants écoutaient attentivement le maître, quand soudain ***entre*** *le directeur.*

294 Les valeurs de l'imparfait

■ L'imparfait s'emploie pour exprimer une action passée **en cours de réalisation**. On parle d'imparfait **duratif**.

Dans la plaine rase, sous la nuit sans étoiles, d'une obscurité et d'une épaisseur d'encre, un homme ***suivait*** *seul la grande route de Marchiennes à Montsou.* ■ ÉMILE ZOLA, *Germinal.*

■ L'imparfait, puisqu'il exprime un état continu, est par excellence le **temps de la description** au passé ; il s'oppose en cela au passé simple, temps du récit.

Rien ne ***bougeait****. Hormis le chant de la brise, tout* ***était*** *silencieux. Je m'****arrêtai****, très étonné, et peut-être un peu angoissé.* ■ ROBERT LOUIS STEVENSON, *L'Île au trésor.*

Les verbes *bougeait* et *était* sont des imparfaits de description ; le récit reprend avec le passé simple *arrêtai*.

■ Parmi les emplois de l'imparfait, on retiendra également :
– l'**imparfait d'arrière-plan**, pour une action qui sert de toile de fond à une action au passé simple dans un récit ;

*Nous **allions** nous mettre à table, lorsqu'il arriva.*

– l'**imparfait d'habitude**, pour une action répétée dans le passé ;

*Tous les mois il **rapportait** sa paie à la maison.*

– l'**imparfait de narration**, pour un récit qui donne au lecteur l'impression d'être plongé au cœur de chaque action.

*À la 90e minute du match, l'ailier **débordait**, **tirait** du droit et c'**était** le but libérateur.*

295 Les valeurs du passé simple

■ Le passé simple est un temps du passé qui présente l'action comme totalement coupée du moment où l'on parle. Il s'emploie pour une succession d'actions ponctuelles, dont on ne considère pas la durée. Il est le **temps du récit**. Mais son emploi est littéraire et réservé à la langue écrite.

*Aussitôt que le petit Poucet **entendit** ronfler l'Ogre,
il **réveilla** ses frères, et leur **dit** de s'habiller promptement
et de le suivre. Ils **descendirent** doucement dans le jardin
et **sautèrent** par-dessus les murailles. Ils **coururent** presque
toute la nuit, toujours en tremblant et sans savoir où
ils allaient.*

■ CHARLES PERRAULT, *Le Petit Poucet.*

■ Associé à l'imparfait d'arrière-plan, le passé simple crée un effet de **mise en relief** en faisant ressortir une action de premier plan dans le récit. Il prend souvent une valeur de **soudaineté**.

Le petit village dormait paisiblement, lorsqu'un bruit violent ***se fit*** *entendre.*

296 Les valeurs du passé composé

■ Le passé composé s'emploie pour exprimer une action effectuée dans le passé, mais qui s'achève ou qui a des conséquences dans le présent.

Ah ! Quel bon repas nous ***avons fait !***

■ Il s'emploie également pour le **récit** à la place du passé simple. On l'utilise toujours dans le récit à l'oral, mais on peut le rencontrer dans un récit littéraire qui cherche à imiter la langue parlée.

Et là, Eudes ***a visé*** *Clotaire, qui* ***s'est jeté*** *par terre avec les mains sur la tête ; la balle* ***est passée*** *au-dessus de lui, et bing ! elle* ***est venue*** *taper dans le dos d'Alceste qui* ***a lâché*** *sa tartine, qui* ***est tombée*** *du côté de la confiture.*

■ JEAN-JACQUES SEMPÉ et RENÉ GOSCINNY, *Les Récrés du Petit Nicolas.*

Ici, le passé composé contribue à donner l'impression d'un récit oral d'enfant.

297 Les valeurs des autres temps composés

■ Lorsqu'ils sont employés avec les temps simples qui leur correspondent, les temps composés expriment une **antériorité**, c'est-à-dire qu'ils indiquent que l'action s'est produite avant l'action exprimée aux temps simples. On peut rencontrer les associations de temps suivantes :

– passé composé et présent ;

Quand il ***a achevé*** *son travail, il se repose.*

– plus-que-parfait et imparfait ;

Quand il ***avait achevé*** *son travail, il se reposait.*

– passé antérieur et passé simple ;

Quand il ***eut achevé*** *son travail, il se reposa.*

– futur antérieur et futur simple ;

*Quand il **aura achevé** son travail, il se reposera.*

– conditionnel passé et conditionnel présent.

*Quand **il aurait achevé** son travail, il se reposerait.*

■ Lorsqu'ils sont employés seuls, les temps composés expriment l'aspect **accompli**, c'est-à-dire que l'action est présentée comme achevée.

*Dans deux heures, il nous **aura rejoints**.*

298 Les valeurs du futur simple

■ Le futur simple s'emploie pour exprimer une action à venir par rapport au présent.

*Demain, je vous **finirai** les nouveaux costumes d'Indiens, pendant que tu **fabriqueras** les flèches.*

■ MARCEL PAGNOL, *La Gloire de mon père.*

■ Le futur simple peut également prendre d'autres valeurs, parmi lesquelles on retiendra :

– le **futur d'ordre** ;

*Tu **feras** tes devoirs en rentrant.*

– le **futur d'atténuation polie** ;

*Nous vous **demanderons** de bien vouloir éteindre vos portables.*

– le **futur de certitude** ou **de prophétie** ;

« Maudit sois-tu entre tous les bestiaux.
*Tu **marcheras** sur ton ventre et tu **mangeras** de la terre. »*

■ LA BIBLE, Genèse I, 3.

– le **futur de supposition**. (Cette valeur se retrouve au futur antérieur.)

*J'ai entendu du bruit au grenier : ce **sera** une souris.* (futur simple)

*Il est bien tard ; il **se sera perdu** en chemin !* (futur antérieur)

299 La valeur temporelle du conditionnel

- Le conditionnel, en plus de ses valeurs modales, a une valeur temporelle : il exprime le **futur du passé**, c'est-à-dire qu'il indique une action à venir par rapport à un moment passé.

Robinson s'était longtemps demandé comment il ***appellerait*** *l'Indien.* ■ MICHEL TOURNIER, *Vendredi ou la Vie sauvage.*

Au présent, on aurait : *Robinson se demande comment il appellera l'Indien.*

Résumé

- On emploie le présent pour exprimer une action qui se déroule au moment où l'on parle.
- On emploie l'imparfait pour exprimer une action passée en cours de réalisation : il est le temps de la description au passé.
- On emploie le passé simple pour présenter une action passée totalement coupée du moment où l'on parle : il est le temps du récit.
- On emploie le passé composé pour exprimer une action passée qui garde un lien avec le présent. On l'utilise dans le récit oral.
- On emploie les temps composés pour présenter une action qui s'est produite avant l'action exprimée aux temps simples.
- On emploie le futur simple pour exprimer une action à venir.
- On emploie le conditionnel pour exprimer un futur dans le passé.

LES TABLEAUX DE CONJUGAISON

Comment se conjugue le verbe *vouloir* à la troisième personne du singulier de l'imparfait du subjonctif à la voix active ? Pour répondre à cette question, il faut savoir lire un tableau de conjugaison.

300 Les modèles de conjugaison

■ Pour conjuguer un verbe, on peut utiliser les **tableaux de conjugaison**. Chaque tableau correspond à un modèle de conjugaison :
– **être** et **avoir** sont des verbes et des auxiliaires ; il faut absolument les connaître ;
– **aimer** est le modèle du premier groupe. On l'utilise aussi pour la conjugaison de la voix passive ;
– **se méfier** est le modèle pour conjuguer les verbes pronominaux ;
– **finir** est le modèle pour conjuguer les verbes du deuxième groupe ;
– **aller, conclure, croire, dire, faire, peindre, pouvoir, prendre, savoir, tenir, voir, vouloir** sont des modèles pour conjuguer les verbes du troisième groupe.

301 Les temps et les modes clés

■ Pour conjuguer un verbe, il faut avant tout connaître certains temps et modes clés qui donnent les différents radicaux du verbe : l'**infinitif**, le **présent**, le **passé simple de l'indicatif** et le **participe passé**.

Infinitif : ***dev**oir* (radical *dev-* : je devais, tu devais..., je devrai, devant)
Présent : *je **doi**s* (radical *doi-* : tu dois, il doit)
Passé simple : *je **du**s* (radical *du-* : tu dus, il dut, que je dusse...)
Participe passé : ***dû*** (employé pour tous les temps composés)

Infinitif : ***croi**re* (radical *croi-* : je crois, tu crois..., je croirai...)
Présent : *nous **croy**ons* (radical *croy-* : vous croyez, je croyais...)
Passé simple : *je **cru**s* (radical *cru-* : tu crus..., ils crurent, qu'il crût)
Participe passé : ***cru*** (employé pour tous les temps composés)

302 Comment mémoriser les radicaux des verbes ?

■ Dans les tableaux de conjugaison, toutes les premières personnes du singulier des temps simples sont en rouge.

j'aime, je finis, j'irai, je croyais.

■ La première personne du pluriel de l'indicatif et du subjonctif présent et la première personne du pluriel de l'impératif présent sont en rouge. Il y a souvent une modification du radical entre le singulier et le pluriel de l'indicatif présent et de l'impératif présent.

j'ai, nous avons
je prends, nous prenons
que je prenne, que nous prenions
viens, venons.

303 Être

INDICATIF

Présent	Passé composé
je **suis**	j'ai été
tu es	tu as été
il est	il a été
nous **sommes**	nous avons été
vous êtes	vous avez été
ils sont	ils ont été

Imparfait	Plus-que-parfait
j'**étais**	j'avais été
tu étais	tu avais été
il était	il avait été
nous étions	nous avions été
vous étiez	vous aviez été
ils étaient	ils avaient été

Passé simple	Passé antérieur
je **fus**	j'eus été
tu fus	tu eus été
il fut	il eut été
nous fûmes	nous eûmes été
vous fûtes	vous eûtes été
ils furent	ils eurent été

Futur simple	Futur antérieur
je **serai**	j'aurai été
tu seras	tu auras été
il sera	il aura été
nous serons	nous aurons été
vous serez	vous aurez été
ils seront	ils auront été

CONDITIONNEL

Présent	Passé
je **serais**	j'aurais été
tu serais	tu aurais été
il serait	il aurait été
nous serions	nous aurions été
vous seriez	vous auriez été
ils seraient	ils auraient été

SUBJONCTIF

Présent	Passé
que je **sois**	que j'aie été
que tu sois	que tu aies été
qu'il soit	qu'il ait été
que n. **soyons**	que n. ayons été
que v. soyez	que v. ayez été
qu'ils soient	qu'ils aient été

Imparfait	Plus-que-parfait
que je **fusse**	que j'eusse été
que tu fusses	que tu eusses été
qu'il fût	qu'il eût été
que n. fussions	que n. eussions été
que v. fussiez	que v. eussiez été
qu'ils fussent	qu'ils eussent été

IMPÉRATIF

Présent	Passé
sois	aie été
soyons	ayons été
soyez	ayez été

INFINITIF

Présent	Passé
être	avoir été

PARTICIPE

Présent	Passé
étant	**été**
	ayant été

GÉRONDIF

Présent	Passé
en étant	en ayant été

304 Avoir

INDICATIF

Présent
j'**ai**
tu as
il a
nous **avons**
vous avez
ils ont

Passé composé
j'ai eu
tu as eu
il a eu
nous avons eu
vous avez eu
ils ont eu

Imparfait
j'**avais**
tu avais
il avait
nous avions
vous aviez
ils avaient

Plus-que-parfait
j'avais eu
tu avais eu
il avait eu
nous avions eu
vous aviez eu
ils avaient eu

Passé simple
j'**eus**
tu eus
il eut
nous eûmes
vous eûtes
ils eurent

Passé antérieur
j'eus eu
tu eus eu
il eut eu
nous eûmes eu
vous eûtes eu
ils eurent eu

Futur simple
j'**aurai**
tu auras
il aura
nous aurons
vous aurez
ils auront

Futur antérieur
j'aurai eu
tu auras eu
il aura eu
nous aurons eu
vous aurez eu
ils auront eu

CONDITIONNEL

Présent
j'**aurais**
tu aurais
il aurait
nous aurions
vous auriez
ils auraient

Passé
j'aurais eu
tu aurais eu
il aurait eu
nous aurions eu
vous auriez eu
ils auraient eu

SUBJONCTIF

Présent
que j'**aie**
que tu aies
qu'il ait
que n. **ayons**
que v. ayez
qu'ils aient

Passé
que j'aie eu
que tu aies eu
qu'il ait eu
que n. ayons eu
que v. ayez eu
qu'ils aient eu

Imparfait
que j'**eusse**
que tu eusses
qu'il eût
que n. eussions
que v. eussiez
qu'ils eussent

Plus-que-parfait
que j'eusse eu
que tu eusses eu
qu'il eût eu
que n. eussions eu
que v. eussiez eu
qu'ils eussent eu

IMPÉRATIF

Présent
aie
ayons
ayez

Passé
aie eu
ayons eu
ayez eu

INFINITIF

Présent
avoir

Passé
avoir eu

PARTICIPE

Présent
ayant

Passé
eu
ayant eu

GÉRONDIF

Présent
en ayant

Passé
en ayant eu

305 Aimer Voix active – premier groupe

INDICATIF

Présent	Passé composé
j'**aime**	j'ai aimé
tu aimes	tu as aimé
il aime	il a aimé
nous **aimons**	nous avons aimé
vous aimez	vous avez aimé
ils aiment	ils ont aimé

Imparfait	Plus-que-parfait
j'**aimais**	j'avais aimé
tu aimais	tu avais aimé
il aimait	il avait aimé
nous aimions	nous avions aimé
vous aimiez	vous aviez aimé
ils aimaient	ils avaient aimé

Passé simple	Passé antérieur
j'**aimai**	j'eus aimé
tu aimas	tu eus aimé
il aima	il eut aimé
nous aimâmes	nous eûmes aimé
vous aimâtes	vous eûtes aimé
ils aimèrent	ils eurent aimé

Futur simple	Futur antérieur
j'**aimerai**	j'aurai aimé
tu aimeras	tu auras aimé
il aimera	il aura aimé
nous aimerons	nous aurons aimé
vous aimerez	vous aurez aimé
ils aimeront	ils auront aimé

CONDITIONNEL

Présent	Passé
j'**aimerais**	j'aurais aimé
tu aimerais	tu aurais aimé
il aimerait	il aurait aimé
nous aimerions	nous aurions aimé
vous aimeriez	vous auriez aimé
ils aimeraient	ils auraient aimé

SUBJONCTIF

Présent	Passé
que j'**aime**	que j'aie aimé
que tu aimes	que tu aies aimé
qu'il aime	qu'il ait aimé
que n. **aimions**	que n. ayons aimé
que vous aimiez	que vous ayez aimé
qu'ils aiment	qu'ils aient aimé

Imparfait	Plus-que-parfait
que j'**aimasse**	que j'eusse aimé
que tu aimasses	que tu eusses aimé
qu'il aimât	qu'il eût aimé
que n. aimassions	que n. eussions aimé
que v. aimassiez	que v. eussiez aimé
qu'ils aimassent	qu'ils eussent aimé

IMPÉRATIF

Présent	Passé
aime	aie aimé
aimons	ayons aimé
aimez	ayez aimé

INFINITIF

Présent	Passé
aimer	avoir aimé

PARTICIPE

Présent	Passé
aimant	**aimé**
	ayant aimé

GÉRONDIF

Présent	Passé
en aimant	en ayant aimé

306 Être aimé Voix passive

Indicatif

Présent
je **suis aimé**
tu es aimé
il est aimé
nous **sommes aimés**
vous êtes aimés
ils sont aimés

Passé composé
j'ai été aimé
tu as été aimé
il a été aimé
nous avons été aimés
vous avez été aimés
ils ont été aimés

Imparfait
j'**étais aimé**
tu étais aimé
il était aimé
nous étions aimés
vous étiez aimés
ils étaient aimés

Plus-que-parfait
j'avais été aimé
tu avais été aimé
il avait été aimé
nous avions été aimés
vous aviez été aimés
ils avaient été aimés

Passé simple
je **fus aimé**
tu fus aimé
il fut aimé
nous fûmes aimés
vous fûtes aimés
ils furent aimés

Passé antérieur
j'eus été aimé
tu eus été aimé
il eut été aimé
nous eûmes été aimés
vous eûtes été aimés
ils eurent été aimés

Futur simple
je **serai aimé**
tu seras aimé
il sera aimé
nous serons aimés
vous serez aimés
ils seront aimés

Futur antérieur
j'aurai été aimé
tu auras été aimé
il aura été aimé
nous aurons été aimés
vous aurez été aimés
ils auront été aimés

Conditionnel

Présent
je **serais aimé**
tu serais aimé
il serait aimé
nous serions aimés
vous seriez aimés
ils seraient aimés

Passé
j'aurais été aimé
tu aurais été aimé
il aurait été aimé
nous aurions été aimés
vous auriez été aimés
ils auraient été aimés

Subjonctif

Présent
que je **sois aimé**
que tu sois aimé
qu'il soit aimé
que n. **soyons aimés**
que v. soyez aimés
qu'ils soient aimés

Passé
que j'aie été aimé
que tu aies été aimé
qu'il ait été aimé
que n. ayons été aimés
que v. ayez été aimés
qu'ils aient été aimés

Imparfait
que je **fusse aimé**
que tu fusses aimé
qu'il fût aimé
que n. fussions aimés
que v. fussiez aimés
qu'ils fussent aimés

Plus-que-parfait
que j'eusse été aimé
que tu eusses été aimé
qu'il eût été aimé
que n. eussions été aimés
que v. eussiez été aimés
qu'ils eussent été aimés

Impératif

Présent
sois aimé
soyons aimés
soyez aimés

Passé
·
·
·

Infinitif

Présent
être aimé

Passé
avoir été aimé

Participe

Présent
étant aimé

Passé
aimé
ayant été aimé

Gérondif

Présent
en étant aimé

Passé
en ayant été aimé

307 Se méfier Verbe pronominal

INDICATIF

Présent
je **me méfie**
tu te méfies
il se méfie
nous **nous méfions**
vous vous méfiez
ils se méfient

Passé composé
je me suis méfié
tu t'es méfié
il s'est méfié
n. nous sommes méfiés
v. vous êtes méfiés
ils se sont méfiés

Imparfait
je **me méfiais**
tu te méfiais
il se méfiait
nous nous méf**ii**ons
vous vous méf**ii**ez
ils se méfiaient

Plus-que-parfait
je m'étais méfié
tu t'étais méfié
il s'était méfié
n. nous étions méfiés
v. vous étiez méfiés
ils s'étaient méfiés

Passé simple
je **me méfiai**
tu te méfias
il se méfia
nous nous méfiâmes
vous vous méfiâtes
ils se méfièrent

Passé antérieur
je me fus méfié
tu te fus méfié
il se fut méfié
n. nous fûmes méfiés
v. vous fûtes méfiés
ils se furent méfiés

Futur simple
je **me méfierai**
tu te méfieras
il se méfiera
nous nous méfierons
vous vous méfierez
ils se méfieront

Futur antérieur
je me serai méfié
tu te seras méfié
il se sera méfié
n. nous serons méfiés
v. vous serez méfiés
ils se seront méfiés

CONDITIONNEL

Présent
je **me méfierais**
tu te méfierais
il se méfierait
n. nous méfierions
v. vous méfieriez
ils se méfieraient

Passé
je me serais méfié
tu te serais méfié
il se serait méfié
n. nous serions méfiés
v. vous seriez méfiés
ils se seraient méfiés

SUBJONCTIF

Présent
que je **me méfie**
que tu te méfies
qu' il se méfie
que n. **n. méfiions**
que v. v. méf**ii**ez
qu'ils se méfient

Passé
que je me sois méfié
que tu te sois méfié
qu'il se soit méfié
que n. n. soyons méfiés
que v. v. soyez méfiés
qu'ils se soient méfiés

Imparfait
que je **me méfiasse**
que tu te méfiasses
qu'il se méfiât
que n. n. méfiassions
que v. v. méfiassiez
qu'ils se méfiassent

Plus-que-parfait
que je me fusse méfié
que tu te fusses méfié
qu'il se fût méfié
que n. n. fussions méfiés
que v. v. fussiez méfiés
qu'ils se fussent méfiés

IMPÉRATIF

Présent
méfie-toi
méfions-nous
méfiez-vous

Passé
·
·
·

INFINITIF

Présent
se méfier

Passé
s'être méfié

PARTICIPE

Présent
se méfiant

Passé
·
s'étant méfié

GÉRONDIF

Présent
en se méfiant

Passé
en s'étant méfié

308 Finir Deuxième groupe

INDICATIF

Présent	Passé composé
je **finis**	j'ai fini
tu finis	tu as fini
il finit	il a fini
nous **finissons**	nous avons fini
vous finissez	vous avez fini
ils finissent	ils ont fini

Imparfait	Plus-que-parfait
je **finissais**	j'avais fini
tu finissais	tu avais fini
il finissait	il avait fini
nous finissions	nous avions fini
vous finissiez	vous aviez fini
ils finissaient	ils avaient fini

Passé simple	Passé antérieur
je **finis**	j'eus fini
tu finis	tu eus fini
il finit	il eut fini
nous finîmes	nous eûmes fini
vous finîtes	vous eûtes fini
ils finirent	ils eurent fini

Futur simple	Futur antérieur
je **finirai**	j'aurai fini
tu finiras	tu auras fini
il finira	il aura fini
nous finirons	nous aurons fini
vous finirez	vous aurez fini
ils finiront	ils auront fini

CONDITIONNEL

Présent	Passé
je **finirais**	j'aurais fini
tu finirais	tu aurais fini
il finirait	il aurait fini
nous finirions	nous aurions fini
vous finiriez	vous auriez fini
ils finiraient	ils auraient fini

SUBJONCTIF

Présent	Passé
que je **finisse**	que j'aie fini
que tu finisses	que tu aies fini
qu'il finisse	qu'il ait fini
que n. **finissions**	que n. ayons fini
que v. finissiez	que v. ayez fini
qu'ils finissent	qu'ils aient fini

Imparfait	Plus-que-parfait
que je **finisse**	que j'eusse fini
que tu finisses	que tu eusses fini
qu'il finît	qu'il eût fini
que n. finissions	que n. eussions fini
que v. finissiez	que v. eussiez fini
qu'ils finissent	qu'ils eussent fini

IMPÉRATIF

Présent	Passé
finis	aie fini
finissons	ayons fini
finissez	ayez fini

INFINITIF

Présent	Passé
finir	avoir fini

PARTICIPE

Présent	Passé
finissant	**fini**
	ayant fini

GÉRONDIF

Présent	Passé
en finissant	en ayant fini

309 Aller Troisième groupe

Indicatif

Présent	Passé composé
je **vais**	je suis allé
tu vas	tu es allé
il va	il est allé
nous **allons**	nous sommes allés
vous allez	vous êtes allés
ils vont	ils sont allés

Imparfait	Plus-que-parfait
j'**allais**	j'étais allé
tu allais	tu étais allé
il allait	il était allé
nous allions	nous étions allés
vous alliez	vous étiez allés
ils allaient	ils étaient allés

Passé simple	Passé antérieur
j'**allai**	je fus allé
tu allas	tu fus allé
il alla	il fut allé
nous allâmes	nous fûmes allés
vous allâtes	vous fûtes allés
ils allèrent	ils furent allés

Futur simple	Futur antérieur
j'**irai**	je serai allé
tu iras	tu seras allé
il ira	il sera allé
nous irons	nous serons allés
vous irez	vous serez allés
ils iront	ils seront allés

Conditionnel

Présent	Passé
j'**irais**	je serais allé
tu irais	tu serais allé
il irait	il serait allé
nous irions	nous serions allés
vous iriez	vous seriez allés
ils iraient	ils seraient allés

Subjonctif

Présent	Passé
que j'**aille**	que je sois allé
que tu ailles	que tu sois allé
qu'il aille	qu'il soit allé
que n. **allions**	que n. soyons allés
que v. alliez	que v. soyez allés
qu'ils aillent	qu'ils soient allés

Imparfait	Plus-que-parfait
que j'**allasse**	que je fusse allé
que tu allasses	que tu fusses allé
qu'il allât	qu'il fût allé
que n. allassions	que n. fussions allés
que v. allassiez	que v. fussiez allés
qu'ils allassent	qu'ils fussent allés

Impératif

Présent	Passé
va	sois allé
allons	soyons allés
allez	soyez allés

Infinitif

Présent	Passé
aller	être allé

Participe

Présent	Passé
allant	**allé**
	étant allé

Gérondif

Présent	Passé
en allant	en étant allé

310 Conclure Troisième groupe

Indicatif

Présent
je **conclus**
tu conclus
il conclut
nous **concluons**
vous concluez
ils concluent

Passé composé
j'ai conclu
tu as conclu
il a conclu
nous avons conclu
vous avez conclu
ils ont conclu

Imparfait
je **concluais**
tu concluais
il concluait
nous concluions
vous concluiez
ils concluaient

Plus-que-parfait
j'avais conclu
tu avais conclu
il avait conclu
nous avions conclu
vous aviez conclu
ils avaient conclu

Passé simple
je **conclus**
tu conclus
il conclut
nous conclûmes
vous conclûtes
ils conclurent

Passé antérieur
j'eus conclu
tu eus conclu
il eut conclu
nous eûmes conclu
vous eûtes conclu
ils eurent conclu

Futur simple
je **conclurai**
tu concluras
il conclura
nous conclurons
vous conclurez
ils concluront

Futur antérieur
j'aurai conclu
tu auras conclu
il aura conclu
nous aurons conclu
vous aurez conclu
ils auront conclu

Conditionnel

Présent
je **conclurais**
tu conclurais
il conclurait
nous conclurions
vous concluriez
ils concluraient

Passé
j'aurais conclu
tu aurais conclu
il aurait conclu
nous aurions conclu
vous auriez conclu
ils auraient conclu

Subjonctif

Présent
que je **conclue**
que tu conclues
qu'il conclue
que n. **concluions**
que v. concluiez
qu'ils concluent

Passé
que j'aie conclu
que tu aies conclu
qu'il ait conclu
que n. ayons conclu
que v. ayez conclu
qu'ils aient conclu

Imparfait
que je **conclusse**
que tu conclusses
qu'il conclût
que n. conclussions
que v. conclussiez
qu'ils conclussent

Plus-que-parfait
que j'eusse conclu
que tu eusses conclu
qu'il eût conclu
que n. eussions conclu
que v. eussiez conclu
qu'ils eussent conclu

Impératif

Présent
conclus
concluons
concluez

Passé
aie conclu
ayons conclu
ayez conclu

Infinitif

Présent
conclure

Passé
avoir conclu

Participe

Présent
concluant

Passé
conclu
ayant conclu

Gérondif

Présent
en concluant

Passé
en ayant conclu

311 Croire Troisième groupe

Indicatif

Présent	Passé composé
je **crois**	j'ai cru
tu crois	tu as cru
il croit	il a cru
nous **croyons**	nous avons cru
vous croyez	vous avez cru
ils croient	ils ont cru

Imparfait	Plus-que-parfait
je **croyais**	j'avais cru
tu croyais	tu avais cru
il croyait	il avait cru
nous cro**yi**ons	nous avions cru
vous cro**yi**ez	vous aviez cru
ils croyaient	ils avaient cru

Passé simple	Passé antérieur
je **crus**	j'eus cru
tu crus	tu eus cru
il crut	il eut cru
nous crûmes	nous eûmes cru
vous crûtes	vous eûtes cru
ils crurent	ils eurent cru

Futur simple	Futur antérieur
je **croirai**	j'aurai cru
tu croiras	tu auras cru
il croira	il aura cru
nous croirons	nous aurons cru
vous croirez	vous aurez cru
ils croiront	ils auront cru

Conditionnel

Présent	Passé
je **croirais**	j'aurais cru
tu croirais	tu aurais cru
il croirait	il aurait cru
nous croirions	nous aurions cru
vous croiriez	vous auriez cru
ils croiraient	ils auraient cru

Subjonctif

Présent	Passé
que je **croie**	que j'aie cru
que tu croies	que tu aies cru
qu'il croie	qu'il ait cru
que n. **croyions**	que n. ayons cru
que v. cro**yi**ez	que v. ayez cru
qu'ils croient	qu'ils aient cru

Imparfait	Plus-que-parfait
que je **crusse**	que j'eusse cru
que tu crusses	que tu eusses cru
qu'il crût	qu'il eût cru
que n. crussions	que n. eussions cru
que v. crussiez	que v. eussiez cru
qu'ils crussent	qu'ils eussent cru

Impératif

Présent	Passé
crois	aie cru
croyons	ayons cru
croyez	ayez cru

Infinitif

Présent	Passé
croire	avoir cru

Participe

Présent	Passé
croyant	**cru**
	ayant cru

Gérondif

Présent	Passé
en croyant	en ayant cru

312 Dire Troisième groupe

INDICATIF

Présent	Passé composé
je **dis**	j'ai dit
tu dis	tu as dit
il dit	il a dit
nous **disons**	nous avons dit
vous **dites**	vous avez dit
ils disent	ils ont dit

Imparfait	Plus-que-parfait
je **disais**	j'avais dit
tu disais	tu avais dit
il disait	il avait dit
nous disions	nous avions dit
vous disiez	vous aviez dit
ils disaient	ils avaient dit

Passé simple	Passé antérieur
je **dis**	j'eus dit
tu dis	tu eus dit
il dit	il eut dit
nous dîmes	nous eûmes dit
vous dîtes	vous eûtes dit
ils dirent	ils eurent dit

Futur simple	Futur antérieur
je **dirai**	j'aurai dit
tu diras	tu auras dit
il dira	il aura dit
nous dirons	nous aurons dit
vous direz	vous aurez dit
ils diront	ils auront dit

CONDITIONNEL

Présent	Passé
je **dirais**	j'aurais dit
tu dirais	tu aurais dit
il dirait	il aurait dit
nous dirions	nous aurions dit
vous diriez	vous auriez dit
ils diraient	ils auraient dit

SUBJONCTIF

Présent	Passé
que je **dise**	que j'aie dit
que tu dises	que tu aies dit
qu'il dise	qu'il ait dit
que n. **disions**	que n. ayons dit
que v. disiez	que v. ayez dit
qu'ils disent	qu'ils aient dit

Imparfait	Plus-que-parfait
que je **disse**	que j'eusse dit
que tu disses	que tu eusses dit
qu'il dît	qu'il eût dit
que n. dissions	que n. eussions dit
que v. dissiez	que v. eussiez dit
qu'ils dissent	qu'ils eussent dit

IMPÉRATIF

Présent	Passé
dis	aie dit
disons	ayons dit
dites	ayez dit

INFINITIF

Présent	Passé
dire	avoir dit

PARTICIPE

Présent	Passé
disant	**dit** ayant dit

GÉRONDIF

Présent	Passé
en disant	en ayant dit

313 Faire Troisième groupe

INDICATIF

Présent
je **fais**
tu fais
il fait
nous **faisons**
vous **faites**
ils font

Passé composé
j'ai fait
tu as fait
il a fait
nous avons fait
vous avez fait
ils ont fait

Imparfait
je **faisais**
tu faisais
il faisait
nous faisions
vous faisiez
ils faisaient

Plus-que-parfait
j'avais fait
tu avais fait
il avait fait
nous avions fait
vous aviez fait
ils avaient fait

Passé simple
je **fis**
tu fis
il fit
nous fîmes
vous fîtes
ils firent

Passé antérieur
j'eus fait
tu eus fait
il eut fait
nous eûmes fait
vous eûtes fait
ils eurent fait

Futur simple
je **ferai**
tu feras
il fera
nous ferons
vous ferez
ils feront

Futur antérieur
j'aurai fait
tu auras fait
il aura fait
nous aurons fait
vous aurez fait
ils auront fait

CONDITIONNEL

Présent
je **ferais**
tu ferais
il ferait
nous ferions
vous feriez
ils feraient

Passé
j'aurais fait
tu aurais fait
il aurait fait
nous aurions fait
vous auriez fait
ils auraient fait

SUBJONCTIF

Présent
que je **fasse**
que tu fasses
qu'il fasse
que n. **fassions**
que v. fassiez
qu'ils fassent

Passé
que j'aie fait
que tu aies fait
qu'il ait fait
que n. ayons fait
que v. ayez fait
qu'ils aient fait

Imparfait
que je **fisse**
que tu fisses
qu'il fît
que n. fissions
que v. fissiez
qu'ils fissent

Plus-que-parfait
que j'eusse fait
que tu eusses fait
qu'il eût fait
que n. eussions fait
que v. eussiez fait
qu'ils eussent fait

IMPÉRATIF

Présent
fais
faisons
faites

Passé
aie fait
ayons fait
ayez fait

INFINITIF

Présent
faire

Passé
avoir fait

PARTICIPE

Présent
faisant

Passé
fait
ayant fait

GÉRONDIF

Présent
en faisant

Passé
en ayant fait

314 Peindre Troisième groupe

INDICATIF

Présent	Passé composé
je **peins**	j'ai peint
tu peins	tu as peint
il peint	il a peint
nous **peignons**	nous avons peint
vous peignez	vous avez peint
ils peignent	ils ont peint

Imparfait	Plus-que-parfait
je **peignais**	j'avais peint
tu peignais	tu avais peint
il peignait	il avait peint
nous peignions	nous avions peint
vous peigniez	vous aviez peint
ils peignaient	ils avaient peint

Passé simple	Passé antérieur
je **peignis**	j'eus peint
tu peignis	tu eus peint
il peignit	il eut peint
nous peignîmes	nous eûmes peint
vous peignîtes	vous eûtes peint
ils peignirent	ils eurent peint

Futur simple	Futur antérieur
je **peindrai**	j'aurai peint
tu peindras	tu auras peint
il peindra	il aura peint
nous peindrons	nous aurons peint
vous peindrez	vous aurez peint
ils peindront	ils auront peint

CONDITIONNEL

Présent	Passé
je **peindrais**	j'aurais peint
tu peindrais	tu aurais peint
il peindrait	il aurait peint
nous peindrions	nous aurions peint
vous peindriez	vous auriez peint
ils peindraient	ils auraient peint

SUBJONCTIF

Présent	Passé
que je **peigne**	que j'aie peint
que tu peignes	que tu aies peint
qu'il peigne	qu'il ait peint
que n. **peignions**	que n. ayons peint
que v. peigniez	que v. ayez peint
qu'ils peignent	qu'ils aient peint

Imparfait	Plus-que-parfait
que je **peignisse**	que j'eusse peint
que tu peignisses	que tu eusses peint
qu'il peignît	qu'il eût peint
que n. peignissions	que n. eussions peint
que v. peignissiez	que v. eussiez peint
qu'ils peignissent	qu'ils eussent peint

IMPÉRATIF

Présent	Passé
peins	aie peint
peignons	ayons peint
peignez	ayez peint

INFINITIF

Présent	Passé
peindre	avoir peint

PARTICIPE

Présent	Passé
peignant	**peint**
	ayant peint

GÉRONDIF

Présent	Passé
en peignant	en ayant peint

315 Pouvoir Troisième groupe

Indicatif

Présent	Passé composé
je **peux/puis**	j'ai pu
tu peux	tu as pu
il peut	il a pu
nous **pouvons**	nous avons pu
vous pouvez	vous avez pu
ils peuvent	ils ont pu

Imparfait	Plus-que-parfait
je **pouvais**	j'avais pu
tu pouvais	tu avais pu
il pouvait	il avait pu
nous pouvions	nous avions pu
vous pouviez	vous aviez pu
ils pouvaient	ils avaient pu

Passé simple	Passé antérieur
je **pus**	j'eus pu
tu pus	tu eus pu
il put	il eut pu
nous pûmes	nous eûmes pu
vous pûtes	vous eûtes pu
ils purent	ils eurent pu

Futur simple	Futur antérieur
je **pourrai**	j'aurai pu
tu pou**rr**as	tu auras pu
il pou**rr**a	il aura pu
nous pou**rr**ons	nous aurons pu
vous pou**rr**ez	vous aurez pu
ils pou**rr**ont	ils auront pu

Conditionnel

Présent	Passé
je **pourrais**	j'aurais pu
tu pou**rr**ais	tu aurais pu
il pou**rr**ait	il aurait pu
nous pou**rr**ions	nous aurions pu
vous pou**rr**iez	vous auriez pu
ils pou**rr**aient	ils auraient pu

Subjonctif

Présent	Passé
que je **puisse**	que j'aie pu
que tu puisses	que tu aies pu
qu'il puisse	qu'il ait pu
que n. **puissions**	que n. ayons pu
que v. puissiez	que v. ayez pu
qu'ils puissent	qu'ils aient pu

Imparfait	Plus-que-parfait
que je **pusse**	que j'eusse pu
que tu pusses	que tu eusses pu
qu'il pût	qu'il eût pu
que n. pussions	que n. eussions pu
que v. pussiez	que v. eussiez pu
qu'ils pussent	qu'ils eussent pu

Impératif

Présent	Passé
.	.
.	.
.	.

Infinitif

Présent	Passé
pouvoir	avoir pu

Participe

Présent	Passé
pouvant	**pu**
	ayant pu

Gérondif

Présent	Passé
en pouvant	en ayant pu

316 Prendre Troisième groupe

Indicatif

Présent
je **prends**
tu prends
il prend
nous **prenons**
vous prenez
ils prennent

Passé composé
j'ai pris
tu as pris
il a pris
nous avons pris
vous avez pris
ils ont pris

Imparfait
je **prenais**
tu prenais
il prenait
nous prenions
vous preniez
ils prenaient

Plus-que-parfait
j'avais pris
tu avais pris
il avait pris
nous avions pris
vous aviez pris
ils avaient pris

Passé simple
je **pris**
tu pris
il prit
nous prîmes
vous prîtes
ils prirent

Passé antérieur
j'eus pris
tu eus pris
il eut pris
nous eûmes pris
vous eûtes pris
ils eurent pris

Futur simple
je **prendrai**
tu prendras
il prendra
nous prendrons
vous prendrez
ils prendront

Futur antérieur
j'aurai pris
tu auras pris
il aura pris
nous aurons pris
vous aurez pris
ils auront pris

Conditionnel

Présent
je **prendrais**
tu prendrais
il prendrait
nous prendrions
vous prendriez
ils prendraient

Passé
j'aurais pris
tu aurais pris
il aurait pris
nous aurions pris
vous auriez pris
ils auraient pris

Subjonctif

Présent
que je **prenne**
que tu prennes
qu'il prenne
que n. **prenions**
que v. preniez
qu'ils prennent

Passé
que j'aie pris
que tu aies pris
qu'il ait pris
que n. ayons pris
que v. ayez pris
qu'ils aient pris

Imparfait
que je **prisse**
que tu prisses
qu'il prît
que n. prissions
que v. prissiez
qu'ils prissent

Plus-que-parfait
que j'eusse pris
que tu eusses pris
qu'il eût pris
que n. eussions pris
que v. eussiez pris
qu'ils eussent pris

Impératif

Présent
prends
prenons
prenez

Passé
aie pris
ayons pris
ayez pris

Infinitif

Présent
prendre

passé
avoir pris

Participe

Présent
prenant

Passé
pris
ayant pris

Gérondif

Présent
en prenant

Passé
en ayant pris

317 Savoir Troisième groupe

INDICATIF

Présent
je **sais**
tu sais
il sait
nous **savons**
vous savez
ils savent

Passé composé
j'ai su
tu as su
il a su
nous avons su
vous avez su
ils ont su

Imparfait
je **savais**
tu savais
il savait
nous savions
vous saviez
ils savaient

Plus-que-parfait
j'avais su
tu avais su
il avait su
nous avions su
vous aviez su
ils avaient su

Passé simple
je **sus**
tu sus
il sut
nous sûmes
vous sûtes
ils surent

Passé antérieur
j'eus su
tu eus su
il eut su
nous eûmes su
vous eûtes su
ils eurent su

Futur simple
je **saurai**
tu sauras
il saura
nous saurons
vous saurez
ils sauront

Futur antérieur
j'aurai su
tu auras su
il aura su
nous aurons su
vous aurez su
ils auront su

CONDITIONNEL

Présent
je **saurais**
tu saurais
il saurait
nous saurions
vous sauriez
ils sauraient

Passé
j'aurais su
tu aurais su
il aurait su
nous aurions su
vous auriez su
ils auraient su

SUBJONCTIF

Présent
que je **sache**
que tu saches
qu'il sache
que n. **sachions**
que v. sachiez
qu'ils sachent

Passé
que j'aie su
que tu aies su
qu'il ait su
que n. ayons su
que v. ayez su
qu'ils aient su

Imparfait
que je **susse**
que tu susses
qu'il sût
que n. sussions
que v. sussiez
qu'ils sussent

Plus-que-parfait
que j'eusse su
que tu eusses su
qu'il eût su
que n. eussions su
que v. eussiez su
qu'ils eussent su

IMPÉRATIF

Présent
sache
sachons
sachez

Passé
aie su
ayons su
ayez su

INFINITIF

Présent
savoir

Passé
avoir su

PARTICIPE

Présent
sachant

Passé
su
ayant su

GÉRONDIF

Présent
en sachant

Passé
en ayant su

318 Tenir Troisième groupe

Indicatif

Présent	Passé composé
je **tiens**	j'ai tenu
tu tiens	tu as tenu
il tient	il a tenu
nous **tenons**	nous avons tenu
vous tenez	vous avez tenu
ils tiennent	ils ont tenu

Imparfait	Plus-que-parfait
je **tenais**	j'avais tenu
tu tenais	tu avais tenu
il tenait	il avait tenu
nous tenions	nous avions tenu
vous teniez	vous aviez tenu
ils tenaient	ils avaient tenu

Passé simple	Passé antérieur
je **tins**	j'eus tenu
tu tins	tu eus tenu
il tint	il eut tenu
nous tînmes	nous eûmes tenu
vous tîntes	vous eûtes tenu
ils tinrent	ils eurent tenu

Futur simple	Futur antérieur
je **tiendrai**	j'aurai tenu
tu tiendras	tu auras tenu
il tiendra	il aura tenu
nous tiendrons	nous aurons tenu
vous tiendrez	vous aurez tenu
ils tiendront	ils auront tenu

Conditionnel

Présent	Passé
je **tiendrais**	j'aurais tenu
tu tiendrais	tu aurais tenu
il tiendrait	il aurait tenu
nous tiendrions	nous aurions tenu
vous tiendriez	vous auriez tenu
ils tiendraient	ils auraient tenu

Subjonctif

Présent	Passé
que je **tienne**	que j'aie tenu
que tu tiennes	que tu aies tenu
qu'il tienne	qu'il ait tenu
que n. **tenions**	que n. ayons tenu
que v. teniez	que v. ayez tenu
qu'ils tiennent	qu'ils aient tenu

Imparfait	Plus-que-parfait
que je **tinsse**	que j'eusse tenu
que tu tinsses	que tu eusses tenu
qu'il tînt	qu'il eût tenu
que n. tinssions	que n. eussions tenu
que v. tinssiez	que v. eussiez tenu
qu'ils tinssent	qu'ils eussent tenu

Impératif

Présent	Passé
tiens	aie tenu
tenons	ayons tenu
tenez	ayez tenu

Infinitif

Présent	Passé
tenir	avoir tenu

Participe

Présent	Passé
tenant	**tenu**
	ayant tenu

Gérondif

Présent	Passé
en tenant	en ayant tenu

319 Voir Troisième groupe

INDICATIF

Présent
je **vois**
tu vois
il voit
nous **voyons**
vous voyez
ils voient

Passé composé
j'ai vu
tu as vu
il a vu
nous avons vu
vous avez vu
ils ont vu

Imparfait
je **voyais**
tu voyais
il voyait
nous vo**yi**ons
vous vo**yi**ez
ils voyaient

Plus-que-parfait
j'avais vu
tu avais vu
il avait vu
nous avions vu
vous aviez vu
ils avaient vu

Passé simple
je **vis**
tu vis
il vit
nous vîmes
vous vîtes
ils virent

Passé antérieur
j'eus vu
tu eus vu
il eut vu
nous eûmes vu
vous eûtes vu
ils eurent vu

Futur simple
je **verrai**
tu ve**rr**as
il ve**rr**a
nous ve**rr**ons
vous ve**rr**ez
ils ve**rr**ont

Futur antérieur
j'aurai vu
tu auras vu
il aura vu
nous aurons vu
vous aurez vu
ils auront vu

CONDITIONNEL

Présent
je **verrais**
tu ve**rr**ais
il ve**rr**ait
nous ve**rr**ions
vous ve**rr**iez
ils ve**rr**aient

Passé
j'aurais vu
tu aurais vu
il aurait vu
nous aurions vu
vous auriez vu
ils auraient vu

SUBJONCTIF

Présent
que je **voie**
que tu voies
qu'il voie
que n. **voyions**
que v. vo**yi**ez
qu'ils voient

Passé
que j'aie vu
que tu aies vu
qu'il ait vu
que n. ayons vu
que v. ayez vu
qu'ils aient vu

Imparfait
que je **visse**
que tu visses
qu'il vît
que n. vissions
que v. vissiez
qu'ils vissent

Plus-que-parfait
que j'eusse vu
que tu eusses vu
qu'il eût vu
que n. eussions vu
que v. eussiez vu
qu'ils eussent vu

IMPÉRATIF

Présent
vois
voyons
voyez

Passé
aie vu
ayons vu
ayez vu

INFINITIF

Présent
voir

Passé
avoir vu

PARTICIPE

Présent
voyant

Passé
vu
ayant vu

GÉRONDIF

Présent
en voyant

Passé
en ayant vu

320 Vouloir Troisième groupe

INDICATIF

Présent
je **veux**
tu veux
il veut
nous **voulons**
vous voulez
ils veulent

Passé composé
j'ai voulu
tu as voulu
il a voulu
nous avons voulu
vous avez voulu
ils ont voulu

Imparfait
je **voulais**
tu voulais
il voulait
nous voulions
vous vouliez
ils voulaient

Plus-que-parfait
j'avais voulu
tu avais voulu
il avait voulu
nous avions voulu
vous aviez voulu
ils avaient voulu

Passé simple
je **voulus**
tu voulus
il voulut
nous voulûmes
vous voulûtes
ils voulurent

Passé antérieur
j'eus voulu
tu eus voulu
il eut voulu
nous eûmes voulu
vous eûtes voulu
ils eurent voulu

Futur simple
je **voudrai**
tu voudras
il voudra
nous voudrons
vous voudrez
ils voudront

Futur antérieur
j'aurai voulu
tu auras voulu
il aura voulu
nous aurons voulu
vous aurez voulu
ils auront voulu

CONDITIONNEL

Présent
je **voudrais**
tu voudrais
il voudrait
nous voudrions
vous voudrriez
ils voudraient

Passé
j'aurais voulu
tu aurais voulu
il aurait voulu
nous aurions voulu
vous auriez voulu
ils auraient voulu

SUBJONCTIF

Présent
que je **veuille**
que tu veuilles
qu'il veuille
que n. **voulions**
que v. vouliez
qu'ils veuillent

Passé
que j'aie voulu
que tu aies voulu
qu'il ait voulu
que n. ayons voulu
que v. ayez voulu
qu'ils aient voulu

Imparfait
que je **voulusse**
que tu voulusses
qu'il voulût
que n. voulussions
que v. voulussiez
qu'ils voulussent

Plus-que-parfait
que j'eusse voulu
que tu eusses voulu
qu'il eût voulu
que n. eussions voulu
que v. eussiez voulu
qu'ils eussent voulu

IMPÉRATIF

Présent
veux (veuille)
voulons
voulez (veuillez)

Passé
aie voulu
ayons voulu
ayez voulu

INFINITIF

Présent
vouloir

Passé
avoir voulu

PARTICIPE

Présent
voulant

Passé
voulu
ayant voulu

GÉRONDIF

Présent
en voulant

Passé
en ayant voulu

VOCABULAIRE

L'ORIGINE DES MOTS

Ysolt en sa chambre suspire
Pur Tristran qu'ele tant desire
Ne puet en sun cuer el penser
Fors ço sul que Tristran amer

■ « Le lai de Guiron », *Le Roman de Tristan et Iseut.*

Iseut dans sa chambre soupire pour Tristan qu'elle désire si fort. En son cœur, elle ne peut penser à autre chose qu'à son amour pour Tristan.

Les poèmes de la légende de Tristan et Iseut ont été écrits en ancien français ; on voit ainsi que les mots ont une histoire.

321 Qu'est-ce que l'étymologie d'un mot ?

■ L'étymologie est la science qui permet de connaître l'**histoire des mots** en remontant à leur forme et à leur sens premier. Rechercher l'étymologie d'un mot consiste à rechercher l'**origine du mot**. Le dictionnaire indique, pour chaque mot, son étymologie et sa date d'apparition.

Enfant : n. ; XIe ; lat. infans *« qui ne parle pas ».*
Le dictionnaire nous apprend que le nom *enfant* est apparu dans la langue française au XIe siècle et qu'il vient d'un mot latin qui signifiait : *qui ne parle pas*.

■ Les mots français ont des origines variées. On distingue les mots **hérités**, les mots **empruntés à d'autres langues** et les mots **formés par le français** (mots dérivés → 325 ; mots composés → 329).

322 Les mots hérités ou le fonds primitif

■ La langue française s'est formée à partir d'un **fonds primitif** constitué par les mots hérités du latin, du gaulois et des langues germaniques. Ces différents héritages ont donné naissance, au IXe siècle, au **roman** ou **ancien français** qui, en évoluant, deviendra le français moderne à partir du XVIe siècle.

Un jour, Renart qui, comme d'habitude, était toujours prêt à jouer quelque tour de sa façon et à s'amuser aux dépens d'autrui, se dirigeait vers un hameau situé dans un bois et bien pourvu en poules, coqs, canes, canards, jars et oies.

■ *Le Roman de Renart.*

Cette phrase est une transcription en français moderne d'un extrait du *Roman de Renart*, composé entre le XIIe et le XIIIe siècle et écrit en ancien français :

Il avint chose que Renars,
Qui tant par fu de males ars
Et qui tant sot toz jors de guile,
S'en vint traiant a une vile.
La vile seoit en un bos.
Molt i ot gelines et cos,
Anes et malarz, jars et oës.

■ La plupart des mots français viennent du **latin** : comme l'italien, l'espagnol ou le portugais, le français est une **langue romane**, c'est-à-dire issue du latin populaire. Introduit en Gaule avec la conquête romaine, le latin était transmis oralement par les soldats et les marchands romains ; les Gaulois, en le parlant, lui ont fait subir diverses transformations. Ainsi, au fil du temps, les mots latins ont évolué.

Caballum a donné *cheval.*
Pavorem a donné *peur.*
Aquam a donné *ewe,* qui a donné *eau.*

■ Seuls quelques **mots gaulois** ont subsisté ; ils appartiennent le plus souvent au vocabulaire de la nature et de la vie agricole : *alouette, charrue, chemin, chêne*… En revanche, de nombreux **mots germaniques** ont été introduits par les Francs, lorsque ceux-ci se sont installés dans la Gaule romaine : *bourg, guerre, honte, riche, robe*…

323 Les emprunts au latin et au grec

■ Au Moyen Âge et à la Renaissance, les savants et les écrivains ont emprunté des mots au **latin littéraire** et au **grec classique** de manière à enrichir le français. Ces mots, qui ont été francisés simplement par changement de terminaison, sont très proches du mot d'origine.

Liberté vient du latin *libertas.*
Automate vient du grec *automatos.*

■ Les mots empruntés au latin littéraire sont des **formations savantes**. Ils se distinguent des mots d'origine latine du fonds primitif, qui sont des **formations populaires**. Il arrive parfois que deux mots français soient issus d'un même mot latin : l'un étant une formation populaire, l'autre une formation savante. On parle alors de **doublets**.

Hospitalem a donné :	*hôtel* (formation populaire)
	hôpital (formation savante)
Navigare a donné :	*nager* (formation populaire)
	naviguer (formation savante)
Strictum a donné :	*étroit* (formation populaire)
	strict (formation savante)
Potionem a donné :	*poison* (formation populaire)
	potion (formation savante)

■ Depuis la Renaissance jusqu'à nos jours, le grec et le latin ont continué à enrichir le français, que ce soit par l'emprunt direct ou par l'utilisation de radicaux, de préfixes ou de suffixes issus de ces langues.

album – agenda – memento
Ces mots latins sont passés sans modification en français.

biographie
Ce mot est constitué à partir des radicaux grecs *bio-* (vie) et *-graph-* (l'écriture).

***hyper**sensible*
Le préfixe grec *hyper* signifie *au-delà*.

***post**opératoire*
Le préfixe latin *post* signifie *après*.

324 Les emprunts aux langues vivantes

■ Au cours de l'histoire, le français a également emprunté des mots aux différentes langues vivantes. Ces emprunts ont été favorisés par les relations politiques, commerciales, culturelles ou touristiques. Ainsi, de nombreux mots viennent de :

– l'arabe : *alcool, algèbre, chiffre, hasard, zéro*...
– l'italien : *balcon, banque, carnaval, pantalon, soldat*...
– l'allemand : *képi, trinquer, sabre, valse*...
– l'espagnol : *camarade, cigare, sieste, vanille*...
– l'anglais : *bifteck, match, sport, tee-shirt*...

■ Les mots empruntés aux langues étrangères peuvent être francisés, mais ils peuvent également conserver leur orthographe d'origine, et même leur prononciation lorsqu'ils sont d'importation récente.

paquebot
Ce mot vient de l'anglais *packet-boat* (bateau qui transporte les paquets, c'est-à-dire le courrier).

week-end
Ce mot a conservé son orthographe et sa prononciation.

Résumé

■ L'étymologie indique l'origine des mots.

■ Le français s'est principalement constitué à partir de mots hérités du latin populaire ; c'est une langue romane.

■ Au cours de son histoire, le français a également emprunté des mots à d'autres langues mortes ou vivantes.

LES MOTS DÉRIVÉS ET LES FAMILLES DE MOTS

FOLLAVOINE. – « *Z'Hébrides... Z'Hébrides...* » (Au public.) *C'est extraordinaire ! je trouve zèbre, zébré, zébrure, zébu ! Mais de Zhébrides, pas plus que dans mon œil ! Si ça y était, ce serait entre zébré et zébrure. On ne trouve rien dans ce dictionnaire !*

■ GEORGES FEYDEAU, *On purge Bébé.*

Si *zèbre, zébré* et *zébrure* appartiennent à la même famille de mots, ce n'est pas le cas de *zébu*. Quant à *Zhébrides*, Follavoine n'est pas près de le trouver dans le dictionnaire.

325 Les mots dérivés

■ On appelle mots dérivés les **mots créés** par la langue française par dérivation, c'est-à-dire en ajoutant des préfixes ou des suffixes à un radical :

– le **radical** est l'élément de base qui exprime le sens principal du mot et qui ne peut être décomposé en unités plus petites *(at-**terr**-ir)* ;

– le **préfixe** est un élément qui se place devant le radical *(**ex**-porter)* ;

– le **suffixe** est un élément qui se place après le radical *(respect-**able**)*.

■ Un mot dérivé peut être formé d'un seul préfixe ou d'un seul suffixe *(sembl-**able**)*, des deux à la fois *(**dis**-sembl-**able**)*, ou de la combinaison de plusieurs suffixes et préfixes *(sembl-**able-ment**)*.

326 Les familles de mots

■ On appelle famille de mots l'ensemble des **mots formés sur le même radical**. La plupart des mots d'une même famille ont été formés par dérivation : ce sont les **mots dérivés**. Certains sont formés par composition : on les appelle des **mots composés** (→ 329).

passage, passer, passable, dépasser, dépassement, insurpassable, passeport, passe-partout…
Tous ces mots appartiennent à la famille de *pas* ; ils ont été formés par dérivation, à l'exception de *passeport* et de *passe-partout* qui sont des mots composés.

■ Il arrive que le radical d'une famille de mots prenne des formes différentes. Ainsi, les mots ***sal**er, **sal**in, **sau**poudrer, **sau**mure* appartiennent tous à la famille du mot ***sel***. On parle alors de **famille à radicaux multiples**. Ces différences s'expliquent par l'origine des mots : certains sont hérités du latin populaire, alors que d'autres sont des formations savantes.

*famille du mot **mer** : a**mer**rir, **mar**ée, **mar**in, **mar**itime…*
Mer- et *mar-* viennent du latin *mare* : *la mer* ; le premier est une formation populaire qui a évolué, le second est une formation savante directement empruntée au mot latin.

Attention

Il ne faut pas confondre les radicaux homophones.

Certains mots ont un radical qui peut paraître identique, alors qu'ils n'appartiennent pas à la même famille. Pour appartenir à une même famille, les mots doivent avoir non seulement une ressemblance de forme, mais aussi une ressemblance de sens.

terrible – terrestre
Ces mots sont tous deux formés sur le radical *-terr-*, mais le premier appartient à la famille de *terreur* (du latin *terror*) et le second à la famille de *terre* (du latin *terra*).

327 Les préfixes

■ Les préfixes peuvent s'ajouter à des noms *(**mé**connaissance)*, à des verbes *(**re**faire)*, à des adjectifs *(**in**égal)*, mais ils ne modifient pas la classe grammaticale du mot auquel ils s'ajoutent : un préfixe ajouté à un nom crée un autre nom.

■ Les préfixes ont une signification qui modifie le sens des mots auxquels ils s'ajoutent. Différents préfixes peuvent avoir une même signification et un même préfixe peut avoir des sens différents :
– **in-** et **a-** sont des préfixes privatifs qui ont le même sens négatif : ***im**poli, **a**normal* ;

– **re-** et **in-** peuvent avoir des sens différents.

***re**faire* re : à nouveau ***re**tirer* re : en arrière
***im**porter* in : à l'intérieur ***in**audible* in : négation

■ La plupart des préfixes utilisés par le français sont d'origine grecque *(anti-, hyper-…)* ou latine *(post-, pré-…)* (→ 332-334). Ils sont invariables, mais la dernière consonne d'un préfixe s'assimile souvent à la première consonne du mot auquel il s'adjoint.

***in**distinct, **il**lisible, **im**mature, **ir**réalisable*
***ad**joindre, **ac**cueillir, **af**faiblir, **al**léger*
Les préfixes d'origine latine *in* et *ad* prennent différentes formes en s'assimilant au radical.

328 Les suffixes

■ À la différence des préfixes, les suffixes peuvent modifier la classe grammaticale des mots auxquels ils s'ajoutent. On peut former un nom à partir d'un autre nom *(ferme, ferm**ier**)*, mais on peut également former un nom à partir d'un verbe *(entasser, entasse**ment**)*, un adjectif à partir d'un nom *(orage, orag**eux**)*, un adverbe à partir d'un adjectif *(incroyable, incroyable**ment**)*, etc.

Suffixes de noms	**-age** : *régl**age*** **-esse** : *étroit**esse*** **-isme** : *capital**isme*** **-(a)tion** : *augment**ation***	**-ement** : *redress**ement*** **-ier** : *pâtiss**ier*** **-té** : *sure**té***
Suffixes de verbes	**-er** : *film**er*** **-iser** : *national**iser*** **-oter** : *siffl**oter***	**-ifier** : *clar**ifier*** **-onner** : *chant**onner***
Suffixes d'adjectifs	**-able** : *pass**able*** **-ais** : *angl**ais*** **-ible** : *poss**ible*** **-ien** : *ital**ien***	**-aire** : *planét**aire*** **-al** : *amic**al*** **-eux** : *heur**eux***
Suffixes d'adverbes	**-ment** : *froide**ment***	**-ons** : *à recul**ons***

■ Les suffixes ont des significations très variées. Un même suffixe peut avoir plusieurs significations : ainsi, le suffixe **-eur** peut former des noms de qualité *(blanch**eur**, chal**eur**...)* comme des noms d'agent *(vend**eur**, assur**eur**...)*. Certains ont une signification précise :

– suffixes de possibilité : **-able** *(pot**able**)* ; **-ible** *(créd**ible**)* ;

– suffixes péjoratifs : **-ard** *(faibl**ard**)* ; **-asse** *(paper**asse**)* ; **-ace** *(popu**lace**)* ; **-âtre** *(verd**âtre**)* ;

– suffixes de diminutifs : **-et**, **-ette** *(jardin**et**, poul**ette**)* ; **-on** *(chat**on**)* ; **-oter** *(viv**oter**)*.

■ Des radicaux d'origine grecque ou latine sont souvent utilisés comme suffixes (→ 332-334).

*carni**vore**, herbi**vore***
Le radical latin *-vore* signifie *qui mange*.

*photo**graphe**, géo**graphe***
Le radical grec *-graphe* signifie *qui écrit*.

Résumé

■ Le français peut former des mots nouveaux par dérivation, en ajoutant à un radical des préfixes et des suffixes.

■ Les mots dérivés à partir d'un même radical appartiennent à la même famille de mots.

■ Le préfixe est un élément qui précède le radical ; il ne modifie pas la classe grammaticale du mot auquel il s'ajoute.

■ Le suffixe est un élément qui suit le radical ; il peut modifier la classe grammaticale du mot auquel il s'ajoute.

Les mots composés et les mots abrégés

Dans ses *Exercices de style*, Raymond Queneau s'amuse à raconter une même histoire avec des mots composés : *Je plate-d'autobus-formais co-foultitudinairement dans un espace-temps lutécio-méridiennal...* ; ou encore avec des mots abrégés : *Je mon dans un aut plein de voya.* ■ RAYMOND QUENEAU, *Exercices de style.*

329 Les mots composés

■ On appelle mots composés les mots créés par la langue française en **réunissant plusieurs mots** ou **radicaux**. La composition s'opère par différents moyens et les mots ou radicaux qui forment les mots composés peuvent être :
– soudés : *télévision, portemanteau* ;
– reliés par un trait d'union : *timbre-poste, chef-d'œuvre* ;
– reliés par une préposition : *chemin de fer, machine à laver* ;
– juxtaposés : *chaise longue, compte rendu.*

■ Les mots composés peuvent associer des radicaux d'origine grecque ou latine (→ 332-334). Ces **mots composés savants** sont très nombreux dans le vocabulaire technique et scientifique.

ethnologie
Ethno- (peuple) et *-logie* (étude) sont des radicaux d'origine grecque.

omnivore
Omni- (tout) et *-vore* (qui mange) sont des radicaux d'origine latine.

■ Les mots composés sont de natures variées :
– il s'agit le plus souvent de **noms** : *chien-loup, cache-cache, beau-père, arrière-garde* ;
– d'**adjectifs** : *aigre-doux, bleu marine, avant-dernier* ;
– de **locutions** : locutions verbales *(avoir l'air)*, locutions adverbiales *(tout à coup)*, locutions prépositionnelles *(hors de)*, locutions conjonctives *(après que)*.

Pour aller plus loin

Les noms composés peuvent associer des mots de différentes natures.

On distingue des noms composés :
– de deux noms : *un portrait-robot, un chien-loup…*
– d'un nom et d'un infinitif : *un fer à repasser, une machine à laver…*
– d'un nom et d'un adjectif : *un beau-père, un court-circuit…*
– d'un verbe et d'un nom : *un gratte-ciel, un tire-bouchon…*
– d'une préposition et d'un nom : *un contretemps, une arrière-garde…*
Tout groupe de mots peut se figer pour devenir un nom composé : *le qu'en-dira-t-on, le va-et-vient…*

330 Les mots abrégés et les sigles

■ Les mots abrégés sont créés par la langue française en abrégeant, c'est-à-dire en **raccourcissant des mots**. Cette abréviation concerne surtout des mots composés savants et se produit dans la langue parlée. C'est généralement la fin du mot qui est supprimée, plus rarement le début.

cinématographe : cinéma — *photographie : photo*
vélocipède : vélo — *stylographe : stylo*
automobile : auto — *télévision : télé*
professeur : prof — *sympathique : sympa*
autobus : bus — *autocar : car*

■ Dans la langue familière, il arrive que les mots abrégés aient leur radical modifié et se terminent par **-o**.

directeur : dirlo — *dictionnaire : dico*

■ Les **sigles** sont une forme d'abréviation. Ils sont constitués par les **initiales** de mots composés désignant le plus souvent des organisations administratives, politiques ou internationales. Les initiales sont en lettres capitales.

SNCF Société nationale des chemins de fer français
HLM Habitation à loyer modéré
ONU Organisation des Nations unies

Certains sigles peuvent donner naissance à des dérivés.

ENA École nationale d'administration
énarque élève de cette école
RMI revenu minimum d'insertion
RMiste personne qui touche le RMI

331 Les mots qui changent de classe grammaticale

■ Des mots nouveaux peuvent être créés par simple changement de classe grammaticale. On peut ainsi transformer :

– un nom en adjectif ;

*une noisette : des yeux **noisette***
*une rose : une robe **rose***

– un adjectif en nom ou en adverbe ;

*vrai, faux : distinguer le **vrai** du **faux*** (noms)
*fort : parler **fort*** (adverbe)

– un infinitif en nom ;

*dîner, se coucher : Le **dîner** lui était servi juste avant son **coucher**.*

– un participe en nom ou en adjectif ;

reçu, étudiant : Il y a dix ***reçus*** *parmi les* ***étudiants****.* (noms)

étincelant : une bague ***étincelante*** (adjectif)

– un adverbe en nom.

ensemble : Cette chorale forme un ***ensemble*** *harmonieux.*

dessous : On ne connaît pas les ***dessous*** *de l'affaire.*

■ On peut rattacher à ce procédé la formation de noms communs à partir de noms propres.

le brie (fromage de la Brie, région française)

une poubelle (de M. Poubelle, préfet de Paris qui en imposa l'usage)

un hercule (du héros Hercule, dans la mythologie gréco-romaine)

Résumé

■ En plus des mots dérivés, le français peut former :
- des mots composés ;
- des mots abrégés et des sigles.

■ Il peut également créer des mots nouveaux par changement de classe grammaticale.

PRÉFIXES ET RADICAUX D'ORIGINE GRECQUE ET LATINE

Il se trouve que le poumon, que nous appelons en latin armyan, *ayant communication avec le cerveau, que nous nommons en grec* nasmus, *par le moyen de la veine cave, que nous appelons en hébreu* cubile, *rencontre en son chemin lesdites vapeurs qui remplissent les ventricules de l'omoplate ; et parce que lesdites vapeurs… comprenez bien ce raisonnement, je vous prie.*

■ MOLIÈRE, *Le Médecin malgré lui.*

Il n'est pas nécessaire d'inventer des mots grecs et latins comme le fait Sganarelle pour se donner l'air savant : la langue française en est remplie.

332 Les mots savants

■ Le français a emprunté et continue d'emprunter au grec et au latin des préfixes et des radicaux qui lui servent à former des mots savants du vocabulaire scientifique, technique, politique…

télescope (XVIIe siècle) *cosmonaute* (XXe siècle)

■ Il peut arriver qu'un élément grec soit associé à un élément latin.

automobile (XIXe siècle)
Auto- est un élément grec signifiant *de soi-même* ; *-mobile* est un élément latin signifiant *qui se meut.*

333 Les préfixes et les radicaux d'origine grecque

Les préfixes

a-, an- : négation – *anormal* (qui n'est pas normal)
anti- : opposition – *antidérapant* (contre le dérapage)
dys- : mal – *dysfonctionnement* (mauvais fonctionnement)
eu- : bien – *euthanasie* (mort qui se déroule bien)
hémi- : demi – *hémisphère* (demi-globe)
hyper- : au-delà – *hypertension* (tension au-delà de la normale)
hypo- : en dessous – *hypothermie* (chaleur en dessous de la normale)
mono- : seul – *monotone* (d'un seul ton)
para- : à côté de / contre – *paranormal* (à côté du normal)
parapluie (contre la pluie)
péri- : autour – *périscope* (qui regarde autour)
sym-, syn- : avec, en union – *symphonie* (sons en union)

Les radicaux

aéro- : air – *aéronautique* (navigation dans l'air)
-algie : douleur – *névralgie* (douleur du nerf)
anthropo- : homme – *anthropologue* (qui étudie l'homme)
archéo- : ancien – *archéologie* (étude de ce qui est ancien)
-archie : commandement – *monarchie* (commandement d'un seul)
auto- : de soi-même – *autographe* (écrit par soi-même)
biblio- : livre – *bibliothèque* (coffre à livres)
bio- : vie – *biographe* (qui écrit la vie)
chrono- : temps – *chronomètre* (mesure du temps)
cosmo- : univers, monde – *cosmopolite* (citoyen du monde)
-cratie : puissance – *démocratie* (puissance du peuple)
géo- : terre – *géologie* (étude de la Terre)
grapho- : écriture – *graphologie* (étude de l'écriture)
hétéro- : autre – *hétérogène* (qui a une origine différente)
hippo- : cheval – *hippopotame* (cheval de fleuve)
homo- : semblable – *homogène* (qui a une origine semblable)
hydr- : eau – *déshydraté* (privé d'eau)
-logie : science, étude – *cardiologie* (étude de cœur)
méga-, mégalo- : grand – *mégalomanie* (folie des grandes choses)
micro- : petit – *microscope* (qui regarde le petit)
-morphe : forme – *amorphe* (qui n'a pas de forme)

-nome : loi – *autonome* (qui se donne sa propre loi)
-onyme : nom – *homonyme* (nom semblable)
ortho- : droit – *orthogonal* (à angle droit)
péd- : enfant – *pédagogue* (qui conduit un enfant)
-phage : qui mange – *anthropophage* (qui mange un homme)
philo- : qui aime – *philosophe* (qui aime la sagesse)
-phobe : qui craint – *claustrophobe* (qui craint l'enfermement)
-pole : ville – *mégalopole* (grande ville)
poly- : plusieurs – *polythéiste* (qui a plusieurs dieux)
psycho- : âme – *psychologie* (étude de l'âme)
télé- : loin – *téléphone* (voix au loin)
-thérapie : soin – *thalassothérapie* (soin par la mer)
théo- : dieu – *athée* (qui est sans dieu)
zoo- : animal – *zoologie* (étude des animaux)

334 Les préfixes et les radicaux d'origine latine

Les préfixes

ad- : vers – *attirer* (tirer vers)
ante- : avant – *antécédent* (qui va avant)
co-, com-, con-… : avec – *cohabiter* (habiter avec)
circon- : autour – *circonstance* (qui se tient autour)
e-, ex- : hors de – *expatrié* (hors de la patrie)
in-, im-… : en, dans – *importer* (porter dans)
in-, im-… : négation – *infidèle* (qui n'est pas fidèle)
post- : après – *post-scriptum* (écrit après)
pré- : devant, en avant – *préhistoire* (avant l'histoire)

r-, re- : en arrière / de nouveau – *recourber* (courber en arrière) *refaire* (faire à nouveau)
rétro- : en arrière – *rétrospectif* (qui regarde en arrière)
sub- : sous – *submerger* (plonger sous)
super- : au-dessus de, sur – *superposer* (poser au-dessus)
trans- : par-delà, à travers – *transatlantique* (qui traverse l'Atlantique)

Les radicaux

-ambule : qui marche – *somnambule* (qui marche dans le sommeil)
aqua- : eau – *aqueduc* (conduite d'eau)
bi- : deux – *bicéphale* (qui a deux têtes)
calor- : chaleur – *calorifère* (qui porte la chaleur)
-cide : qui tue – *insecticide* (qui tue les insectes)
-fère : qui porte – *somnifère* (qui porte le sommeil)
-fier : faire, rendre – *purifier* (rendre pur)
-fique : qui fait – *bénéfique* (qui fait du bien)
-fuge : qui fuit, qui fait fuir – *ignifuge* (qui fait fuir le feu)
-grade : qui marche – *rétrograde* (qui marche en arrière)
multi- : nombreux – *multicolore* (qui a de nombreuses couleurs)
omni- : tout – *omniscient* (qui sait tout)
péd- : pied – *pédicure* (soin des pieds)
quadr- : quatre – *quadrupède* (qui a quatre pieds)
quinqu- : cinq – *quinquennat* (cinq années)
radio- : rayon – *radiothérapie* (traitement par les rayons)
-vore : qui mange – *omnivore* (qui mange de tout)

ARCHAÏSMES ET NÉOLOGISMES

[...] *viens ici que je* ***t'enpapouète***
et que je ***t'enrime***
et que je ***t'enrythme***
et que je ***t'enlyre*** [...]

■ RAYMOND QUENEAU, *L'Instant fatal.*

Certains mots changent de sens, d'autres disparaissent, de nouveaux mots apparaissent. Parfois les mots n'existent que le temps d'un poème.

335 L'évolution du sens des mots

■ Le sens des mots évolue avec le temps. Un mot peut prendre un nouveau sens parce que son sens premier s'est affaibli, ou parce qu'il s'est restreint, ou encore parce qu'il s'est étendu.

Faut-il qu'un si grand ***cœur*** *montre tant de faiblesse ?*
Voulez-vous qu'un dessein si beau, si généreux,
Passe pour le ***transport*** *d'un esprit amoureux ?*
Captive, toujours triste, importune à moi-même,
Pouvez-vous souhaiter qu'Andromaque vous aime ?
Quels ***charmes*** *ont pour vous des yeux infortunés*
Qu'à des pleurs éternels vous avez condamnés ?

■ JEAN RACINE, *Andromaque.*

Au XVIIe siècle, *cœur* a le sens de *courage*, *transport* a le sens d'*impulsion*, *charmes* a le sens d'*envoûtement*.

■ Le sens d'un mot peut évoluer par **affaiblissement**. Ainsi, certains mots avaient un sens très fort qui s'est affaibli.

Enfin, quand Ménélas disposa de sa fille
En faveur de Pyrrhus, vengeur de sa famille,
Tu vis mon désespoir ; et tu m'as vu depuis
Traîner de mers en mers ma chaîne et mes ***ennuis****.*

■ JEAN RACINE, *Andromaque.*

Au XVIIe siècle, *ennui* avait le sens fort de *tourment*, de *peine* ; il a maintenant le sens affaibli de *désagrément*.

En ce moment Vallombreuse, malgré sa beauté, avait une tête plus horrible et ***formidable*** *que celle de Méduse.*

■ THÉOPHILE GAUTIER, *Le Capitaine Fracasse.*

Formidable a ici le sens ancien d'*effrayant, terrible*.

■ Le sens d'un mot peut également évoluer par **restriction**. Ainsi, certains mots peuvent prendre un sens plus limité que celui qu'ils avaient dans le passé.

ARISTE. – *Quel est le* ***succès*** *? Aurons-nous Henriette ?*
A-t-elle consenti ? L'affaire est-elle faite ?

■ MOLIÈRE, *Les Femmes savantes.*

Au XVIIe siècle, *succès* avait le sens large de *résultat* (bon ou mauvais).

C'est peu de dire aimer, Elvire : je l'adore ;
Ma passion s'oppose à mon ressentiment ;
Dedans mon ennemi je trouve mon ***amant****.*

■ CORNEILLE, *Le Cid.*

Au XVIIe siècle, *amant* désigne celui qui aime et est aimé en retour.
Il a maintenant le sens plus limité d'homme qui a une relation adultère.

■ Enfin, le sens d'un mot peut évoluer par **extension**. Dans ce cas, le mot prend des significations nouvelles qui s'ajoutent au sens premier.

Un **cadre** désigne la bordure entourant une glace ou un tableau ; mais par métaphore (relation de ressemblance), il désigne aussi un salarié qui encadre et dirige d'autres salariés dans une entreprise.

Le **bronze** désigne un alliage de cuivre et d'étain ; mais par métonymie (relation de proximité), un bronze désigne aussi une sculpture réalisée dans ce matériau.

336 Les archaïsmes

■ Un archaïsme est un **mot**, une **forme** ou une **expression vieillis** qu'on emploie alors qu'ils ne sont plus en usage.

Il nous a raconté son aventure avec ***moult*** *détails.*

Moult est un mot vieilli qui signifie *beaucoup*.

■ L'emploi de l'archaïsme constitue une **figure de style** qui permet de donner une tournure ancienne à l'énoncé. Il peut également s'agir d'un emploi humoristique.

*Et quand il les eut tous **occis**, d'autres chevreuils se présentèrent, d'autres daims, d'autres blaireaux, d'autres paons, et des merles, des geais, des putois, des renards, des hérissons, des lynx, une infinité de bêtes, à chaque pas plus nombreuses.*

■ GUSTAVE FLAUBERT, *La Légende de saint Julien l'Hospitalier.*

L'auteur, qui a voulu reconstituer l'univers du Moyen Âge dans son récit, a employé le vieux verbe *occire*, signifiant *tuer*.

*Il s'arma donc à la hâte, roula sur son dos la tente-abri dont le gros manche montait d'un bon pied au-dessus de sa tête, et, **roide** comme un pieu, descendit dans la rue.*

■ ALPHONSE DAUDET, *Tartarin de Tarascon.*

Pour décrire avec humour un personnage qui s'apprête à partir à la chasse au lion, l'auteur utilise l'archaïsme *roide* à la place de *raide*.

337 Les néologismes

■ Un néologisme est un **mot nouveau** créé pour :

– désigner une réalité nouvelle ;

un blog (journal personnel sur Internet)

– s'exprimer de manière poétique, originale ou humoristique.

*Regarde donc la canne, vieille bique, et tu verras bien que tu as rapetissé. Tu as attrapé la **ratatinette**, l'épouvantable ratatinette !*

■ ROALD DAHL, *Les Deux Gredins.*

L'auteur invente le terme *ratatinette*, pour exprimer le rapetissement.

■ Les néologismes peuvent s'installer dans la langue et entrer dans le dictionnaire. Ainsi, le mot *surréalisme*, qui fut inventé par le poète Guillaume Apollinaire, est désormais entré dans l'usage.

■ Les néologismes peuvent se créer par :

– emprunt : *web* (emprunt à l'anglais signifiant *toile*) ;

– dérivation : *vidéaste* (suffixe *-aste* ajouté au radical de *vidéo*, sur le modèle de *cinéaste*) ;

– composition : *abribus* ;

– raccourcissement : *techno* (raccourcissement du mot *technique* désignant la musique électronique) ;

– sigle : *SIDA* (syndrome d'immunodéficience acquise) ;

– mot-valise (mot composé d'éléments de plusieurs mots) : *modem* est formé avec le début des mots ***mo***_dulateur_ et ***dém***_odulateur_.

Pour aller plus loin

À l'époque actuelle, de nombreux néologismes sont des emprunts à l'anglais.

Aussi, pour éviter un emploi exagéré de ces anglicismes et lutter contre le franglais, des recommandations officielles invitent à employer des termes équivalents français.

walkman : baladeur

mail : courriel (courrier électronique)

Résumé

■ Le sens des mots évolue, que ce soit par affaiblissement, restriction ou extension.

■ Un archaïsme est un mot vieilli qu'on emploie alors qu'il n'est plus en usage.

■ Un néologisme est un mot inventé.

LA POLYSÉMIE DES MOTS

Le mot *polysémie* vient du radical grec *poly-*, qui signifie *plusieurs*, et du radical grec *sémie*, qui signifie *sens, signe*.

338 Qu'est-ce qu'un mot polysémique ?

■ On dit qu'un mot est polysémique quand il possède **plusieurs sens**. Le mot *feuille*, par exemple, désigne à la fois la *feuille de l'arbre* et la *feuille de papier*.

J'ai ***embrassé*** *l'aube d'été.*

■ ARTHUR RIMBAUD, « Aube », *Illuminations.*

Pour comprendre cette phrase de Rimbaud, il faut connaître les différents sens du verbe *embrasser*, mot polysémique. Ce verbe signifie *entourer de ses bras* et *donner un baiser*. C'est le premier sens qui est utilisé par Rimbaud dans son poème.

■ Certains mots ne possèdent qu'un seul sens, le mot *kilogramme* par exemple.

339 Le sens propre et le sens figuré

■ Un mot peut avoir **un sens propre** et **un ou plusieurs sens figurés**. Le sens propre est le sens **premier** et le plus concret du mot. Le sens figuré est un sens **secondaire**, dérivé du premier, c'est-à-dire qu'il découle du premier mais s'en écarte et va au-delà. Le verbe *bourgeonner* signifie, au sens propre, *pousser*, en parlant des plantes, sous forme de bourgeon. Au sens figuré, il désigne l'apparition de boutons rouges sur le visage d'un être humain, généralement à l'adolescence.

Rodrigue, as-tu du ***cœur*** *?* ■ PIERRE CORNEILLE, *Le Cid.*

Le mot *cœur* est employé au sens figuré de *courage*, *vaillance*, et non au sens propre d'*organe vital*.

■ Le sens figuré d'un mot est souvent lié à une expression couramment utilisée. Le mot *arc*, au sens propre, désigne une arme munie d'une pièce de bois (ou d'acier) et d'une corde. Dans l'expression *avoir plusieurs cordes à son arc*, le mot *arc* prend un sens figuré. L'expression signifie *disposer de plusieurs moyens pour atteindre un objectif.*

> [...] *Il ne faut jamais battre la campagne :*
> *on pourrait casser un nid et ses œufs.* [...]
>
> ■ CLAUDE ROY, *Enfantasques.*

L'expression *battre la campagne* signifie, au sens figuré, *parcourir et fouiller la campagne pour trouver du gibier, inquiéter l'ennemi* ; mais le poète prend l'expression au sens propre et imagine que l'on va donner des coups à la campagne (la battre).

340 Le champ sémantique

■ Le champ sémantique d'un mot regroupe **l'ensemble de ses différents sens**. Il est donné par le dictionnaire. Plus un mot est **polysémique**, plus son champ sémantique est vaste.

■ Les différents sens d'un mot dépendent du **contexte** dans lequel il est employé.

Le champ sémantique du mot *tour* (n. m., famille de *tourner*), par exemple, se répartit en quatre sens principaux. Le tour désigne :

1. une dimension qui forme un cercle ;
2. un mouvement de rotation ;
3. une manière ;
4. une étape, une succession.

Selon le contexte, tel ou tel sens du mot sera utilisé.

> *Ce voyageur a accompli le* ***tour*** *du monde.* (sens 1)
> *La danseuse a fait un* ***tour*** *sur elle-même.* (sens 2)
> *Cette affaire prend un* ***tour*** *inquiétant.* (sens 3)
> *C'est au* ***tour*** *du maire de parler.* (sens 4)

Résumé

- Un mot polysémique est un mot qui possède plusieurs sens.
- Un mot a un sens propre (premier et concret) et un ou plusieurs sens figurés (secondaires et dérivés).
- Le champ sémantique d'un mot désigne l'ensemble de ses significations.

DÉNOTATION ET CONNOTATION

*Comment était ce **Paris** ? Quel nom démesuré !*
Elle se le répétait à demi-voix pour se faire plaisir.

■ GUSTAVE FLAUBERT, *Madame Bovary.*

Le mot *Paris* fait rêver Emma Bovary, car les mots disent plus que leur simple sens. Par-delà leur *dénotation*, ils ont de multiples *connotations*.

341 Qu'est-ce que la dénotation d'un mot ?

■ Tous les mots ont une **dénotation**, c'est-à-dire un **sens qui renvoie à ce que le mot désigne dans la réalité**.

■ La dénotation d'un mot est **précise** et **permanente**. Elle est donnée par le dictionnaire.

un char

Ce mot est défini par le dictionnaire comme une voiture à deux roues, ouverte à l'arrière et fermée sur le devant, pour les combats, les jeux. Il s'agit de la dénotation du mot *char*.

342 Qu'est-ce que la connotation d'un mot ?

■ Tous les mots peuvent aussi avoir une (ou plusieurs) **connotation(s)**, c'est-à-dire un (des) **sens supplémentaire(s)** selon le contexte et le locuteur (celui qui parle).

■ La connotation d'un mot est **secondaire** et **variable**. Elle provient d'une association d'idées.

un char

Associé à la mythologie, le mot *char* peut faire penser par connotation au char d'Apollon, aux courses de chars de l'Antiquité ; associé aux vacances, il peut faire penser au char à voile sur la plage.

*Le soleil avait achevé plus de la moitié de sa course et son **char**, ayant attrapé le penchant du monde, roulait plus vite qu'il ne voulait.*

■ PAUL SCARRON, *Le Roman comique.*

En associant le mot *char* au mot *soleil*, l'auteur utilise la connotation mythologique du mot *char*.

343 Les différentes origines des connotations

Les associations qui donnent à un mot ses connotations ont diverses origines. En voici quelques exemples.

La connotation d'origine sonore

■ Les sons (ou phonèmes) qui composent un mot créent des impressions agréables ou désagréables, douces ou dures.
Des mots comme *sarcastique, cacophonique, triturer* ont des sonorités dures et assez désagréables.
Des mots comme *maman, airelle, doucement* ont des sonorités douces et agréables.
Ces **impressions sonores** apportent une connotation au mot.

La dent de ton ***Erard, râtelier osanore****,*
Et scie et ***broie*** *à* ***cru****, sous son* ***tic-tac nerveux****,*
La gamme de tes dents, autre ***clavier sonore****...*
Touches ***qui*** *ne vont pas aux* ***cordes*** *des cheveux !*

■ TRISTAN CORBIÈRE, *Les Amours jaunes.*

Les sonorités [r] de *Erard, ratelier, osanore, broie, cru, nerveux, sonore* et [k] de *cru, tic-tac, clavier, qui, cordes* apportent une connotation négative aux mots employés, car il s'agit ici d'évoquer une demoiselle qui joue très mal du piano (Erard est une marque de piano).

La connotation d'origine historique

■ Les mots ont une histoire. Les noms propres désignent une réalité unique, chargée d'histoire *(Paris, César, Versailles)*, les noms communs peuvent être associés à des événements historiques.
L'expression *Grande Guerre*, par exemple, est associée à la Première Guerre mondiale ; le mot *terreur* est associé à la Révolution française.
Ces **références historiques** apportent une connotation aux mots.

Courtisans ! attablés dans la splendide orgie,
La bouche par le rire et la soif élargie,
Vous célébrez ***César****, très-bon, très-grand, très-pur.*

■ VICTOR HUGO, « Chanson », *Les Châtiments.*

Le mot *César* est associé aux empereurs romains ; par connotation, il exprime une idée de grandeur et de pouvoir absolu.

La connotation d'origine culturelle

■ Chaque société associe aux mots des significations symboliques. En Europe occidentale, le *noir* est associé au deuil, le *printemps* est associé au renouveau et à la gaieté, le *renard* est associé à la ruse. Ces **significations symboliques** apportent une connotation aux mots.

Carmen est maigre, – un trait de bistre
Cerne son œil de gitana.
*Ses cheveux sont d'un **noir** sinistre,*
*Sa peau, le **diable** la tanna.*

■ THÉOPHILE GAUTIER, *Émaux et Camées.*

Le *noir*, dans la culture occidentale, est une couleur négative, le *diable* est le symbole du mal.

La connotation d'origine littéraire

■ Les mots ont une histoire littéraire. Chaque écrivain, en employant tel ou tel mot, le charge d'une connotation supplémentaire. L'adjectif *cruel* peut faire penser à l'univers tragique de Racine. Le nom *albatros* fait penser au poème que Baudelaire a consacré à cet animal. Ces **références littéraires** apportent des connotations aux mots.

Souvent, pour s'amuser, les hommes d'équipage
*Prennent des **albatros**, vastes oiseaux des mers,*
Qui suivent, indolents compagnons de voyage,
Le navire glissant sur les gouffres amers.

■ CHARLES BAUDELAIRE, « L'Albatros », *Les Fleurs du mal.*

Le mot *albatros* connote le mal-être des hommes incompris et victimes des autres hommes.

■ Lorsqu'un texte comporte de nombreux mots utilisés pour leurs connotations, on parle de **texte connotatif**.

Je m'en allais, les ***poings*** *dans mes poches crevées ;*
Mon paletot aussi devenait ***idéal*** *;*
J'allais sous le ciel, ***Muse*** *! et j'étais ton* ***féal*** *;*
Oh ! là là ! que d'amours splendides j'ai rêvées !

Mon unique culotte avait un large trou.
– ***Petit-Poucet*** *rêveur, j'égrenais dans ma course*
Des rimes. Mon auberge était à la ***Grande-Ourse****.*
– Mes étoiles au ciel avaient un doux ***frou-frou***

■ Arthur Rimbaud, « Ma Bohème », *Poésies*.

Voici quelques exemples des nombreuses connotations dont est chargé ce texte.

- Les *poings* indiquent les mains serrées par dénotation ; ils évoquent le geste du combattant par connotation.
- L'adjectif *idéal* signifie « qui relève de la pensée et des idées » par dénotation ; il évoque l'immatérialité (ici du tissu très usé) par connotation littéraire et philosophique.
- La *Muse* est la divinité des arts par dénotation ; elle évoque l'inspiration poétique par connotation culturelle et littéraire.
- Le *féal* est un vassal soumis à l'autorité du souverain par dénotation ; ce mot évoque, par connotation, l'univers courtois de la littérature du Moyen Âge.
- Le *Petit-Poucet*, personnage d'un conte de Perrault, évoque, par connotation littéraire et culturelle, le monde de l'enfance, mais aussi celui de l'errance et de la pauvreté.
- La *Grande-Ourse* désigne une constellation par dénotation ; par connotation, elle évoque la nuit à la belle étoile de celui qui n'a pas de toit pour dormir.
- Le *frou-frou* est une onomatopée qui désigne le bruit d'un tissu ; par connotation sonore et culturelle, ce mot évoque le monde féminin des robes et des soirées habillées.

Résumé

■ La dénotation est le sens précis et permanent d'un mot.

■ La connotation est un sens secondaire et variable d'un mot. Elle dépend du contexte dans lequel le mot est employé et de son histoire culturelle.

HOMONYMES, PARONYMES, SYNONYMES, ANTONYMES

*Il y a le **vert** du cerfeuil*
*Et il y a le **ver** de terre.*

■ MAURICE CARÊME, *Le Mât de cocagne.*

Le *vert* et le *ver* sont deux homonymes.

344 Les homonymes

■ Les homonymes sont des mots qui ont la **même prononciation**, mais qui n'ont **pas le même sens**.

le porc (le cochon) *le port* (à bateaux)
le pain (grillé) *le pin* (l'arbre)
l'air (qu'on respire) *l'ère* (tertiaire) *l'aire* (du triangle)

■ Les homonymes ont parfois la même orthographe mais souvent un genre différent.

le tour, la tour

Le premier mot désigne un mouvement de rotation, le second la tour du château.

le vase, la vase

Le premier mot désigne le récipient pour les fleurs, le second la boue.

*Mignonnes, les petites matrones ! ce sont des **Thraces** qu'on aimerait suivre !*

■ RENÉ GOSCINNY et ALBERT UDERZO, *La Grande Traversée.*

En utilisant l'homonymie entre le nom d'un peuple, les *Thraces*, et le nom commun *trace*, Obélix fait un savoureux jeu de mots.

Attention

L'homonymie est source de fautes d'orthographe.

PERRICHON (lisant avec emphase). – « *Que l'homme est petit quand on le contemple du haut de la **mère** de Glace !* »
DANIEL (à part). – *Il a écrit **mère**, **m e re** !*

■ EUGÈNE LABICHE, *Le Voyage de Monsieur Perrichon.*

Monsieur Perrichon a fait une faute d'orthographe en confondant les homonymes *mer* et *mère*.

Pour aller plus loin

Parfois, seule l'étymologie permet de distinguer deux homonymes.

Le mot **mine**, qui désigne une carrière d'où on extrait du minerai, vient du gallo-roman *mina*. Le mot **mine**, qui signifie aspect extérieur, vient du breton *min*.

345 Les paronymes

■ Les paronymes sont des mots qui ont une **orthographe** et une **prononciation proches**, mais qui n'ont **pas le même sens** : *conjecture, conjoncture ; allusion, illusion ; affliction, affection.*

BÉLISE. – *Veux-tu toute ta vie offenser la* ***grammaire*** *?*
MARTINE. – *Qui parle d'offenser* ***grand-mère*** *ni grand-père ?*

■ MOLIÈRE, *Les Femmes savantes.*

La servante Martine fait ici une confusion amusante entre les paronymes *grammaire* et *grand-mère.*

346 Les synonymes

■ Les synonymes sont des **mots de même sens** ou de sens proche.

somptueux – magnifique – splendide – grandiose
inventer – créer – imaginer – trouver
catastrophe – désastre – tragédie – drame

La première liste donne des adjectifs synonymes, la deuxième des verbes synonymes, la troisième des noms synonymes.

■ Les synonymes appartiennent à la **même classe grammaticale**. Ils peuvent donc, la plupart du temps, se substituer l'un à l'autre dans un même énoncé.

*Des **gens** arrivaient hors d'haleine ; des **barriques**, des câbles, des corbeilles de linge gênaient la circulation ; les **matelots** ne répondaient à personne ; on se heurtait : les colis montaient entre les deux tambours, et le tapage s'absorbait dans le bruissement de la vapeur.*

■ Gustave Flaubert, *L'Éducation sentimentale*.

On pourrait remplacer *gens* par son synonyme *personnes*, *barriques* par son synonyme *tonneaux*, *matelots* par son synonyme *marins* et dire : *Des personnes arrivaient hors d'haleine ; des tonneaux, des câbles, des corbeilles de linge gênaient la circulation ; les marins ne répondaient à personne.*

■ Les synonymes ne sont pas toujours interchangeables parce qu'ils n'ont pas exactement le même sens. Cela dépend du contexte dans lequel ils sont employés :

– certains ont des connotations différentes ;

père – papa

Ces mots sont des synonymes : le premier a une connotation neutre, le second a une connotation affective.

– certains n'appartiennent pas au même niveau de langue ;

livre – bouquin

Ces mots sont des synonymes : le premier est de niveau courant, le second est de niveau familier.

– certains ont des emplois plus ou moins spécialisés.

illustration – enluminure

Ces mots sont des synonymes : le premier s'emploie dans n'importe quel contexte, le second s'utilise à propos des livres du Moyen Âge.

347 Les antonymes

- Les antonymes sont des mots qui ont des **sens opposés**. Les antonymes sont donc des **contraires**.

beau – laid | *grand – petit*
bonté – méchanceté | *vieillesse – jeunesse*
manger – jeûner | *crier – chuchoter*

- Les antonymes sont parfois distingués par un **préfixe négatif**.

*heureux – **mal**heureux*
*illusion – **dé**sillusion*
*symétrie – **a**symétrie*
Dans ces exemples, les trois préfixes négatifs sont *mal-*, *dé-*, *a-*.

*Tu me **haïssais** plus, je ne t'**aimais** pas moins.*

JEAN RACINE, *Phèdre*.

Haïssais et *aimais* sont deux antonymes.

Résumé

- Les homonymes ont une prononciation identique mais des sens différents.
- Les paronymes ont une prononciation proche mais des sens différents.
- Les synonymes ont des sens identiques ou proches.
- Les antonymes ont des sens opposés.

LES NIVEAUX DE LANGUE

Voiture, véhicule automobile, bagnole, caisse…

Tous ces termes désignent la même réalité mais ils appartiennent à des niveaux de langue différents.

348 Qu'est-ce qu'un niveau de langue ?

■ Le niveau de langue (parfois appelé registre de langue) correspond à la **manière de s'exprimer plus ou moins recherchée** à l'oral ou à l'écrit.

Il varie souvent en fonction du niveau culturel et social des interlocuteurs. Il dépend des intentions de celui qui s'exprime et de la situation d'énonciation : qui parle ? à qui ? où ? quand ?

Un ministre prononçant un discours politique n'utilise pas le même niveau de langue qu'un élève discutant dans la cour de récréation.

■ Le niveau de langue choisi doit donc être adapté à la fois au **destinataire** (la personne à laquelle s'adresse celui qui s'exprime), à la **relation** qu'entretiennent les interlocuteurs (amis proches, relations de voisinage…) et au **contexte**.

– *Bonjour ! Comment vas-tu ?* (niveau de langue courant)
– *Salut ! Alors ça boume ?* (niveau de langue familier)
– *Mes hommages, Madame. Comment vous portez-vous ?* (niveau de langue soutenu)

■ Le niveau de langue se reconnaît à quelques critères :
– le respect ou non des règles grammaticales ;
– le choix d'un vocabulaire particulier ;
– la construction des phrases ;
– la prononciation.

On distingue généralement trois niveaux de langue : **courant**, **familier**, **soutenu**.

349 Le niveau de langue courant

■ Le niveau de langue courant se rencontre dans des **conversations** ou des **écrits de la vie quotidienne**. Il correspond à l'usage le plus commun de la langue.

■ Le niveau de langue courant se caractérise par :
- un vocabulaire usuel, commun ;
- une langue correcte mais sans recherche ;
- des phrases souvent simples et plutôt courtes ;
- l'emploi du présent, du passé composé ou de l'imparfait ;
- une prononciation correcte.

> KNOCK. – *Ça vous fait mal quand j'enfonce mon doigt ?*
> LE TAMBOUR. – *Oui, on dirait que ça me fait mal.*
> KNOCK. – *Ah ! ah !* (Il médite d'un air sombre.) *Est-ce que ça ne vous grattouille pas davantage quand vous avez mangé de la tête de veau à la vinaigrette ?*
> LE TAMBOUR. – *Je n'en mange jamais. Mais il me semble que si j'en mangeais, effectivement, ça me grattouillerait plus.*
> KNOCK. – *Ah ! ah ! très important. Ah ! ah ! Quel âge avez-vous ?*
> LE TAMBOUR. – *Cinquante et un, dans mes cinquante-deux.*
>
> ■ JULES ROMAINS, *Knock*.

Le docteur Knock et son patient s'expriment correctement mais le vocabulaire n'est pas recherché, les verbes sont principalement au présent et à l'imparfait et les phrases sont plutôt courtes.

350 Le niveau de langue familier

■ Le niveau de langue familier se rencontre plus souvent à l'**oral**, dans des conversations entre proches ou amis. Il est parfois utilisé à l'**écrit** pour rendre le **texte plus vivant** ou dans le but de rapporter les paroles telles qu'elles furent prononcées.

■ Le niveau de langue familier se caractérise par :
– un vocabulaire familier (que le dictionnaire signale par l'abréviation *fam.*) ;
– une langue parfois incorrecte ;
– des phrases courtes, parfois incomplètes et mal construites ;
– l'emploi du présent, du passé composé ou de l'imparfait ;
– une prononciation relâchée où certaines lettres sont supprimées (*j'te l'dis*).

> *– Ah çà, continua Gavroche,* ***pourquoi donc est-ce que*** *vous* ***pleuriez*** *?*
> *Et montrant le petit à son frère :*
> *– Un* ***mioche*** *comme ça, je ne dis pas ; mais un grand comme toi, pleurer, c'est* ***crétin*** *;* ***on a l'air*** *d'un veau.*
> *– Dame, fit l'enfant, nous n'avions plus du tout de logement où aller.*
> *– **Moutard** ! reprit Gavroche, on ne dit pas un logement, on dit une* ***piolle****.*
> ■ VICTOR HUGO, *Les Misérables.*

Gavroche, enfant qui vit dans la rue, s'exprime, contrairement à son interlocuteur, dans un niveau de langue familier ; cela se remarque au vocabulaire *(mioche, crétin, moutard, piolle)*, aux incorrections (*pleuriez, on a l'air* utilisé à la place de *tu as l'air*), à la construction des phrases *(pourquoi donc est-ce que)*.

351 Le niveau de langue soutenu

■ Le niveau de langue soutenu se rencontre dans les **textes littéraires**, dans les **discours officiels**, dans les milieux sociaux élevés.

■ Le niveau de langue soutenu se caractérise par :
– un vocabulaire recherché et élégant ;
– une langue correcte ;
– des phrases souvent complexes ;

– l'emploi plus fréquent du subjonctif et du passé simple ;
– une prononciation correcte et claire à l'oral, insistant sur les liaisons.

*Et l'on **galopa** encore pendant deux heures, quoique les chevaux **fussent** si fatigués qu'il était à craindre qu'ils ne **refusassent** bientôt le **service**.*
*Les voyageurs avaient pris la **traverse**, espérant de cette façon être moins inquiétés ; mais, à Crèvecœur, Aramis **déclara** qu'il ne pouvait aller plus loin.*

■ ALEXANDRE DUMAS, *Les Trois Mousquetaires.*

Le niveau de langue soutenu se remarque à travers le vocabulaire *(le service, la traverse)*, les temps et modes (passé simple et subjonctif), les phrases complexes.

■ Il existe trois niveaux de langue : courant, familier, soutenu.

Résumé

■ Le niveau de langue utilisé dépend des interlocuteurs et du contexte.

■ Le vocabulaire, la prononciation, la correction de la langue varient selon le niveau de langue.

Le vocabulaire mélioratif et péjoratif

En revanche, une personne ***bonne*** *et* ***généreuse*** *ne peut en aucun cas être* ***laide****. Vous pouvez avoir un* ***nez en pied de marmite****, une* ***bouche en accordéon****, un* ***triple menton****, des* ***dents de lapin****, mais si vous êtes* ***bon*** *et* ***généreux****, votre visage* ***rayonnera*** *et tout le monde vous trouvera* ***beau****.*

■ ROALD DAHL, *Les Deux Gredins.*

Cet extrait mêle le positif et le négatif : du vocabulaire mélioratif et du vocabulaire péjoratif.

352 Le vocabulaire évaluatif

■ Le vocabulaire employé dans un discours oral ou écrit peut être révélateur d'un **jugement personnel** de la part de celui qui parle. On parle alors de **vocabulaire évaluatif**.
Le jugement personnel peut être **positif** ou **négatif** : dans le vocabulaire évaluatif, on distingue le **vocabulaire mélioratif** et le **vocabulaire péjoratif**.

■ Dans le vocabulaire évaluatif, on peut trouver des mots de différentes classes grammaticales.

magnifique – horrible (adjectifs)

beauté – laideur (noms)

admirer – mépriser (verbes)

joyeusement – tristement (adverbes)

■ Le choix d'un suffixe ou d'un niveau de langue permet parfois d'apporter un jugement.

Auriane ***rêve****.*

Auriane ***rêvasse****.*

Dans la deuxième phrase, le suffixe *-asse* apporte un jugement péjoratif.

As-tu vu comment elle est ***vêtue*** *?*
T'as *vu comment elle est* ***ficelée*** *!*

La deuxième phrase exprime, par le recours à un niveau de langue familier, un jugement péjoratif.

353 Le vocabulaire mélioratif

■ Le vocabulaire mélioratif (appelé aussi valorisant) est utilisé pour **valoriser** ce dont on parle, le mettre en valeur, exprimer un avis positif.

> *Je vois un visage pétri de* ***grâces****, de* ***beaux*** *yeux bleus* ***pleins de douceur****, un teint* ***éblouissant****, le contour d'une gorge* ***enchanteresse****.*
>
> ■ JEAN-JACQUES ROUSSEAU, *Les Confessions.*

Le vocabulaire mélioratif est utilisé pour dresser un portrait très élogieux de la femme décrite, Mme de Warens.

354 Le vocabulaire péjoratif

■ Le vocabulaire péjoratif (appelé aussi dévalorisant) est utilisé pour **dévaloriser** ce dont on parle, le critiquer, exprimer un avis négatif.

> *Bientôt la veuve se montre,* ***attifée*** *de son bonnet de tulle sous lequel* ***pend*** *un tour de* ***faux*** *cheveux* ***mal mis****, elle marche en* ***traînassant*** *ses pantoufles* ***grimacées****.*
>
> ■ HONORÉ DE BALZAC, *Le Père Goriot.*

Le vocabulaire péjoratif est utilisé pour mettre en évidence l'allure peu élégante, voire repoussante, de la femme décrite, Mme Vauquer.

Résumé

- On emploie le vocabulaire mélioratif pour exprimer un jugement positif sur ce dont on parle.
- On emploie le vocabulaire péjoratif pour exprimer un jugement négatif sur ce dont on parle.

LE CHAMP LEXICAL

C'est gros comme un ***rôti*** *de famille nombreuse, rouge* ***viande*** *tout comme, soigneusement* ***saucissonné*** *dans l'épaisse* ***couenne*** *de ses langes, c'est luisant, c'est replet de partout, c'est un bébé, c'est l'innocence.*

■ DANIEL PENNAC, *La Fée carabine.*

L'auteur a choisi un vocabulaire surprenant pour décrire un nourrisson : le champ lexical de la viande !

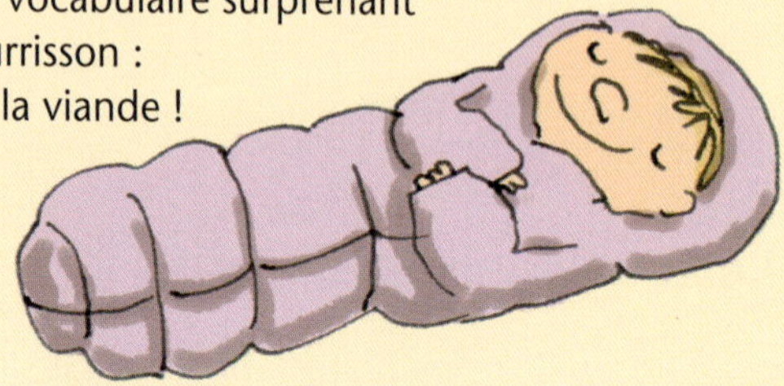

355 Qu'est-ce qu'un champ lexical ?

■ Un **champ lexical** désigne un ensemble de mots ou d'expressions qui, dans un texte, se rapportent à un même thème. Il ne faut pas le confondre avec le **champ sémantique** qui regroupe les différents sens d'un seul mot.

ballon – mettre un panier – jouer – courir – athlète – médaillé
Ces mots appartiennent au champ lexical du sport.

peur – effrayé – trembler – angoisse – terrorisé
Ces mots appartiennent au champ lexical de la peur.

pétale – faner – jacinthe – bouquet – parfumée
Ces mots appartiennent au champ lexical de la fleur.

Le champ lexical donne une unité thématique au texte et participe à sa cohérence.

■ Un texte comporte souvent plusieurs champs lexicaux : repérer les relations qu'ils ont entre eux (opposition, association, complémentarité) permet de mieux comprendre le sens du texte et de mettre en évidence les différents thèmes abordés ainsi que les caractéristiques principales d'une situation, d'un personnage, d'un lieu.

Et comme il ne se lavait jamais, les restes de ses ***repas*** *se collaient à sa barbe. Soyons justes, il s'agissait de petits restes, car,* ***en mangeant****, il s'essuyait la barbe du revers de la manche ou du plat de la main. Mais si l'on y regardait de plus près (ce qui n'avait rien d'agréable !), on découvrait de petites taches* ***d'œufs brouillés****,* ***d'épinards****,* ***de ketchup****,* ***de poisson****,* ***de hachis de foie de volaille****. Bref, de toutes les choses dégoûtantes que Compère Gredin aimait* ***ingurgiter****.*

Si l'on s'approchait encore plus près (attention ! attention ! mesdames et messieurs, bouchez-vous le nez !) et si l'on examinait bien sa moustache en bataille, on apercevait des rogatons plus consistants qui avaient échappé au revers de sa manche depuis des mois et des mois : du fromage vert grouillant de vers, un vieux ***cornflake*** *moisi et même la queue visqueuse d'une* ***sardine à l'huile****.*

Avec cette barbe dégoûtante, Compère Gredin n'était jamais mort de ***faim****. Il lui suffisait d'explorer sa jungle poilue d'un coup de langue pour trouver de quoi* ***grignoter*** *çà et là un morceau de choix.*

■ ROALD DAHL, *Les Deux Gredins.*

• *Repas, en mangeant, d'œufs brouillés, d'épinards, de ketchup, de poisson, de hachis de foie de volaille, ingurgiter, fromage, cornflake, sardine à l'huile, faim, grignoter,* constituent le champ lexical du repas.
• *Ne se lavait jamais, se collaient à sa barbe, rien d'agréable, taches, dégoûtantes, moustache en bataille, fromage vert grouillant de vers, vieux, moisi, dégoûtante* constituent le champ lexical de la saleté répugnante.
• *Se collaient, regardait, bouchez-vous le nez, examinait, apercevait, visqueuse, un coup de langue* constituent le champ lexical des perceptions sensorielles (le toucher, la vue, l'odorat).

Ces trois champs lexicaux s'associent pour permettre au lecteur d'imaginer avec précision un personnage répugnant et d'en ressentir du dégoût. Ils mettent également en évidence des thèmes qui reviendront souvent dans la suite du récit : le manque d'hygiène et la nourriture.

356 Les mots qui composent un champ lexical

■ Un champ lexical peut comporter des mots appartenant à différentes classes grammaticales. Par exemple, dans l'extrait de Roald Dahl (→ 355), les champs lexicaux contiennent des noms *(fromage, poisson…)*, des verbes *(ingurgiter, examinait…)*, des adjectifs *(dégoûtantes, moisi…)*.

■ Un même mot peut appartenir à des champs lexicaux différents selon qu'il est employé dans son sens dénoté (sens premier) ou dans un sens connoté (sens qui varie selon le contexte).
Le mot *rouge*, par exemple, peut, selon le texte, faire partie du champ lexical des couleurs (sens dénoté), de la chaleur, de la honte, de la colère, de la timidité, de l'amour (sens connotés).

■ Les mots qui appartiennent à un champ lexical peuvent être des noms spécifiques liés à un nom générique.

> *La cargaison des navires consisterait surtout en* ***produits de pâtisserie*** *: cannelle, clous de girofle, vanille, gingembre, raisins secs, anis, fleurs d'oranger et jujube. Tout un navire était réservé aux* ***fruits*** *– séchés ou confits – mangues, bananes, ananas, mandarines, noix de coco et de cajou, citrons verts, figues et grenades.*
>
> ■ MICHEL TOURNIER, *Les Rois mages*.

Les *produits de pâtisserie* et les *fruits* (noms génériques), ainsi que les deux listes de noms spécifiques qui les suivent, s'associent pour composer le champ lexical de la nourriture.

■ Les mots qui appartiennent à un champ lexical peuvent aussi être :

– des synonymes ;

épuisé, fourbu, éreinté (champ lexical de la fatigue)

– des antonymes ;

été, chaleur, hiver, froid (champ lexical des saisons)

– des mots de la même famille.

joyeux, joyeusement, se réjouir, joie (champ lexical du bonheur)

Résumé

■ Un champ lexical est un ensemble de mots ou d'expressions se rapportant à un même thème.

■ Le repérage des champs lexicaux dans un texte permet d'en comprendre plus précisément le sens.

Littérature

Genres et procédés littéraires

Le récit

Gervaise avait attendu Lantier jusqu'à deux heures du matin. Puis toute frissonnante d'être restée en camisole à l'air vif de la fenêtre, elle s'était assoupie, jetée en travers du lit, fiévreuse, les joues trempées de larmes. Depuis huit jours, au sortir du Veau à deux têtes, *où ils mangeaient, il l'envoyait se coucher avec les enfants et ne reparaissait que tard dans la nuit, en racontant qu'il cherchait du travail.*

■ ÉMILE ZOLA, *L'Assommoir.*

357 Qu'est-ce qu'un récit ?

■ Un récit est une **histoire réelle ou inventée** que l'on raconte à l'écrit ou à l'oral. Lorsque l'histoire est inventée, on parle de récit de **fiction**. Un roman ou une nouvelle sont des récits de fiction.

■ Un récit est écrit en prose ou en vers, au passé ou au présent. Il existe une grande variété de récits : conte, nouvelle, épopée, roman…

■ Un récit comporte un **cadre spatio-temporel**, c'est-à-dire des repères dans le temps et dans l'espace, des **personnages**, une ou plusieurs **intrigues**. L'intrigue désigne la succession des actions qui se déroulent dans le récit. Il peut y avoir une intrigue principale et des intrigues secondaires.

358 Le schéma narratif

■ Le schéma narratif permet de mettre en évidence les moments clés de l'histoire racontée. Il est composé de cinq étapes :

– **la situation initiale** : la mise en place du cadre spatio-temporel et de la situation des personnages ; c'est un état d'équilibre ;

– **l'élément perturbateur** : un événement inattendu qui perturbe l'équilibre initial (rencontre, découverte…) ;

– **les péripéties** : rebondissements, épreuves ;

– **la résolution** : l'événement qui met fin aux péripéties ;

– **la situation finale** : la situation heureuse ou malheureuse des personnages à la fin du récit.

359 L'auteur et le narrateur

■ L'**auteur** d'un récit est la personne réelle qui crée une œuvre. Pour l'identifier, on se pose la question : **qui a écrit ce texte** ?

■ Le **narrateur** est celui qui raconte le récit. Pour l'identifier, on se pose la question : **qui raconte l'histoire** ?

■ L'auteur choisit la position du narrateur, c'est-à-dire la **voix narrative ou le mode de narration**. Soit le narrateur est extérieur à l'histoire, qui est alors racontée à la troisième personne (c'est le cas dans *L'Assommoir*), soit il est un personnage de l'histoire, qui est alors racontée à la première personne.

360 Qu'est-ce qu'un point de vue narratif ?

■ Les auteurs, dans leurs récits, choisissent un **point de vue** pour raconter et décrire.

■ Un point de vue est l'angle de vue sous lequel le narrateur (celui qui raconte) présente les choses et les êtres dont il parle. On parle aussi de **focalisation**, terme emprunté à la photographie qui désigne le foyer à partir duquel une photographie est prise.

■ Pour savoir quel est le point de vue adopté, il faut se demander à travers quel regard le narrateur nous fait voir les personnages, les lieux et les faits du récit. On peut simplifier cette question en se demandant **qui voit** : un observateur extérieur ? un personnage ? un narrateur qui sait tout ? Il existe trois points de vue narratifs possibles : externe, interne, omniscient.

361 Le point de vue ou la focalisation externe

■ Quand la scène est décrite à travers le regard d'un **observateur** neutre et complètement **extérieur** à l'histoire, le point de vue est **externe**. Le narrateur ne nous dit que ce qui peut être perçu par une caméra qui filmerait **objectivement** les faits, les lieux et les êtres. Ce point de vue est souvent associé au vocabulaire de l'apparence extérieure.

Les hommes avaient ***la barbe longue et sale, des uniformes en guenilles****, et ils avançaient d'une* ***allure molle****, sans drapeau, sans régiment.*

■ GUY DE MAUPASSANT, *Boule-de-Suif.*

Les éléments en gras sont des indications de forme *(barbe, uniforme)*, de dimension *(longue)*, d'état *(sale, en guenilles)*, de vitesse *(allure molle)*, qui sont visibles à l'œil nu par n'importe quel observateur.

362 Le point de vue ou la focalisation interne

■ Quand la scène est décrite à travers le regard d'un **personnage de l'histoire**, le point de vue est **interne**. Le narrateur nous présente les faits, les lieux et les êtres comme les voit et les ressent un personnage. La perception est donc **subjective**, c'est-à-dire limitée et propre à un individu, le personnage. Ce point de vue est souvent annoncé par un verbe de perception et nuancé par des **indices de la subjectivité** et des **modalisateurs**.

Aussi Robinson fut-il bien étonné en ***apercevant*** *à une centaine de pas la silhouette d'un bouc sauvage au poil très long qui se dressait immobile, et qui* ***paraissait*** *l'observer.*

■ MICHEL TOURNIER, *Vendredi ou la Vie sauvage.*

Le verbe *apercevant* annonce la perception visuelle d'un fait *(la silhouette d'un bouc qui se dressait immobile)* par un personnage *(Robinson)* ; le modalisateur *paraissait* montre que la perception est subjective. Il indique que la vision est celle de Robinson qui, ici, n'est pas très sûr de ce qu'il perçoit.

■ Dans un récit dont le narrateur est le **personnage principal qui nous raconte sa vie**, le point de vue est interne et subjectif : le lecteur voit les faits à travers le regard, les émotions et les jugements de ce narrateur-personnage. On parle de récit à la première personne.

> *J'y trouvai Manon. C'était elle mais* ***plus aimable et plus brillante*** *que* ***je*** *ne l'avais jamais vue.*
>
> ■ ABBÉ PRÉVOST, *Manon Lescaut*.

Le narrateur (représenté par le pronom *je*) est le chevalier des Grieux, qui raconte son histoire d'amour pour une jeune fille nommée Manon. On comprend pourquoi il emploie un vocabulaire mélioratif pour la décrire : *plus aimable et plus brillante*.

363 Le point de vue omniscient ou la focalisation zéro

■ Quand la scène est décrite par un **narrateur qui sait tout** sur les personnages et le cadre des actions du récit, le point de vue est **omniscient**. On parle aussi de **focalisation zéro**. Le narrateur connaît des informations sans limites, par exemple les sentiments intimes des personnages, leur passé, leur avenir, mais aussi l'aspect des lieux, la situation historique du récit, etc.

> *Madame Vauquer,* ***née de Conflans****, est une vieille femme qui,* ***depuis quarante ans****, tient à* ***Paris*** *une pension bourgeoise établie* ***rue Neuve-Sainte-Geneviève****, entre le* ***quartier latin*** *et le* ***faubourg Saint-Marceau****.*
>
> ■ HONORÉ DE BALZAC, *Le Père Goriot*.

Les renseignements sont précis, impossibles à deviner par un observateur extérieur, tant sur le personnage (nom de jeune fille, durée de la carrière), que sur le lieu (ville, rue, quartier) de l'action.

Attention

Il ne faut pas confondre « qui voit ? » et « qui raconte ? ».

■ Avec la question « qui voit ? », on se demande **comment le narrateur nous présente les faits**, sous quel angle de vision et de perception. Il s'agit du point de vue narratif.

■ Avec la question « qui raconte ? » on se demande **qui est le narrateur** et s'il se manifeste ou non dans son récit. Il s'agit de la voix narrative.

L'ÉPOPÉE

Comme au cœur de la nuit s'avance, au milieu des étoiles
Vesper, l'astre le plus brillant qui soit au firmament :
Tel flamboyait l'épieu pointu qu'Achille brandissait
De sa main droite. Il voulait tuer le divin Hector
Et cherchait sur sa belle peau l'endroit le plus fragile.

■ HOMÈRE, *Iliade*, chant XXII.

364 Qu'est-ce qu'une épopée ?

■ Une épopée est un récit en vers ou en prose qui célèbre les **exploits d'un héros** ou les grands épisodes de l'histoire d'un peuple.

■ L'épopée chante un **passé légendaire** et des héros **exemplaires** qui font preuve de qualités hors du commun. Elle diffuse ainsi les valeurs morales, religieuses ou politiques d'une nation.

■ Pour susciter l'admiration, elle **amplifie** les êtres et les actions au moyen d'**hyperboles** (emploi de termes exagérés) et en recourant au **merveilleux**. Des personnages surnaturels, dieux, monstres et créatures fabuleuses, y interviennent.

D'abord tu rencontreras les Sirènes qui ensorcellent
tous les hommes, quiconque arrive en leurs parages.
L'imprudent qui s'approche et prête l'oreille à la voix
de ces Sirènes, son épouse et ses enfants
ne pourront l'entourer ni fêter son retour chez lui.

■ HOMÈRE, *L'Odyssée*, chant XII.

La magicienne Circé enseigne à Ulysse comment se prémunir des Sirènes, monstres qui attirent les marins par leur chant pour les dévorer.

365 L'épopée antique

■ L'épopée antique, aussi appelée **poésie épique**, est **le plus ancien des genres littéraires**. Issue de la tradition orale, elle est composée en vers et récitée par le poète (l'aède en Grèce) qui facilite son travail de mémorisation par l'emploi de **répétitions**.

■ La première épopée que nous connaissions est l'***Épopée de Gilgamesh***, composée au troisième millénaire avant J-C. en Mésopotamie pour célébrer le roi de la cité sumérienne d'Uruk.

Tel était Gilgamesh, fils de Lugalbanda et de Ninsuna la Bufflesse, être éblouissant à la force supérieure. Devenu le jeune prince d'Uruk, il abusa de sa puissance.

■ *Épopée de Gilgamesh.*

■ L'***Iliade*** et l'***Odyssée*** ont été composées en Grèce au VIIIe siècle avant J-C. On les attribue à Homère. Elles racontent les exploits et les aventures de héros liés à la légende de Troie : Achille, Hector, Ulysse...

■ Sous le règne de l'empereur Auguste, le poète latin Virgile s'est inspiré d'Homère pour écrire l'***Énéide*** qui raconte les origines lointaines de Rome. Ovide, son contemporain, a rassemblé les récits de la mythologie grecque et latine dans un long poème épique : les ***Métamorphoses***.

Après avoir triomphé du monstre à chevelure de serpents, Persée, mu par ses sandales ailées, planait au-dessus des déserts de Lybie.

■ OVIDE, *Métamorphoses.*

366 Les chansons de geste

■ Au Moyen Âge, les premières œuvres de la littérature française sont des épopées appelées chansons de geste (du latin *gesta* : exploits). Elles sont chantées par des **jongleurs** qui s'accompagnent de la vielle, un instrument de musique à cordes.

■ Composées au XIe siècle, ces épopées en vers chantent les exploits des chevaliers chrétiens de l'époque de Charlemagne (VIIIe siècle) dans leurs combats contre les Sarrasins (musulmans).

■ La plus célèbre est ***La Chanson de Roland*** qui raconte l'attaque de l'arrière-garde de l'armée de Charlemagne à Roncevaux et la résistance héroïque du comte Roland.

Ami Roland, sonnez donc de votre cor. Charlemagne l'entendra et l'armée reviendra.

■ *La Chanson de Roland.*

Le conte

Il y avait dans le temps un roi et une reine qui se répétaient chaque jour : « Ah ! si seulement nous avions un enfant ! » Mais ils n'en avaient toujours pas. Un jour que la reine était au bain, il advint qu'une grenouille sauta de l'eau pour s'avancer vers elle et lui parler :
« Ton vœu sera exaucé, lui annonça-t-elle ; avant un an tu mettras une fille au monde.

■ Les frères Grimm, *La Belle au bois dormant.*

367 Qu'est-ce qu'un conte ?

■ Le conte est à l'origine un **récit oral** fait par un conteur devant un **auditoire populaire**, lors de réunions familiales ou villageoises.

■ Transmis de bouche à oreille de génération en génération, le conte populaire est destiné à **divertir**, mais aussi à **éduquer** les adultes et les enfants ; il comporte un **enseignement moral** où le mal est puni et le bien récompensé.

368 Les caractéristiques du conte

■ Le conte est un **récit fictif** qui ne cherche pas à imiter le monde réel. L'action est située dans **un espace et un temps indéfinis** ; les personnages sont peu caractérisés.

■ Lorsque le surnaturel est présent, on parle de **conte merveilleux**. Il apparaît sous la forme de **métamorphoses**, d'éléments **magiques** ou d'**êtres féeriques** (fées, sorcières, lutins, ogres, génies…), mais il ne provoque aucun étonnement.

■ Le conte est construit selon un **schéma narratif** (→358) : une situation initiale souvent introduite par la formule « il était une fois… », un élément modificateur qui déclenche l'action, des péripéties, un élément de résolution et une situation finale.

■ On y reconnaît aussi un **schéma actantiel**, c'est-à-dire six **fonctions** (également appelées actants) toujours identiques remplies par des personnages, des objets ou des sentiments :

– **le héros** : il accomplit une **quête** pour combler un manque et au cours de laquelle il doit surmonter des **épreuves** ;
– **l'objet** de la quête : une princesse, un trésor... ;
– **l'adjuvant** : il vient en aide au héros ;
– **l'opposant** : il fait obstacle au héros ;
– **le destinateur** : il pousse le héros à agir ;
– **le destinataire** : il est celui en faveur de qui se fait la quête.

369 Les contes littéraires

■ Au XVIIe siècle, **Charles Perrault** s'inspire de contes populaires pour écrire les *Contes de ma mère l'Oye* destinés à divertir un public aristocratique ; parmi ces huit contes merveilleux, on trouve *La Belle au bois dormant, Le Petit Chaperon rouge, Le Petit Poucet...*

■ Au XVIIIe siècle, le conte est un genre littéraire à la mode : les contes orientaux des ***Mille et Une Nuits*** sont traduits de l'arabe ; Mme Leprince de Beaumont fait paraître *La Belle et la Bête*.

> *Il frotta, sans y penser, l'anneau que le magicien africain lui avait mis au doigt et dont il ne connaissait pas encore la vertu. Aussitôt un génie, d'une figure énorme et d'un regard épouvantable, s'éleva devant lui.*
>
> « Histoire d'Aladin ou la Lampe merveilleuse », *Les Mille et Une Nuits*.

■ Au XIXe siècle, en Allemagne, les **frères Grimm** collectent et publient des contes populaires : *Cendrillon, Raiponce, Hansel et Gretel...* Le danois **Andersen** écrit des contes poétiques : *La Petite Sirène, La Petite Fille aux allumettes, Le Vilain Petit Canard...*

■ Au XXe siècle, des auteurs comme **Marcel Aymé** ou **Roald Dahl** renouvellent le genre et le cinéma propose de nombreuses adaptations, comme *Blanche-Neige et les Sept Nains* de Walt Disney ou *Peau d'Âne* de Jacques Demy.

LE ROMAN

Son imagination se remplit de tout ce qu'il avait lu dans les livres, enchantements, querelles, défis, batailles, blessures, galanteries, amours, tempêtes et extravagances impossibles ; et il se fourra si bien dans la tête que tout ce magasin d'inventions rêvées était la vérité pure qu'il n'y eut pour lui nulle autre histoire plus certaine dans le monde.

■ CERVANTÈS, *Don Quichotte de la Manche.*

370 Qu'est-ce qu'un roman ?

■ Un roman est un récit de **fiction** : il raconte des aventures **imaginaires.** Ainsi voit-on Don Quichotte passionné par « les inventions rêvées » des livres qu'il lit.

371 Les caractéristiques du roman

■ Le roman est assez long car il développe une **intrigue** qui peut être **complexe**, qui peut comprendre de **nombreux personnages** et qui peut s'étendre sur **plusieurs années**. *Les Misérables* de Victor Hugo raconte la vie de Jean Valjean, mais aussi de Fantine, de Cosette, de Marius, sur presque vingt ans.

■ Un roman peut être raconté par un **narrateur extérieur à l'histoire** ou **par un des personnages de l'histoire** (→ 360-363). Les romans d'Honoré de Balzac, comme *Le Père Goriot,* sont pour la plupart racontés par un narrateur omniscient, extérieur à l'histoire. Les romans de Daniel Pennac, autour du personnage de Malaussène, sont racontés par ce personnage, à la première personne : *Au Bonheur des ogres, La Fée Carabine, La Petite Marchande de prose…*

■ Les histoires racontées dans les romans sont très variées. On distingue différents types de romans : le roman de chevalerie, le roman d'aventures, le roman d'amour, le roman réaliste, le roman historique, le roman policier, le roman de science fiction…

372 Le roman de chevalerie

■ Le roman de chevalerie est le plus ancien type de roman. Il est né au **Moyen Âge**. Il est alors écrit en vers.

■ Il raconte les **aventures extraordinaires d'un chevalier**. Ce dernier est soumis à des règles morales strictes liées à son statut de chevalier : honneur, courage, fidélité, défense des faibles et des innocents, dévouement envers la femme aimée et envers son seigneur. Le chevalier doit partir dans une **quête** durant laquelle il surmontera maints **obstacles** naturels ou humains.

■ L'univers des romans de chevalerie est souvent **merveilleux** : on y trouve des « enchantements », des « extravagances impossibles » comme les aime Don Quichotte. On y rencontre des magiciens et des fées.

■ Les romans dits de la **Table ronde**, comme *Lancelot* ou *Yvain*, sont des romans de chevalerie qui relatent les aventures des chevaliers de la cour légendaire du roi Arthur.

> *Mon seigneur Yvain, **une fois armé**, ne s'attarda pas ni peu ni prou, mais **chevaucha**, chaque jour, **par monts et par vaux**, par d'immenses forêts, par **des lieux hostiles et sauvages**, allant par **de traîtres passages** et franchissant maint **défilé périlleux**.*
>
> ■ CHRÉTIEN DE TROYES, *Yvain ou le Chevalier au lion.*

Yvain est un chevalier type : il a un cheval *(chevaucha)*, il a une armure *(une fois armé)*, il part dans une quête *(par monts et par vaux)*, il est courageux car il affronte *des lieux hostiles et sauvages, de traîtres passages* et *maint défilé périlleux.*

373 Le roman d'aventures

■ Le roman d'aventures raconte une **histoire trépidante** où l'action domine : voyages, combats, découvertes de lieux inconnus, mystères à dévoiler, amours compliquées.

■ Les personnages principaux sont des héros modernes qui multiplient les rencontres, les défis.

■ Les romans d'Alexandre Dumas comme *Le Comte de Monte-Cristo,* ceux de Jules Verne comme *Le Tour du monde en quatre-vingts jours* ou *Michel Strogoff* sont des romans d'aventures.

> *En vérité, si un homme pouvait mener à bien ce voyage de Moscou à Irkoutsk, à travers une contrée envahie, surmonter les obstacles et braver les périls de toutes sortes, c'était, entre tous,* ***Michel Strogoff****.* ■ JULES VERNE, *Michel Strogoff.*

Michel Strogoff est le héros du roman, comme le montre le suspense de la phrase qui met en valeur, à la fin, le nom du héros. Il représente un type d'homme qui fait rêver le lecteur en lui permettant de s'évader de son quotidien.

374 Le roman réaliste

■ Le roman réaliste raconte des histoires qui ressemblent de près à la réalité quotidienne des lecteurs.

■ Le romancier réaliste cherche à **représenter fidèlement la réalité**, mais aussi à l'étudier, à expliquer certains faits de société, comme les inégalités sociales, les relations familiales, le pouvoir, la place de l'argent, etc. Mais, même s'il s'inspire de la réalité et se documente beaucoup, le romancier réaliste **invente ses personnages et ses intrigues**.

■ Le temps, les lieux et les personnages sont contemporains de l'époque de l'auteur du roman. Les faits, les lieux, les objets, les habitudes de vie sont détaillés avec précision.

■ Le roman réaliste a vraiment commencé à se développer en France au XIXe siècle avec des auteurs comme Honoré de Balzac, Gustave Flaubert, Guy de Maupassant ou Émile Zola.

■ Balzac étudiait beaucoup la société bourgeoise de son temps : dans *Le Père Goriot,* il montre comment un jeune provincial peut monter à Paris pour faire fortune et comment un père, dévoué à ses filles, finit ruiné et abandonné.

■ Zola voulait étudier, dans ses romans, toutes les classes sociales de son temps : les commerçants dans *Au Bonheur des dames*, les banquiers dans *L'Argent*, les ouvriers mineurs dans *Germinal.*

> *Les quatre* ***haveurs***[1] *venaient de s'allonger les uns au-dessus des autres, sur toute la montée du front de taille*[2]*. Séparés par les* ***planches à crochets*** *qui retenaient le charbon abattu, ils occupaient chacun quatre mètres environ de la* ***veine****.*
>
> ■ ÉMILE ZOLA, *Germinal.*

1. haveurs : ouvriers qui abattent la roche.
2. front de taille : ligne le long de laquelle les ouvriers taillent la roche.

Zola raconte avec précision les conditions de travail des mineurs de fond à travers ce que vit son personnage principal Étienne Lantier. Le romancier emploie un vocabulaire technique parfaitement adapté à la situation : *haveurs, planches à crochets, veine.*

La nouvelle

C'est bien ; je commence. J'ai été informé personnellement, et en très-haut lieu, qu'un certain document de la plus grande importance avait été soustrait dans les appartements royaux. On sait quel est l'individu qui l'a volé ; cela est hors de doute ; on l'a vu s'en emparer. On sait aussi que ce document est toujours en sa possession.

■ EDGAR POE, « La lettre volée », *Histoires extraordinaires.*

375 Qu'est-ce qu'une nouvelle ?

■ Une nouvelle est un **récit de fiction assez bref** qui raconte une histoire à l'intrigue resserrée autour d'un seul événement, limitée dans le temps et dans l'espace et contenant peu de personnages.

Dans *La Ronde* de J.-M. G. Le Clézio, deux jeunes filles, amies, roulent à vélomoteur dans les rues presque vides d'une petite ville et au bout de cette course, la mort les attend.

376 Les caractéristiques de la nouvelle

■ **L'action est tendue, sans temps mort.** L'intrigue est donc réduite aux éléments essentiels d'une seule action.

Dans *La Lettre volée*, l'intrigue tient dans les trois propositions : un document a été volé, on connaît le voleur, l'objet volé « est toujours en sa possession. » Le nouvelliste ne s'attarde pas sur la nature du document, sur la raison du vol, sur les conséquences de ce vol. Il concentre l'attention du lecteur sur ces trois propositions qui créent un mystère que la nouvelle devra dévoiler.

■ **La fin est souvent inattendue : on parle d'effet de chute.**

Dans *Double Assassinat dans la rue Morgue* d'Edgar Poe, tout est fait pour que l'information finale soit inattendue : l'assassin mystérieux était en fait… un orang-outan.

■ **Le nouvelliste est souvent complice avec le lecteur.** Tout au long du récit, il lui donne des indices pour qu'il comprenne les subtilités de l'action, avant les personnages eux-mêmes.

Dans *Le Crime au père Boniface* de Guy de Maupassant, le nouvelliste insiste sur la crédulité et la grande imagination du personnage qui adore lire les faits divers. Le lecteur saura avant lui que le « crime » auquel il croyait avoir assisté n'en était pas un.

■ **Le récit est quelquefois encadré dans un autre récit.** Un personnage vient raconter une histoire remarquable, étonnante, à un autre personnage.

Dans *Carmen* de Prosper Mérimée, un premier narrateur explique qu'un jour, il a rencontré en Espagne un homme, Don José, qui lui raconte la tragique histoire d'amour qu'il a vécue avec la belle Carmen.

■ **Les sujets, les intrigues, les lieux, les types de personnages des nouvelles sont variés.** Il existe plusieurs types de nouvelles : la nouvelle réaliste, la nouvelle historique, la nouvelle fantastique, la nouvelle policière…

377 La nouvelle réaliste

■ L'action, les lieux, les personnages de la nouvelle réaliste sont **ancrés dans l'époque d'écriture** de la nouvelle. Les faits se rapprochent de la vie de tous les jours des lecteurs de l'époque et se rapportent à des événements anodins.

■ Pourtant, dans cet univers familier, le nouvelliste crée une histoire susceptible de toucher, d'étonner, de faire sourire ou pleurer le lecteur. Le nouvelliste croque, en peu de pages, les petits bonheurs ou les petites misères de notre quotidien.

Maupassant évoque la vie parisienne ou la vie à la campagne du dernier tiers du XIXe siècle : des bourgeois parisiens qui cherchent à fréquenter le beau monde dans *La Parure*, des paysannes normandes qui gardent leurs vaches dans *L'Aveu*. À partir de cette trame, Maupassant crée une intrigue, un petit drame : une jeune bourgeoise s'est fait voler le beau collier qu'on lui avait prêté ; une jeune paysanne est enceinte, comment va réagir sa mère ?

> *Je demandai au médecin : « Qu'est-ce que celui-là ? » Il me répondit : « Oh ! celui-là n'est pas intéressant. C'est un cocher nommé François, devenu fou après avoir noyé son chien. »*
>
> *J'insistai : « Dites-moi donc son* ***histoire****. Les* ***choses les plus simples, les plus humbles****, sont parfois celles* ***qui nous mordent le plus au cœur****.*
>
> ■ GUY DE MAUPASSANT, *Mademoiselle Cocotte*.

Dans cet extrait, Maupassant lui-même nous donne une définition de la nouvelle réaliste, *une histoire* qui raconte *les choses les plus simples, les plus humbles*, mais *qui nous mordent le plus au cœur.*

378 La nouvelle fantastique

■ La nouvelle fantastique raconte une histoire **ancrée dans la réalité** : les lieux, les personnages sont familiers, et souvent contemporains du lecteur. Il n'y a pas de merveilleux.

■ Pourtant l'intrigue créée doit faire **douter** le lecteur. Ce qui se produit semble ne pas avoir d'explication rationnelle. Les personnages, et le lecteur, croient qu'il y a une **intervention surnaturelle, voire diabolique**. Il est souvent question de morts qui reviendraient hanter les vivants.

Dans *La Vénus d'Ille* de Mérimée, une statue de Vénus semble vivante et maudite puisque des hommes meurent à cause d'elle.

■ La nouvelle fantastique suscite un **trouble** plus ou moins grand chez le lecteur : sentiment de curiosité, de malaise, d'angoisse, voire de peur.

Dans *Véra* de Villiers de l'Isle-Adam, le personnage principal émeut le lecteur par l'énorme chagrin qu'il ressent à la mort de sa femme. Ce chagrin le conduit à croire que sa femme est toujours vivante et le récit tend de plus en plus à le faire croire également au lecteur.

■ À la fin de la nouvelle fantastique, soit le doute reste, le mystère n'est pas résolu ; soit ce qu'on prenait pour un phénomène irrationnel trouve une explication rationnelle, scientifique.

Dans *La Morte amoureuse* de Théophile Gautier, le narrateur-personnage croit que toutes les nuits la femme qu'il aimait, mais qui est morte, lui rend visite. À la fin de la nouvelle, le lecteur ne sait pas exactement si le narrateur a rêvé tout ce qu'il a raconté ou si cela lui est réellement arrivé.

LE THÉÂTRE

SCAPIN. – *Je ne sais pas, Monsieur, et voici une étrange affaire. Je tremble pour vous depuis les pieds jusqu'à la tête, et… Attendez.* (Il se retourne, et fait semblant d'aller voir au bout du théâtre s'il n'y a personne.)
GÉRONTE, en tremblant. – *Eh ?*
SCAPIN, en revenant. – *Non, non, non, ce n'est rien.*
GÉRONTE. – *Ne saurais-tu trouver quelque moyen pour me tirer de peine ?*
SCAPIN. – *J'en imagine bien un ; mais je courrais risque, moi, de me faire assommer.*

■ MOLIÈRE, *Les Fourberies de Scapin.*

379 Qu'est-ce que le théâtre ?

■ Le théâtre est un **genre littéraire**, un **spectacle** et un **lieu** où se produit ce type de spectacle. Dans l'extrait ci-dessus, le mot « théâtre » désigne la scène réelle où le spectacle a lieu.

■ Le théâtre présente aux yeux des spectateurs une action fictive dans laquelle interviennent des personnages.

■ En tant que **genre littéraire**, le théâtre est composé de **dialogues** et de **didascalies** (les didascalies sont les indications de prise de parole et de mise en scène). Le tout est créé par un auteur appelé **dramaturge**.

■ En tant que **spectacle**, le théâtre comprend des décors, des costumes, des éclairages, éventuellement de la musique, mais aussi des acteurs qui interprètent le texte de la pièce. L'ensemble est dirigé par un **metteur en scène**.

■ Il faut distinguer la **pièce de théâtre**, œuvre écrite, et sa **représentation**, spectacle éphémère, qui dépend des choix du metteur en scène et du jeu des acteurs.

380 L'organisation d'une pièce de théâtre

■ En France, à partir du XVIe siècle jusqu'au XIXe siècle inclus, une pièce de théâtre était organisée en **actes** et en **scènes**. Les actes sont des ensembles de scènes qui font progresser l'action. Les scènes sont délimitées par l'entrée ou la sortie d'un personnage sur scène.

■ À partir du XXe siècle, l'organisation d'une pièce de théâtre est devenue très **libre et variée**. On peut trouver un découpage traditionnel en actes et en scènes, comme dans *Électre* de Jean Giraudoux, une succession de tableaux, comme dans *Les Mouches* de Jean-Paul Sartre, ou encore une absence totale de découpage, comme dans *Antigone* de Jean Anouilh.

381 Le dialogue théâtral

■ Dans une pièce de théâtre, l'action passe essentiellement par les **dialogues**.

■ Un dialogue théâtral est fait d'une succession de **répliques**, c'est-à-dire de propos tenus alternativement par les personnages. L'extrait des *Fourberies de Scapin* comporte cinq répliques.

■ Les dialogues, selon les époques et les genres, sont écrits en **vers** ou en **prose**.

DON DIÈGUE
Ô rage ! ô désespoir ! ô vieillesse ennemie !
N'ai-je donc tant vécu que pour cette infamie ?

■ PIERRE CORNEILLE, *Le Cid*.

Le Cid de Corneille est écrit en vers.

MONSIEUR JOURDAIN. – *Quoi ? quand je dis : « Nicole, apportez-moi mes pantoufles et me donnez mon bonnet de nuit », c'est de la prose ?* ■ MOLIÈRE, *Le Bourgeois gentilhomme*.

Le Bourgeois gentilhomme de Molière est écrit en prose.

■ Quand une réplique est longue, plus de dix lignes ou vers, on parle de **tirade**.

■ Quand des répliques courtes, de même longueur (une ou deux lignes ou vers) et de même forme syntaxique, se succèdent, on parle de **stichomythie**. On a alors souvent une situation très vive de lutte verbale entre les personnages.

HARPAGON. – *Comment, pendard ? c'est toi qui t'abandonnes à ces coupables extrémités ?*

CLÉANTE. – *Comment, mon père ? c'est vous qui vous portez à ces honteuses actions ?*

HARPAGON. – *C'est toi qui te veux ruiner par des emprunts si condamnables ?*

CLÉANTE. – *C'est vous qui cherchez à vous enrichir par des usures si criminelles ?*

■ MOLIÈRE, *L'Avare.*

Cette stichomythie montre la rivalité entre Harpagon et son fils qui ne sont pas du tout d'accord sur la façon d'utiliser l'argent.

■ Quand un personnage parle seul sur scène, on parle de **monologue**.

■ Quand un personnage baisse la voix pour se parler à lui-même ou à un autre personnage de façon à ne pas être entendu par les autres personnages présents sur scène, on parle d'**aparté**.

MACHUT, **à part**. – *Je parie que c'est du latin ou du grec.*

■ EUGÈNE LABICHE, *La Grammaire.*

La didascalie *à part* indique que le personnage se parle à lui-même dans un aparté.

382 Les didascalies (ou indications scéniques)

■ Les didascalies indiquent quel personnage prend la parole : Scapin puis Géronte dans l'extrait des *Fourberies de Scapin*.

■ Les didascalies peuvent préciser à l'acteur comment jouer le personnage en donnant notamment des indications d'**intonation**, de **gestuelle**, de **déplacement**.

LUI (**furieux**). – *Non mais dis donc ! Qu'est ce que c'est que ces manières ?* (intonation)

■ PIERRE GRIPARI, *Le Bourricot.*

MADAME, **elle sonne, sonne en vain ; elle se lève et appelle**. –*Irma !.. Irma, voyons !* (gestuelle et intonation)

■ JEAN TARDIEU, *Un mot pour un autre.*

DANIEL. – *Eh bien, c'est drôle de voyager comme cela !* (**Voyant Armand qui se lève**.) (déplacement) *Où allez-vous donc ?*

ARMAND. – *Je ne tiens plus en place, j'ai envie d'aller au-devant de ces dames.*

DANIEL. – *Et le café ?*

ARMAND. – *Je n'en prendrai pas… au revoir !* (**Il sort vivement par le fond**.) (déplacement et gestuelle)

■ EUGÈNE LABICHE, *Le Voyage de Monsieur Perrichon*.

383 La structure de l'action théâtrale

■ Une pièce de théâtre commence par une **exposition**. Celle-ci renseigne le spectateur sur la situation initiale de l'action, sur le temps, le lieu et sur les personnages. Elle se déroule sur les premières scènes de la pièce.

■ Une pièce de théâtre comporte un **nœud**, un problème à résoudre, qu'on appelle aussi la **crise dramatique**. Les personnages s'affrontent en raison de leurs intérêts divergents. Des obstacles surgissent. Des **péripéties** (changements subits de situation), qu'on appelle aussi **coups de théâtre** quand elles ont un caractère imprévu et quelque peu invraisemblable, peuvent venir perturber les desseins des uns et des autres ou au contraire résoudre leurs problèmes.

■ Le **dénouement** délie le nœud, met un terme à la crise. Ce sont les dernières scènes de la pièce qui progressivement achèvent la crise. Selon le genre théâtral, ce dénouement sera **heureux** (comédie), ou **malheureux** (tragédie, drame).

Les *Fourberies de Scapin* de Molière se terminent sur un double mariage. *Andromaque* de Racine se termine par une série d'événements funestes : Pyrrhus meurt assassiné, Hermione se suicide, Oreste devient fou.

LA FARCE ET LA COMÉDIE

BÉLISE. – *Veux-tu toute ta vie offenser la grammaire ?*
MARTINE. – *Qui parle d'offenser grand-mère ni grand-père ?*
PHILAMINTE. – *Ô ciel !*
BÉLISE. – Grammaire *est prise à contresens par toi,*
Et je t'ai déjà dit d'où vient ce mot.
MARTINE. – *Ma foi !*
Qu'il vienne de Chaillot, d'Auteuil ou de Pontoise,
Cela ne me fait rien.

■ MOLIÈRE, *Les Femmes savantes.*

384 Qu'est-ce que la farce ?

■ La farce est une courte pièce de théâtre qui s'est développée au Moyen Âge. L'intrigue est très simple et repose sur des **thèmes du quotidien** : tromperies, conflits familiaux, comme dans *La Farce du cuvier* où les époux ne cessent de se disputer.

■ Elle **fait rire** grâce à un comique grossier, des jeux de scène (des coups, des chutes), un langage souvent familier.

■ Les **personnages** de la farce, peu nombreux, sont issus du peuple et souvent ridicules et peu scrupuleux (le curé gourmand, le mari trompé). Dans *La Farce de Maître Pathelin*, l'avocat n'hésite pas à conseiller à son client de passer pour un idiot en répondant « bêê » à toutes les questions qu'on lui posera lors de son procès.

■ Au cours des siècles suivants, la farce a inspiré plusieurs écrivains. Lorsque Scapin, dans *Les Fourberies de Scapin* de Molière, réussit à enfermer dans un sac et à rouer de coups Géronte dont il veut se venger, nous assistons à une scène de farce.

385 Qu'est-ce que la comédie ?

■ La comédie est une pièce de théâtre en prose ou en vers dont l'intrigue repose sur des **conflits** entre des maîtres et leurs valets ou des pères et leurs enfants. Les thèmes principaux sont l'amour et l'argent.

- Le dénouement de la comédie est **heureux**. La comédie se termine généralement par un mariage. Un **coup de théâtre** permet souvent la résolution de l'intrigue. On apprend seulement à la fin des *Fourberies de Scapin* qu'Hyacinthe, femme qu'Octave avait épousée en secret, n'est autre que celle que son père lui destinait !

- La comédie devient **comédie-ballet** lorsqu'elle associe le théâtre à la danse et à la musique, comme dans *Le Bourgeois gentilhomme* de Molière.

386 Les personnages, les lieux et le temps de la comédie

- Les **protagonistes** sont des personnages qui ressemblent aux spectateurs. Ils sont issus de la petite noblesse ou de la bourgeoisie. Leurs préoccupations sont celles du quotidien.

- Les **personnages secondaires** sont des valets ou servantes qui souvent s'opposent à leurs maîtres et expriment leur désaccord. Ils sont soit rusés et très utiles à l'intrigue comme Scapin, soit comiques par leur naïveté comme Martine dans *Les Femmes savantes*.

- Certains personnages de la comédie sont inspirés de la ***commedia dell'arte*** (comédie italienne) comme Arlequin, Pierrot.

- Le **niveau de langue** des personnages est courant ou familier.

- La comédie se déroule à l'époque des spectateurs et dans des lieux qui leur sont familiers : intérieur d'une maison ou place.

387 Les effets de la comédie sur le spectateur

- La comédie **suscite le rire** chez le spectateur, elle le divertit. On y trouve du comique de gestes, de mots, de situation, de caractère, de répétition.

- La comédie a également une portée morale, une dimension critique car elle dénonce les excès de la société et les défauts humains, comme l'avarice dans *L'Avare* de Molière.

La tragédie

Mon mal vient de plus loin. À peine au fils d'Égée
Sous les lois de l'hymen je m'étais engagée,
Mon repos, mon bonheur semblait être affermi,
Athènes me montra mon superbe ennemi.
Je le vis, je rougis, je pâlis à sa vue.
Un trouble s'éleva dans mon âme éperdue.

■ RACINE, *Phèdre.*

388 Qu'est-ce qu'une tragédie ?

■ Une tragédie est une pièce de théâtre dont l'intrigue repose sur un **conflit insoluble**, puisque impossible à résoudre, et **funeste**, puisqu'il cause de terribles malheurs. Le conflit peut opposer un individu et les autres hommes pris collectivement, ou encore un individu et des valeurs qui le dépassent.

■ La tragédie oppose la **fatalité**, divine ou sociale, qui pèse sur un homme et la volonté de celui-ci d'être libre. Phèdre voudrait pouvoir aimer son beau-fils Hippolyte, qu'elle nomme « mon superbe ennemi ».

■ Le héros tragique est confronté à un choix toujours très difficile à faire. On appelle ce choix le **dilemme tragique**. Dans *Horace*, de Corneille, le héros doit-il obéir à son devoir de Romain et tuer son ami et beau-frère Curiace qui appartient à une cité ennemie contre laquelle Rome est en guerre ?

■ Le dénouement de la tragédie est **malheureux** pour la plupart des protagonistes. Souvent ces derniers meurent ou survivent dans une grande douleur. Phèdre s'empoisonne car elle se sent trop coupable. Dans *Bérénice*, de Racine, Titus, parce qu'il est empereur de Rome, ne peut épouser une reine étrangère. Malgré leur amour, Bérénice et Titus se séparent.

■ Il existe des **tragi-comédies**, c'est-à-dire des tragédies dont le dénouement n'est pas malheureux, comme *Le Cid* de Corneille.

Rodrigue, le Cid, qui avait dû sacrifier son amour à son honneur, peut, à la fin de la pièce, espérer épouser la femme qu'il aime, bien qu'il ait tué le père de celle-ci.

389 Les personnages de la tragédie

■ Les **protagonistes** de la tragédie sont des personnages qui ne ressemblent pas aux spectateurs ordinaires. Ils sont d'une **origine sociale très élevée** : des héros de la mythologie grecque comme dans *Électre* de Sophocle, dans *Iphigénie* de Racine, des individus de haute noblesse ou à haute fonction politique comme l'empereur romain Auguste dans *Cinna* de Corneille.

■ Les **personnages secondaires** sont les **confidents** des protagonistes, compagnons d'armes, dames de compagnie. Ils ne sont pas touchés par l'action mais écoutent, soutiennent et parfois conseillent les protagonistes.

■ Le niveau de langue des personnages est élevé.

390 Les lieux et le temps de la tragédie

■ La tragédie se déroule dans un univers éloigné des spectateurs : la Grèce mythologique, la Rome antique, l'histoire biblique.

391 Les effets de la tragédie sur le spectateur

■ La tragédie suscite **terreur, admiration et pitié**.

– Le spectateur est **effrayé** par la monstruosité de certains personnages comme Médée (dans la pièce de Sénèque) qui tue ses enfants.

– Il **admire** la grandeur d'âme des héros comme Auguste (dans *Cinna*) qui pardonne aux hommes qui ont conspiré contre lui.

– Il est **ému** par la souffrance ou le triste sort des personnages qui subissent les dures lois de leur destin comme Antigone (l'héroïne des pièces de Sophocle ou de Jean Anouilh), qui meurt alors qu'elle voulait donner une digne sépulture à son frère.

La poésie

Bien placés bien choisis
quelques mots font une poésie
les mots il suffit qu'on les aime
pour écrire un poème
on sait pas toujours ce qu'on dit
lorsque naît la poésie
faut ensuite rechercher le thème
pour intituler le poème
mais d'autres fois on pleure on rit
en écrivant la poésie
ça a toujours kékchose d'extrême
un poème

■ RAYMOND QUENEAU, « Bien placés bien choisis », *L'Instant fatal*.

392 Qu'est-ce que la poésie ?

■ La poésie est un **art du langage**. Elle utilise toutes les ressources du langage pour raconter, décrire, exprimer ou suggérer.

■ Le mot « poésie » vient du grec *poieïn* qui signifie « fabriquer », « créer ». Le poète est à la fois un artisan et un créateur qui travaille le langage comme un matériau. Il utilise des mots simples ou rares qu'il dispose de manière originale en jouant sur leur sens, leur forme, leurs sonorités.

■ Avant l'invention de l'écriture, la poésie a servi à **fixer la mémoire** des peuples ; le rythme et la musicalité des vers facilitaient la mémorisation : prières aux dieux, récits mythologiques, formules de droit étaient en vers. La poésie était alors considérée comme un **langage sacré**.

■ Pendant longtemps, la poésie a été composée en vers et s'opposait à la **prose**, langage non versifié de la communication courante. Elle obéissait alors aux règles strictes de la **versification**. Mais au XIXe siècle, elle s'est libérée de ces contraintes et a pris des formes variées, en vers comme en prose.

393 Le langage poétique

■ Le langage poétique est **musical**. Le poète crée des **effets sonores et rythmiques** au moyen du vers et de la rime, mais aussi en jouant sur les sonorités et la disposition des mots.

Je fais souvent ce rêve étrange et pénétrant
D'une femme inconnue, et que j'aime, et qui m'aime,
Et qui n'est, chaque fois, ni tout à fait la même
Ni tout à fait une autre, et m'aime et me comprend.

■ PAUL VERLAINE, *Poèmes saturniens.*

Par la répétition des mots et des sons, cette strophe crée un effet de bercement.

■ Le langage poétique s'adresse à **l'imagination**. Pour évoquer, suggérer ou représenter, le poète utilise de nombreuses **images** : des comparaisons et des métaphores, mais aussi des personnifications, des allégories et des symboles.

Les vieilles maisons sont toutes voûtées,
Elles sont comme des grands-mères
Qui se tiennent assises, les mains sur les genoux,
Parce qu'elles ont trop travaillé dans leur vie ;

■ CHARLES FERDINAND RAMUZ, *Vers.*

La comparaison des maisons avec des grands-mères est ici très suggestive.

■ Le langage poétique est un véritable **jeu sur le langage**. Le poète donne libre cours à sa fantaisie verbale en jouant sur les mots ou en inventant des mots.

[...] si tu t'imagines
xa va xa va xa
va durer toujours
la saison des za
la saison des za
saison des amours [...]

■ RAYMOND QUENEAU, « Si tu t'imagines », *L'Instant fatal.*

Le poète joue avec les mots en transcrivant le langage parlé de manière humoristique.

LITTÉRATURE

394 Les formes poétiques

■ Il existe une grande variété de formes poétiques. On parle de **formes fixes** quand elles obéissent à des règles précises ; c'est le cas de la **ballade** et du **rondeau** en usage au Moyen Âge ou du **sonnet**, apparu à la Renaissance.

■ Au XIXe siècle, les poètes cherchent à renouveler le langage poétique. Ils inventent le **poème en prose** ainsi que les **vers libres**, vers de longueur variable et qui ne sont pas toujours rimés.

Laisse-moi respirer longtemps, longtemps, l'odeur de tes cheveux, y plonger tout mon visage, comme un homme altéré dans l'eau d'une source, et les agiter avec ma main comme un mouchoir odorant, pour secouer des souvenirs dans l'air.

■ CHARLES BAUDELAIRE, « Un hémisphère dans une chevelure », *Le Spleen de Paris*.

Ce paragraphe est le début d'un poème en prose ; les comparaisons, les répétitions et le rythme harmonieux de la phrase contribuent à lui donner son caractère poétique.

■ Au XXe siècle, Guillaume Apollinaire supprime la ponctuation des poèmes de son recueil *Alcools* ; il écrit aussi des **calligrammes**, poèmes dont le texte forme un dessin.

■ GUILLAUME APOLLINAIRE, « Reconnais-toi », *Poèmes à Lou*.

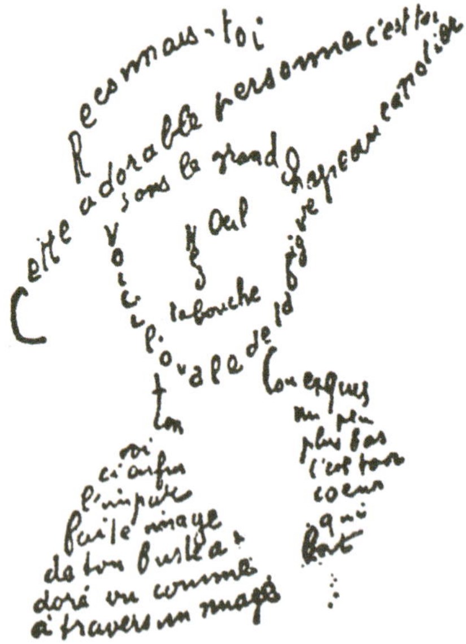

Sous le pont Mirabeau coule la Seine
Et nos amours
Faut-il qu'il m'en souvienne
La joie venait toujours après la peine [...]

■ GUILLAUME APOLLINAIRE, « Le pont Mirabeau », *Alcools*.

L'absence de ponctuation crée un effet d'ambiguïté : *nos amours* peut s'entendre à l'oreille comme le sujet du verbe *coule*.

■ La poésie étrangère présente également des formes particulières, comme le **haïku**, forme brève de la poésie traditionnelle japonaise. Composé d'une phrase unique au vocabulaire simple, il évoque un court instant du spectacle de la nature.

Sur une pierre
la libellule
rêve en plein jour

■ TANEDA SANTÔKA, « Sur une pierre », *Haïku*.

■ La **chanson** se rattache à la poésie. À toutes les époques, des poèmes ont été mis en musique et certains prennent la forme d'une chanson avec **couplets** et **refrains**. De nos jours, la chanson est la forme d'expression poétique la plus répandue.

La poésie lyrique et la poésie engagée

Toi que j'aime à jamais toi qui m'as inventé
Tu ne supportais pas l'oppression ni l'injure
Tu chantais en rêvant le bonheur sur la terre
Tu rêvais d'être libre et je te continue.

■ PAUL ELUARD, *Dit de la Force de l'Amour.*

Dans ce poème écrit à la mort de sa femme, le poète clame à la fois son amour et son engagement.

395 Qu'est-ce que la poésie lyrique ?

■ La poésie lyrique est, à l'origine, la poésie que le poète déclame en s'accompagnant d'un instrument de musique, la **lyre**, tel le poète **Orphée** qui, selon la mythologie grecque, charmait les bêtes sauvages et les rochers par la beauté de son chant.

■ La poésie lyrique exprime **les émotions et les sentiments personnels** du poète : la passion amoureuse, la plainte, le regret, la colère, la joie, l'enthousiasme...

Je vis, je meurs ; je me brûle et me noie.
J'ai chaud extrême en endurant froidure ;
La vie m'est et trop molle et trop dure.
J'ai grands ennuis entremêlés de joie.

■ LOUISE LABÉ, *Élégies et Sonnets.*

Ici, la poétesse exprime les sensations et sentiments contradictoires de la passion amoureuse.

■ Cependant, la poésie lyrique a aussi une dimension **universelle**. Le poète lyrique est l'interprète des hommes parce que les sentiments qu'il chante sont ceux de tous les hommes.

Quand je parle de moi, je vous parle de vous !

■ VICTOR HUGO, *Les Contemplations*, Préface.

■ La poésie lyrique s'est écrite à toutes les époques : la poésie courtoise des troubadours du Moyen Âge, la poésie des poètes de la Pléiade comme Pierre de Ronsard et Joachim du Bellay, la poésie des romantiques comme Victor Hugo et Alfred de Musset, ou encore la poésie des surréalistes lorsqu'ils célèbrent la femme aimée.

Quand reverrai-je, hélas ! de mon petit village
Fumer la cheminée, et en quelle saison
Reverrai-je le clos de ma pauvre maison,
Qui m'est une province, et beaucoup davantage ?

■ JOACHIM DU BELLAY, « Heureux qui, comme Ulysse… », *Les Regrets*.

Dans ce célèbre sonnet, du Bellay, qui séjourne alors en Italie, exprime la nostalgie de son pays natal.

396 Les caractéristiques de la poésie lyrique

■ La poésie lyrique se caractérise par :
– l'emploi de la **première personne** : je, moi, mon, nous, notre… ;
– le **vocabulaire** des sensations, des émotions et des sentiments ;
– une **ponctuation expressive** : point d'exclamation, point d'interrogation, points de suspension ;
– la **musicalité** : assonances, allitérations, effets de rythme ;
– les **thèmes** de l'amour, la mort, la solitude, la nostalgie, la fuite du temps, la communion avec la nature.

« Ô Temps, suspends ton vol ! et vous, heures propices,
Suspendez votre cours !
Laissez-nous savourer les rapides délices
Des plus beaux de nos jours ! »

■ ALPHONSE DE LAMARTINE, « Le lac », *Méditations poétiques.*

Lamartine, poète romantique, évoque ici la fuite du temps et la menace de la mort.

397 Qu'est-ce que la poésie engagée ?

■ La poésie engagée est **au service d'une cause**. Le poète engagé utilise la poésie comme **une arme** qu'il met au service d'un combat politique, religieux ou social.

C'était un très bon nègre,
la misère lui avait blessé poitrine et dos et on avait fourré dans sa pauvre cervelle qu'une fatalité pesait sur lui qu'on ne prend pas au collet ; qu'il n'avait pas puissance sur son propre destin ; [...]

■ AIMÉ CÉSAIRE, « C'était un très bon nègre », *Cahier d'un retour au pays natal.*

Dans un long poème en vers libres, le poète antillais Aimé Césaire défend la cause noire et condamne avec une ironie mordante l'esclavagisme.

■ La poésie engagée exprime l'indignation et la révolte du poète face à des injustices, des abus, des crimes qu'il **dénonce**. Elle veut susciter une prise de conscience chez le lecteur et le pousser à agir.

Où vont tous ces enfants dont pas un seul ne rit ?
Ces doux êtres pensifs que la fièvre maigrit ?
Ces filles de huit ans qu'on voit cheminer seules ?
Ils s'en vont travailler quinze heures sous des meules ;
Ils vont, de l'aube au soir, faire éternellement
Dans la même prison le même mouvement.

■ VICTOR HUGO, « Melancholia », *Les Contemplations.*

Victor Hugo dénonce le travail des enfants et cherche à éveiller pitié et indignation chez son lecteur.

■ La poésie engagée est ancrée dans l'**Histoire**. Le poète se veut un témoin et un acteur de l'actualité de son temps.

Paris a froid Paris a faim
Paris ne mange plus de marrons dans la rue
Paris a mis de vieux vêtements de vieille
Paris dort tout debout sans air dans le métro

■ PAUL ELUARD, « Courage », *Au rendez-vous allemand.*

Ces vers, publiés clandestinement en 1943, dénoncent les conditions de vie à Paris sous l'occupation allemande.

LITTÉRATURE

398 Les caractéristiques de la poésie engagée

La poésie engagée se caractérise par :

– des références à l'**actualité** : dates, noms propres de lieux, de personnes ;

– le **vocabulaire** de la violence ou de l'oppression ;

– l'**adresse au lecteur** pour l'exhorter à la révolte ou lui délivrer un message d'espoir : impératif, emploi de la deuxième personne... ;

– des **figures de style** pour entraîner l'adhésion du lecteur : anaphores, répétitions, énumérations... ;

– une **dénonciation** de la guerre, de la dictature, de l'intolérance religieuse, du colonialisme, de la misère sociale, des inégalités...

Ce cœur qui haïssait la guerre...
Ce cœur qui haïssait la guerre voilà qu'il bat pour le combat et la bataille ! [...]

■ ROBERT DESNOS, « Ce cœur qui haïssait la guerre... », *Destinée arbitraire.*

La fable

Rien ne sert de courir ; il faut partir à point.
Le Lièvre et la Tortue en sont un témoignage.

▪ JEAN DE LA FONTAINE, *Le Lièvre et la Tortue.*

399 Qu'est-ce qu'une fable ?

▪ Une fable est un **court récit** de fiction en vers ou en prose qui illustre une **morale**.

▪ La fable appartient au **genre didactique** : elle cherche à **instruire** en délivrant une leçon de sagesse. Mais cet enseignement passe par un récit plaisant dont les personnages sont le plus souvent des **animaux**. Ainsi la fable vise aussi à **divertir**.

▪ L'enseignement de la fable porte sur la **nature humaine**. À travers ses personnages, le **fabuliste** représente de manière **symbolique** les défauts humains comme l'avarice, l'orgueil, l'hypocrisie ou la vanité ; il met en garde contre la méchanceté et la sottise des hommes et invite au bon sens et à la prudence.

400 Les caractéristiques de la fable

▪ La fable se présente le plus souvent sous la forme d'un récit suivi d'une **moralité** : leçon, conseil ou vérité générale. Il arrive que la moralité soit au début de la fable ou qu'elle soit **implicite**, (sous-entendue). C'est alors au lecteur de la formuler.

▪ Le récit est simple et vivant. Le décor et les personnages sont rapidement caractérisés. L'intrigue oppose souvent un fort et un faible, un trompeur et un trompé et elle est construite sur un **retournement de situation** qui amène un dénouement inattendu.

▪ Lorsque les personnages de la fable sont des animaux, des végétaux ou des objets, ceux-ci sont **personnifiés** : ils parlent et agissent comme des hommes.

■ Pour animer son récit, le fabuliste utilise des **dialogues** et des **effets comiques**. Quand la fable est versifiée, l'alternance de vers longs et de vers courts permet d'obtenir des **effets de rythme**. Enfin, les interventions du fabuliste créent une **complicité** avec le lecteur.

Va-t'en, chétif Insecte, excrément de la terre ! »
C'est en ces mots que le Lion
Parlait un jour au Moucheron

■ JEAN DE LA FONTAINE, *Le Lion et le Moucheron*.

L'exemple illustre l'alternance des mètres (un alexandrin, deux octosyllabes), le dialogue, l'opposition comique des personnages. L'intervention du narrateur se marque avec l'emploi des démonstratifs : *C'est en ces mots*.

401 Petite histoire de la fable

■ La fable est un genre qui remonte à l'Antiquité. Le Grec **Ésope** écrit au VIe siècle avant J.-C. des fables en prose qui sont de très courts récits, comme *Le Corbeau et le Renard, Le Lièvre et la Tortue*. Il est imité au Ier siècle après J.-C. par le fabuliste **Phèdre** qui écrit ses fables en latin et en vers.

■ C'est Jean de La Fontaine qui, au XVIIe siècle, donne à la fable tout son éclat. Il s'inspire des fabulistes de l'Antiquité, mais accorde une place privilégiée au récit. Ses fables sont de véritables **petites comédies** où il exprime une **vision pessimiste** de l'Homme et de la société et invite à chercher le bonheur dans la sagesse et la modération.

■ Au XXe siècle, des auteurs comme Jean Anouilh, Raymond Queneau ou Pierre Gamara ont écrit des fables qui sont une **parodie** (imitation humoristique) des fables de La Fontaine.

Le chêne un jour dit au roseau :
« N'êtes-vous pas lassé d'écouter cette fable ?
La morale en est détestable ;
Les hommes bien légers de l'apprendre aux marmots. »

■ JEAN ANOUILH, *Fables*.

LA VERSIFICATION

Elle a passé, la jeune fille
Vive et preste comme un oiseau :
À la main une fleur qui brille,
À la bouche un refrain nouveau.

■ GÉRARD DE NERVAL, « Une allée du Luxembourg », *Odelettes rythmiques et lyriques.*

402 Les vers

■ La **versification** regroupe l'ensemble des règles qui caractérisent l'écriture du texte poétique en vers.

■ Un **vers** commence par une majuscule et se distingue par un passage à la ligne, même si la phrase n'est pas terminée. L'extrait de Nerval comporte quatre vers et une seule phrase.

■ La **mesure** (ou le **mètre**) d'un vers correspond au nombre de syllabes prononcées. Il faut tenir compte du cas du **e** muet :

– **à l'intérieur d'un vers**, lorsque la dernière syllabe d'un mot se termine par **e**, on compte cette syllabe si le mot suivant commence par une consonne, on ne la compte pas s'il commence par une voyelle.

– **en fin de vers**, le **e** ne compte jamais. On parle de **e muet**.

*Ell/(e) a / pa/ssé, / la /jeu/n**e** / fill(e)*
*Vi/v(e) et / pres/t**e** / comm/(e) un / oi/seau :*
*À / la / main / u/n**e** / fleur / qui / brill(e),*
À / la / bou/ch(e) un / re/frain/ nou/veau.

■ Le nombre de syllabes prononcées dans le vers donne son nom au type de vers :

– un vers de **huit** syllabes est un **octosyllabe** (extrait de Nerval) ;

– un vers de **dix** syllabes est un **décasyllabe** ;

– La / gi/ra/f(e) est / be/ll(e), ell/(e) est / un(e) / é/chell(e)

■ MARC ALYN, *L'Arche enchantée.*

– Un vers de **douze** syllabes est un **alexandrin.**

J'é/tais / si / près / de / toi / que / j'ai / froid / près / des / autres.

■ PAUL ELUARD, *Le Temps déborde.*

403 Les strophes

■ Les vers sont regroupés en **strophes**. Une strophe de trois vers est un **tercet**. Une strophe de quatre vers est un **quatrain**, comme la strophe de Nerval.

■ Certaines formes fixes de poème se définissent par leur organisation en strophes : un **sonnet** comporte deux quatrains suivis de deux tercets ; une **ballade** comprend trois strophes s'achevant sur un refrain et suivies d'une demi-strophe.

404 Les rimes

■ Les **rimes** sont des répétitions sonores situées à la fin des vers.

■ La **disposition** des rimes est variable, il existe :

– les **rimes plates ou suivies**, schématisées par AABB.

*Je ne te dis plus rien. Venge-moi, venge-**toi** ;* A
*Montre-toi digne fils d'un père tel que **moi**.* A
*Accablé des malheurs où le destin me **range**,* B
*Je vais les déplorer : va, cours, vole et nous **venge**. »* B

■ PIERRE CORNEILLE, *Le Cid.*

– les **rimes croisées**, schématisées par ABAB.

*Le rire est notre meilleure **aile** ;* A
*Il nous soutient quand nous **tombons**.* B
*Le philosophe indulgent **mêle*** A
*Les hommes gais aux hommes **bons**.* B

■ VICTOR HUGO, « Hilaritas », *Les Chansons des rues et des bois.*

– les **rimes embrassées**, schématisées par ABBA.

*La rue assourdissante autour de moi **hurlait**.* A
*Longue, mince, en grand deuil, douleur **majestueuse**,* B
*Une femme passa, d'une main **fastueuse*** B
*Soulevant, balançant le feston et l'**ourlet** ;* A

■ CHARLES BAUDELAIRE, « À une passante », *Les Fleurs du mal.*

La **qualité** d'une rime correspond au nombre de sons identiques. Les rimes concernent les sons et non les lettres qui composent les mots :

– la rime est **pauvre** lorsqu'elle est constituée de la répétition d'**un seul son**. Dans l'extrait de Nerval, *ois**eau*** et *nouv**eau*** n'ont que le son [o] en commun.

– la rime est **suffisante** lorsqu'elle est constituée de la répétition de **deux sons**.

*Hé ! Bonjour, Monsieur du Cor**beau**,*
*Que vous êtes joli ! Que vous me semblez **beau** ! »*

JEAN DE LA FONTAINE, *Le Corbeau et le Renard*.

Les sons [b] et [o] sont répétés.

– la rime est **riche** lorsqu'elle est constituée de la répétition de **trois sons ou plus**.

*Les petits ailes **blanches***
*Sur les eaux et les s**illons***
*S'abattent en ava**lanches** ;*
*Il neige des pap**illons**. »*

VICTOR HUGO, « À Grandville en 1836 », *Les Contemplations*.

Toutes les rimes de cette strophe sont riches car elles comportent trois sons identiques : [l], [ɑ̃], [ʃ] pour *blanches* et *avalanches* ; [i], [j], [ɔ̃] pour *sillons* et *papillons*.

405 Assonance, allitération, harmonie imitative

L'assonance, l'allitération et l'harmonie imitative sont des jeux sur les sonorités qui se produisent à l'intérieur des vers.

L'**assonance** est la répétition d'un même « son voyelle » dans les vers.

L'**allitération** est la répétition d'un même « son consonne » dans les vers.

*Un **f**r**ai**s par**f**um **s**ort**ai**t des tou**ff**es d'a**sph**od**è**l**e** ;*
*Les **s**ou**ffl**es de la nuit **fl**ott**ai**ent **s**ur Ga**l**ga**l**a.*

VICTOR HUGO, « Booz endormi », *La Légende des siècles*.

Ces vers comportent une allitération en [s], en [l] et en [f].
Ils comportent aussi une assonance en [ɛ].

■ L'**harmonie imitative** est une répétition de sonorités qui donne au lecteur l'impression d'entendre ce dont parle le texte. Les vers de Victor Hugo (page précédente) laissent entendre le souffle du vent.

406 Le rythme : pause, enjambement, rejet

■ Certaines syllabes sont prononcées avec plus d'intensité que les autres. Ces **syllabes accentuées** sont suivies d'une **pause**, plus forte si l'accent est suivi d'un signe de ponctuation.
La succession des accents et des pauses donne un rythme au vers, comme dans une phrase musicale.

*J'**irai** / par la fo**rêt**, // j'**irai** / par la mon**tagne**.*

■ VICTOR HUGO, « Demain, dès l'aube… », *Les Contemplations*.

Les syllabes accentuées (en gras) créent le rythme 2 / 4 // 2 / 4 si l'on compte le nombre de syllabes entre chaque pause. La pause après *forêt*, signalée par //, est plus forte.

■ À la fin de chaque vers, on marque généralement une pause, mais il y a des exceptions.
Il arrive que la phrase se prolonge d'un vers à l'autre sans signe de ponctuation et nous oblige à lire sans faire de pause en fin de vers ; on parle alors d'**enjambement**.

Je fais souvent ce rêve étrange et pénétrant
***D'une femme inconnue**, et que j'aime, et qui m'aime.*

■ PAUL VERLAINE, « Mon rêve familier », *Poèmes saturniens*.

Il faut lire les deux vers sans faire de pause : il s'agit d'un enjambement.

■ Lorsqu'un court élément de la phrase est rejeté au vers suivant sans pause d'un vers à l'autre, on parle de **rejet**.

Bienheureux, j'allongeai les jambes sous la table
***Verte** : je contemplai les sujets très naïfs*
De la tapisserie… – Et ce fut adorable

■ ARTHUR RIMBAUD, « Au Cabaret-Vert », *Poésies*.

L'adjectif *verte* est rejeté au début du vers suivant.

LITTÉRATURE

Les principales figures de style

Il est têtu comme une mule !
Je suis mort de fatigue !
Tu as un appétit d'oiseau !

Toutes ces expressions courantes contiennent une figure de style.

407 Qu'est-ce qu'une figure de style ?

■ Une figure de style, appelée aussi figure de rhétorique, est un procédé qui consiste à utiliser un mot de façon particulière pour créer un effet de style et d'originalité dans un texte. Certaines figures de style sont entrées dans le langage courant et se sont figées dans des expressions connues de tous, perdant ainsi leur originalité.

Je meurs de faim.
Elle est bavarde comme une pie.

■ Il existe de nombreuses figures de style, parmi lesquelles on retiendra les douze plus fréquentes. Il est possible de les regrouper selon l'effet qu'elles créent. On distingue :

– les figures d'**opposition** : l'antithèse, l'oxymore ;

– les figures d'**insistance** : l'accumulation, l'anaphore, la gradation, l'hyperbole ;

– les figures d'**analogie** : l'allégorie, la comparaison, la métaphore, la personnification ;

– les figures de **substitution** : la métonymie, la périphrase.

408 Les figures d'opposition

Les figures d'opposition rapprochent des termes opposés et mettent ainsi en relief une contradiction.

L'antithèse

■ L'antithèse consiste à employer dans un même énoncé deux mots ou expressions qui s'opposent.

> DANIEL. – *Je me suis toujours demandé pourquoi les Français,* ***si spirituels chez eux****, sont* ***si bêtes en voyage*** *!*
>
> ■ EUGÈNE LABICHE, *Le Voyage de Monsieur Perrichon.*

La double antithèse *(spirituels / bêtes* et *chez eux / en voyage)* rend la fin de la phrase frappante et permet de mettre en relief avec force une contradiction dans l'attitude des Français.

L'oxymore

■ L'oxymore consiste à rapprocher dans un même groupe de mots deux termes dont les significations sont contradictoires. À la différence de l'antithèse, les deux termes contradictoires portent sur le même objet.

> *Cette* ***obscure clarté*** *qui tombe des étoiles*
>
> ■ PIERRE CORNEILLE, *Le Cid.*

409 Les figures d'insistance

Les figures d'insistance soulignent une réalité et en renforcent l'intensité par une répétition ou une exagération.

L'accumulation

■ L'accumulation consiste à énumérer plusieurs termes.

> SGANARELLE. – [...] *tu vois en Don Juan, mon maître, le plus grand scélérat que la terre ait jamais porté,* ***un enragé, un chien, un diable, un Turc, un hérétique****, qui ne croit ni Ciel, ni Enfer, ni loup-garou, qui passe cette vie en véritable bête brute, un pourceau d'Épicure.*
>
> ■ MOLIÈRE, *Dom Juan.*

Sganarelle, qui fait ici le portrait de Don Juan, emploie une accumulation pour montrer que son maître est un être peu recommandable, prêt à tous les sacrilèges.

L'anaphore

■ L'anaphore consiste à répéter un même mot ou une même expression en début de proposition, de phrase ou de vers.

Condamné à mort !

Voilà cinq semaines que j'habite avec cette pensée, ***toujours*** *seul avec elle,* ***toujours*** *glacé de sa présence,* ***toujours*** *courbé sous son poids !* ■ VICTOR HUGO, *Le Dernier Jour d'un condamné.*

L'anaphore de *toujours* insiste sur le fait que le personnage est obsédé par la même idée.

La gradation

■ La gradation consiste à énumérer plusieurs termes ou expressions, selon une progression croissante ou décroissante.

C'est un ***roc*** *!... c'est un* ***pic*** *!... c'est un* ***cap*** *!*
Que dis-je, c'est un cap ?... C'est une ***péninsule*** *!*

■ EDMOND ROSTAND, *Cyrano de Bergerac.*

Cyrano utilise une gradation en comparant son nez à des réalités de plus en plus grandes pour insister avec humour sur sa taille exceptionnelle.

L'hyperbole

■ L'hyperbole consiste à employer des termes très forts, exagérés, comme lorsqu'on dit : *Je meurs de faim.*

La bande descendait avec un élan superbe, ***irrésistible****.* ***Rien de plus terriblement grandiose*** *que l'irruption de ces quelques milliers d'hommes dans la paix morte et glacée de l'horizon. La route,* ***devenue torrent****, roulaient des flots vivants qui* ***semblaient ne pas devoir s'épuiser****.*

■ ÉMILE ZOLA, *La Fortune des Rougon.*

Les hyperboles (en gras) donnent l'idée d'un mouvement de foule ininterrompu et amplifient l'impression de multitude.

410 Les figures d'analogie

Les figures d'analogie permettent, à partir d'un ou plusieurs points communs, de rapprocher des éléments afin de créer des images.

L'allégorie

■ L'allégorie est une image qui consiste à représenter quelque chose d'abstrait (sentiment, idée) de façon concrète, sous l'apparence d'un personnage : la justice, par exemple, est souvent représentée de façon allégorique par une femme aux yeux bandés tenant un glaive dans une main et une balance dans l'autre.

■ Une allégorie est permanente et souvent connue, à la différence de la personnification et de la métaphore qui sont liées à des situations particulières, à des créations d'un auteur à l'occasion d'un texte et sont donc temporaires.

Je vis cette ***faucheuse****. Elle était en son champ.*
Elle allait à grands pas moissonnant et fauchant.

■ VICTOR HUGO, « Mors », *Les Contemplations.*

Victor Hugo désigne la mort par l'allégorie bien connue de la faucheuse ; il poursuit l'image sur les deux vers, ce qui crée un effet poétique et atténue l'aspect lugubre de la mort.

La comparaison

■ La comparaison est une image qui consiste à rapprocher deux réalités grâce à un outil de comparaison. Ces deux réalités ont donc un ou plusieurs points communs. La comparaison est composée d'un comparé (ce qui est comparé) et d'un comparant (ce à quoi on compare). Dans *Elle est bavarde comme une pie,* « elle » est comparée à une pie, oiseau qui jacasse beaucoup.

Je vais te ratatiner ***comme une ratatouille*** *! Te tartiner* ***comme une citrouille*** *! Te gratiner* ***comme une andouille*** *!*

■ ROALD DAHL, *Les Deux Gredins.*

Commère Gredin utilise trois comparaisons en s'adressant à son époux : le comparé est à chaque fois l'époux (représenté par le pronom *te*) et les comparants sont *une ratatouille*, *une citrouille* et *une andouille*. Commère Gredin trouve un point commun entre son mari et de la nourriture ; elle manifeste ainsi, de façon imagée et drôle, son mépris.

■ L'outil de comparaison peut être :

– une conjonction ou une locution conjonctive : *comme, tel que…*

– un adjectif : *semblable à, identique à, pareil à…*

– un nom : r*essemblance, similitude…*

– un verbe ou une locution verbale : *sembler, ressembler à, avoir l'air de…*

Les rocs tombés ***semblaient*** *les ruines d'une grande cité disparue qui regardait autrefois l'océan.*

■ GUY DE MAUPASSANT, *Pierre et Jean.*

L'outil de comparaison est un verbe *(semblaient)* qui rapproche les rocs des ruines d'une cité.

La métaphore

■ La métaphore est une image qui consiste à rapprocher deux réalités sans outil de comparaison ; il s'agit donc d'une comparaison implicite. Il arrive que le comparé ne soit pas exprimé, mais sous-entendu.

Des ***perles*** *glissaient sur ses joues.*

Les larmes (non mentionnées) sont comparées à des perles.

■ Lorsque la métaphore se poursuit dans le texte à travers plusieurs expressions, on parle de **métaphore filée**.

Au petit jour naît la petite aube, la microaube
puis c'est le soleil ***bien à plat sur sa tartine***
il finit par ***s'étaler****, on le* ***bat avec le blanc des nuages***
et ***la farine*** *des* ***fumées de la nuit***
et le soir meurt, ***la toute petite crêpe****, la crépuscule.*

■ RAYMOND QUENEAU, « Le début et la fin », *Le Chien à la mandoline.*

Le soleil est comparé à du beurre, les nuages au blanc des œufs battu en neige, les fumées de la nuit à de la farine, le crépuscule à une crêpe (ici s'ajoute un jeu de mots). Les couleurs sont principalement les points communs entre ces réalités rapprochées. Il s'agit d'une métaphore filée puisque tous les éléments naturels sont comparés à des ingrédients culinaires. Cela permet au poète de décrire de façon poétique les mouvements du soleil.

La personnification

■ La personnification est une image qui consiste à attribuer des caractéristiques humaines à un objet, un animal, une idée.

La Lune, qui est le caprice même, ***regarda*** *par la fenêtre pendant que tu dormais dans ton berceau, et* ***se dit*** *:*
« Cette enfant me plaît. »

■ CHARLES BAUDELAIRE, « Les bienfaits de la lune », *Le Spleen de Paris.*

La lune est ici personnifiée (elle regarde, parle, a des sentiments), ce qui rend la scène attendrissante et crée un lien entre la nature et les êtres humains.

411 Les figures de substitution

Les figures de substitution évoquent une réalité de façon indirecte pour créer un effet de surprise ou mettre en relief un aspect particulier.

La métonymie

■ La métonymie consiste à désigner une réalité par un élément qui a avec elle un rapport logique.

■ On peut ainsi désigner :

– une œuvre par le nom de son auteur : *J'ai vu le dernier Spielberg* ;

– un contenu par son contenant : *Viens boire un verre* ;

– des personnes par le lieu où elles se trouvent : *Matignon a démenti cette information* ;

– une fonction par le lieu où réside celui qui l'occupe : *Il est candidat à l'Élysée.*

> RUY BLAS. – *Je le dis, vous pouvez vous confier, madame*
> *À mon* ***bras****, comme reine, à mon* ***cœur*** *comme femme !*

■ VICTOR HUGO, *Ruy Blas.*

Les métonymies du bras pour la puissance et du cœur pour l'amour donnent à l'expression des sentiments de Ruy Blas un caractère plus frappant : le personnage se met entièrement à la disposition de celle qu'il aime.

La périphrase

■ La périphrase consiste à remplacer un mot par un groupe de mots qui expriment les caractéristiques de la réalité désignée.

> *Tous deux furent menés séparément dans* ***des appartements d'une extrême fraîcheur, dans lesquels on n'était jamais incommodé du soleil****.*

■ VOLTAIRE, *Candide.*

Désigner par une telle périphrase ce qui n'est en fait qu'une prison permet à Voltaire de dire avec ironie que ces lieux sont agréables alors que, bien sûr, il n'en est rien !

ANNEXES

LEXIQUE

A

Adjectif qualificatif Mot qui caractérise un nom. Il peut être épithète, attribut ou apposé. *Cyprien, souvent* ***distrait*** (apposé), *n'a pas oublié son classeur aujourd'hui. Il est* ***content*** (attribut), *car il pourra montrer à ses parents ses* ***bonnes*** (épithète) *notes.*

Adjectif verbal Participe présent du verbe employé comme adjectif. Il varie en genre et en nombre : *tremblant(s) ; tremblante(s).*

Adverbe Mot invariable qui permet de nuancer un verbe, un adjectif, un autre adverbe ou une phrase. Il existe différentes variétés d'adverbes : adverbes de manière *(rarement…)*, de temps *(demain…)*, de lieu *(là…)*, de quantité *(autant…)*, de liaison *(puis…)*, d'affirmation *(oui)*, de négation *(non)*, interrogatifs *(pourquoi…)*, exclamatifs *(comme…)*.

Analyse grammaticale Analyse qui consiste à identifier la nature et la fonction des différents éléments d'une phrase : mots, groupes de mots, propositions.

Antécédent Mot ou groupe de mots repris par un pronom : ***Salima*** *regarde la télévision.* ***Elle*** *est pourtant fatiguée. Salima* est l'antécédent de *elle.*
L'antécédent est également un nom, un groupe nominal ou un pronom de la proposition principale que le pronom relatif représente dans la proposition subordonnée relative : ***La route qui*** *mène à la ville est en travaux. La route* est antécédent de *qui.*

Antonyme Mot de sens contraire. *Bon* est un antonyme de *mauvais.*

Apostrophe Mot ou groupe de mots qui servent à interpeller : ***Marc****, viens ici.*

Article Déterminant. On distingue les articles définis *(le, la, les)*, indéfinis *(un, une, des)* et partitifs *(du, de la, des)*.

Attribut Élément du groupe verbal qui exprime une caractéristique du sujet ou de l'objet par l'intermédiaire d'un verbe : *Auriane est* ***une bonne élève*** (attribut du sujet *Auriane*). *Je trouve son travail* ***rigoureux*** (attribut de l'objet *travail*).

Auxiliaire Verbe *(être* ou *avoir)* qui est utilisé pour la conjugaison d'autres verbes aux formes composées : *Elle* ***a*** *réussi son examen.* Vous **êtes** *venus en avance.*

C

Champ lexical Ensemble de mots ou d'expressions qui, dans un texte, se rapportent à un même thème.

Champ sémantique Ensemble des significations d'un mot.

Classe grammaticale Ensemble des mots qui ont le même comportement grammatical et les mêmes caractéristiques formelles.

Comédie Pièce de théâtre qui cherche à divertir en mettant en scène des personnages issus de la petite noblesse ou de la bourgeoisie dans des situations du quotidien.

Comique Se dit de faits, de personnages ou de situations qui font rire. On distingue le comique de gestes, le comique de mots, le comique de situation, le comique de caractère et le comique de répétition.

Complément circonstanciel Complément de la phrase qui indique les circonstances de l'action ou de l'état exprimé par le verbe. Il peut être de but, de cause, de comparaison, de concession, de condition, de conséquence, de lieu, de manière, de moyen, d'opposition, de temps.

Complément d'agent Complément de la voix passive du verbe. Il désigne celui qui accomplit l'action exprimée par le verbe : *La maîtresse a été écoutée* ***par les élèves***.

Complément d'objet direct Complément essentiel des verbes transitifs, construit sans préposition : *Cyprien mange* ***un gâteau***.

Complément d'objet indirect Complément essentiel des verbes transitifs indirects, construit avec une préposition : *Luc parle* ***à Dan***.

Complément d'objet second Complément d'objet indirect construit en même temps qu'un complément d'objet direct. Il désigne le destinataire de l'action : *Vincent prête son livre* ***à son frère***.

Complément du nom Fonction remplie par un mot ou un groupe de mots qui complète un nom. Il est le plus souvent introduit par une préposition : *La maison* ***de mon père***.

Concordance des temps Ensemble des règles à respecter pour choisir le temps à employer dans une proposition subordonnée en fonction du temps utilisé dans la proposition principale.

Conjonction de coordination Mot invariable qui relie deux mots ou groupes de mots ayant la même fonction dans la phrase *(mais, ou, et, donc…)*.

Conjonction de subordination Mot invariable qui introduit une proposition subordonnée et la place dans la dépendance de la proposition principale *(quand, pour que, de sorte que…)*.

Connecteur Mot ou groupe de mots qui assure la cohérence d'un texte en reliant les phrases et les propositions entre elles. On distingue : les connecteurs logiques *(car, puisque, en effet…)*, les connecteurs temporels *(alors, puis, d'abord…)*, les connecteurs spatiaux *(ici, derrière, à côté…)*.

Connotation Sens secondaire et suggéré d'un mot, variant selon les contextes : *le soleil* a pour connotation *la chaleur, la lumière, la vie…*

Constituant Élément composant une phrase. *Christine écrit une lettre.* Cette phrase comprend quatre constituants.

Conte Récit de faits imaginaires et souvent merveilleux destiné à distraire et à instruire.

D

Degré de l'adjectif Variation de l'adjectif qualificatif pour exprimer avec plus ou moins de force une caractéristique du nom auquel il se rapporte. Cette variation s'obtient grâce à l'ajout d'un adverbe : *Karim court* ***moins vite que*** *son père mais* ***plus vite que*** *sa sœur* (comparatifs). *Tu as* ***le plus beau*** *jouet* (superlatif).

Dénotation Sens précis et permanent d'un mot, donné par le dictionnaire : *le Soleil* a pour dénotation *étoile autour de laquelle gravite la Terre.*

Destinataire Personne à qui est destiné le message dans une situation d'énonciation. Destinataire est synonyme d'interlocuteur.

Déterminant Mot qui se place devant le nom et forme avec lui le groupe nominal minimal. On distingue plusieurs types de déterminants : les articles définis *(le…)*, indéfinis *(un…)* et partitifs *(du…)*, les déterminants démonstratifs *(ce…)*, possessifs *(mon…)*, indéfinis *(chaque…)*, interrogatif ou exclamatif *(quel)*, numéraux *(deux…)*.

E

Épithète Fonction remplie par un adjectif qualificatif ou une proposition subordonnée relative qui caractérise un nom et forme avec lui un groupe soudé : *un* ***bel*** *arbre.* On parle également d'épithète liée.

Épithète détachée Autre nom de l'adjectif apposé qui est séparé du nom auquel il se rapporte par une virgule à l'écrit : *L'enfant,* ***têtu****, se mit à pleurer.*

Épopée Récit en vers ou en prose qui raconte les exploits d'un héros ou les hauts faits d'un peuple en mêlant la légende, l'histoire et le merveilleux.

Expansion du nom Mot ou groupe de mots qui apporte des précisions sur un nom et qui forme avec lui le groupe nominal. Les expansions du nom sont les adjectifs épithètes, les compléments du nom, les propositions relatives épithètes : *Le chat* ***de Marc*** *joue avec une* ***vieille*** *balle* ***qu'il a trouvée sous un meuble****.*

F

Fable Court récit en vers ou en prose qui illustre une leçon de morale.

Famille de mots Ensemble des mots formés sur le même radical par dérivation ou par composition. La famille du mot *terre* est : *terrasse, terrien, terrestre, terreau, atterrir, atterré, enterrer, terre-plein…*

Fantastique Se dit d'un fait qui semble surnaturel et qui surgit au milieu d'un cadre réaliste, en provoquant le doute, l'étonnement ou la peur chez le lecteur.

Farce Courte pièce de théâtre à l'intrigue simple et au comique grossier.

Focalisation Angle de vue d'après lequel un récit est organisé ; synonyme de *point de vue*. En recherchant la focalisation, on répond à la question : *Qui voit ?*

Forme verbale conjuguée Verbe conjugué à un mode personnel (indicatif, subjonctif, conditionnel, impératif) : *tu chanteras* est une forme verbale conjuguée.

Forme verbale non conjuguée Verbe à un mode impersonnel (infinitif, participe, gérondif) : *chantant* est une forme verbale non conjuguée.

G

Gérondif Mode formé avec le participe présent du verbe précédé de la préposition *en* : *en chantant*. Le gérondif est utilisé comme complément circonstanciel. Il peut exprimer la manière, le moyen, le temps, la condition. Il a une valeur de simultanéité par rapport à l'action de la principale : *Mathilde fait ses devoirs **en chantant***.

Groupe adjectival Groupe de mots construit autour d'un adjectif qui en est le noyau : *Il a acheté une maison **très éloignée de toute autre habitation*** (*éloignée* est le noyau du groupe adjectival).

Groupe nominal Groupe de mots construit autour d'un nom noyau : ***Les chaussures de ma sœur** sont trop petites* (*chaussures* est le noyau du groupe nominal).

Groupe nominal prépositionnel Groupe nominal construit à l'aide d'une préposition ou d'une locution prépositionnelle placée en tête du groupe : ***dans** la mer, **par** mégarde, **à cause de** son silence, **à** la montagne, **avec** ses amis.*

Groupe sujet Groupe de mots qui remplit la fonction sujet dans la phrase : ***La robe bleue d'Anaëlle** est trop petite*. Le groupe sujet est *la robe bleue d'Anaëlle*. On parle parfois de groupe sujet même si le sujet est un seul mot.

Groupe verbal Groupe de mots construit autour d'un verbe qui en est le noyau : *Maria **prépare un gâteau au chocolat***.

H I

Homonyme Mot qui se prononce de la même façon qu'un autre mot mais qui n'a pas le même sens : *conte, compte, comte* sont des homonymes.

Homophone Qui a le même son : *-er, -é, -ez, -ai* sont des terminaisons verbales homophones.

Indice de l'énonciation Mot qui permet de répondre aux questions : qui parle ? à qui ? où ? quand ? On distingue les pronoms personnels et possessifs de première et deuxième personnes, les déterminants possessifs, les pronoms et les déterminants démonstratifs, les indices de temps, les indices de lieu, la valeur des temps.

Indice de la subjectivité Mot, groupe de mots, phrase, ponctuation qui révèlent comment celui qui parle (le locuteur) pense et juge. On distingue le vocabulaire mélioratif et péjoratif *(magnifique, affreux)*, les modalisateurs *(peut-être, sans doute)*, les types de phrase (déclaratif, impératif, interrogatif, exclamatif).

Infinitif prépositionnel Infinitif précédé d'une préposition et qui remplit une fonction de complément circonstanciel (temps, cause, conséquence, but, opposition, condition). Son sujet est le même que celui du verbe conjugué de la proposition à laquelle il appartient : *Il joue* ***au lieu de travailler***.

Interjection Mot invariable qui exprime un comportement affectif, une émotion de la part du locuteur : *oh, fi, hélas, diable !*

Interlocuteur Personne à qui s'adresse le locuteur, celui qui parle, dans une situation d'énonciation. Interlocuteur est synonyme de destinataire.

Interrogation directe Question posée directement à l'aide d'un point d'interrogation et d'une intonation montante. Elle peut présenter l'inversion du sujet et du verbe : *Fait-**il** beau ?* Elle peut utiliser la locution *est-ce que* : ***Est-ce qu****'il fait beau ?* Elle peut contenir des mots interrogatifs (adverbes, pronoms, déterminants) : ***Quelle*** *heure est-il ?*

Interrogation indirecte Proposition subordonnée qui pose une question par l'intermédiaire d'un verbe introducteur *(demander, chercher, dire, raconter…)*. Elle n'a pas d'intonation montante, ni de point d'interrogation, ni d'inversion sujet-verbe : *Je demande s'il fait beau. Je demande quelle heure il est.*

Interrogation partielle Interrogation qui porte sur un élément précis de la proposition. On ne peut pas y répondre par *oui* ou par *non* : *Quel temps fait-il ? Où vas-tu ?*

Interrogation totale Interrogation qui porte sur l'ensemble de la proposition. On y répond par *oui* ou par *non* : *Pars-tu en vacances ?*

Intonation Ton utilisé à l'oral, qui varie essentiellement en fonction de la ponctuation. L'intonation peut être montante ou descendante.

L M N

Locuteur Celui qui produit un énoncé. Dans la situation d'énonciation, quand on répond à la question *qui parle ?*, on donne l'identité du locuteur.

Merveilleux Se dit de personnages, objets ou faits à caractère surnaturel, qui interviennent dans un texte littéraire sans provoquer l'étonnement du lecteur.

Modalisateur Mot, expression ou procédé qui révèle comment le locuteur se situe par rapport à ce qu'il affirme. Il sert à modaliser, c'est-à-dire nuancer une affirmation. ***Sans aucun doute**, il a raté son train* : par le modalisateur, on voit que le locuteur est sûr de ce qu'il affirme. ***Peut-être** a-t-il raté son train* : par le modalisateur, on voit que le locuteur n'est pas sûr de ce qu'il affirme.

Mode Catégorie du verbe. On distingue les modes personnels (indicatif, subjonctif, conditionnel, impératif) et les modes impersonnels (infinitif, participe, gérondif).

Niveau de langue (parfois appelé registre de langue) Manière de s'exprimer plus ou moins recherchée, qui dépend du niveau culturel et social de celui qui parle et des circonstances dans lesquelles il s'exprime. Il existe trois niveaux de langue : familier, courant, soutenu.

Nouvelle Court récit de fiction, contenant peu de personnages et une seule intrigue, se déroulant dans un cadre fixe. Elle est réaliste, fantastique ou historique.

Noyau Mot autour duquel est construit un groupe de mots. Le noyau du groupe donne au groupe sa nature.

P

Paroles rapportées (appelées aussi discours rapportés) Paroles introduites dans un message. Elles peuvent être rapportées au discours direct, au discours indirect, au discours indirect libre ou dans un récit de paroles (ou discours narrativisé).

Paronyme Mot qui ressemble à un autre par la prononciation, mais qui n'a pas le même sens : *dénué* et *dénudé* sont des paronymes.

Personne Catégorie du verbe. On distingue la première personne qui renvoie à celui qui parle *(je joue)*, la deuxième personne qui renvoie à celui à qui l'on parle *(tu joues)*, la troisième personne qui renvoie à celui ou à ce dont on parle *(il joue)*.

Phrase Suite de mots grammaticalement organisés, ayant un sens complet, commençant par une majuscule et se terminant par une ponctuation forte.

Phrase complexe Phrase qui comporte plusieurs verbes conjugués, c'est-à-dire plusieurs propositions ; celles-ci peuvent être juxtaposées, coordonnées ou subordonnées : *Sarah **arrive** demain et **repartira** à la fin de la semaine* (propositions coordonnées).

Phrase déclarative Un des quatre types de phrase. La phrase déclarative permet d'apporter une information, de faire une constatation : *Il fait beau aujourd'hui.*

Phrase exclamative Un des quatre types de phrase. La phrase exclamative permet d'exprimer une émotion ou un sentiment ; elle se termine par un point d'exclamation : *Comme il fait beau !*

Phrase impérative (ou injonctive) Un des quatre types de phrase. La phrase impérative permet d'exprimer un ordre, une défense, une prière : *Viens ici !*

Phrase interrogative Un des quatre types de phrase. La phrase interrogative permet de poser une question : *Qui as-tu rencontré ?*

Phrase non verbale (appelée aussi phrase nominale) Phrase ne comportant pas de verbe conjugué : *Superbe, ce point de vue !*

Phrase simple Phrase qui ne comporte qu'un seul verbe conjugué.

Poésie Genre littéraire qui vise à décrire, suggérer ou exprimer par un travail sur le langage, en particulier le rythme et l'image. La poésie lyrique exprime des sentiments personnels ; la poésie engagée délivre un message politique ou social.

Polysémique Mot qui a plusieurs sens : le mot *argent* est polysémique ; il désigne un métal et une monnaie d'échange.

Préfixe Élément qui précède le radical dans un mot dérivé : ***dé**-faire.*

Préposition Mot invariable qui sert à mettre en relation un mot ou un groupe de mots avec un autre élément de la phrase : *de, à, par, dans…*

Présentatif Mot ou expression *(c'est, il y a, voici, voilà)* qui permet de présenter quelqu'un ou quelque chose : ***Voici** mon mari.* L'emploi d'une tournure présentative *(c'est… qui, voilà… que)* permet de mettre en valeur un mot ou un groupe de mots dans une phrase emphatique : ***C'est** le pull **que** j'ai vu en vitrine.*

Pronom Mot qui remplace un mot ou un groupe de mots : ***Émile** s'est réveillé à huit heures. **Il** va arriver en retard au collège.* Le pronom peut aussi représenter un élément de la situation d'énonciation : *Peux-**tu** me passer le sel ?*

Propos Dans une phrase, partie de l'énoncé qui constitue une information nouvelle donnée à l'interlocuteur, par rapport à la phrase précédente. Le propos est le contraire du thème : *Quand Camille est-elle arrivée à Paris ? Camille est arrivée à Paris **hier**. Hier* est le propos de la seconde phrase.

Propositions coordonnées Dans une phrase complexe, propositions reliées entre elles par une conjonction de coordination *(mais, car, or, et…)* ou un adverbe de liaison *(cependant, alors, puis…)* : *Le chat est monté en haut de l'arbre, **mais** il n'a pas réussi à redescendre.*

Proposition indépendante Proposition qui n'est ni principale ni subordonnée.

Propositions juxtaposées Dans une phrase complexe, propositions séparées par une virgule, un point-virgule ou deux points, mais non reliées par un mot de liaison : *Elle est calme et rêveuse : elle ne supporte pas tant d'agitation.*

Proposition principale Dans une phrase complexe, proposition dont dépend une proposition subordonnée.

Proposition subordonnée Dans une phrase complexe, proposition qui dépend d'une autre proposition (appelée principale) à laquelle elle est le plus souvent reliée par un mot subordonnant. Il existe six types de propositions subordonnées : *Pascal a compris que son spectacle était une réussite. Pascal a compris* est la proposition principale ; *que son spectacle était une réussite* est la proposition subordonnée.

Proposition subordonnée circonstancielle Proposition complément circonstanciel de la phrase : ***Quand je serai grand,*** *je serai astronaute.*

Proposition subordonnée complétive Proposition complément d'objet du verbe de la principale.

Proposition subordonnée conjonctive Proposition introduite par une conjonction de subordination comme *que, lorsque, parce que.*

Proposition subordonnée conjonctive complétive Proposition complément d'objet du verbe, introduite par la conjonction *que* : *Je pense* ***que la vie est un long fleuve tranquille.***

Proposition subordonnée infinitive Proposition complétive avec un sujet différent du sujet de la proposition principale et un verbe à l'infinitif : *Les enfants regardent* ***la neige tomber.***

Proposition subordonnée interrogative indirecte Proposition complétive reprenant les termes d'une interrogation directe : *Où est Alice ? Je demande* ***où est Alice.***

Proposition subordonnée participiale Proposition circonstancielle avec un sujet différent du sujet de la proposition principale et un verbe au participe : ***Le soleil s'étant levé,*** *ils se mirent en route.*

Proposition subordonnée relative Proposition subordonnée introduite par un pronom relatif et qui complète un nom, un groupe nominal ou un pronom de la proposition principale, appelé antécédent : *Le train* ***qu'a pris Medhi*** *est arrivé en retard.* La proposition relative est épithète ou apposée.

R

Radical Élément de base du mot qui exprime son sens principal et auquel peuvent s'ajouter des préfixes et des suffixes. Il est l'élément commun à l'ensemble des mots d'une même famille. On l'isole en retirant les préfixes et les suffixes : le radical de *imprenable* est *pren-*.

Réaliste Se dit de ce qui fait référence à la réalité telle qu'elle est, de façon objective, et qui donne au texte littéraire une impression de vérité.

Récit Genre littéraire qui raconte une histoire réelle ou inventée.

Relative déterminative Proposition subordonnée relative qui ne peut pas être supprimée sans entraîner un changement du sens de la phrase. Elle a une fonction d'épithète et n'est pas séparée par une virgule : *Les élèves* ***que j'ai désignés*** *iront au bureau du principal.*

Relative explicative Proposition subordonnée relative qui peut être supprimée sans modifier le sens général de la phrase. Elle est le plus souvent en fonction d'apposition, entre virgules : *Le chien,* ***qui semblait inquiet****, se mit à aboyer.*

Roman Récit de fiction assez long, pouvant contenir de nombreux personnages, à l'intrigue complexe, se déroulant sur une durée qui peut être longue et dans des lieux divers.

S

Schéma actantiel Ensemble des six rôles joués par des personnages, des objets ou des sentiments dans un récit. On distingue le sujet de la quête (ou héros), l'objet de la quête, les adjuvants (aides), les opposants (obstacles), le destinateur (qui pousse le sujet à agir), le destinataire (au bénéfice de qui se fait la quête).

Schéma narratif Ensemble des étapes d'un récit. On distingue la situation initiale, l'élément déclencheur ou perturbateur, les péripéties, l'élément de résolution, la situation finale.

Sens figuré Sens second et abstrait d'un mot : un *pont*, au sens figuré, désigne tout ce qui fait une liaison entre deux éléments.

Sens propre Sens premier et concret d'un mot : un *pont*, au sens propre, désigne une construction permettant de franchir un obstacle.

Situation de communication Toute situation dans laquelle est produit un message entre un émetteur et un récepteur : *un singe qui pousse un cri pour alerter les autres singes d'un danger* est une situation de communication.

Situation d'énonciation Situation de communication spécifiquement humaine dans laquelle un énoncé est produit oralement ou par écrit par un locuteur pour un interlocuteur. Elle se définit par la réponse aux quatre questions : qui parle ? à qui ? où ? quand ?

Substitut Pronom qui remplace un élément de la phrase ou du texte : *La cavalerie chargea les Indiens.* ***Ceux-ci** appartenaient à la tribu des Comanches.*

Suffixe Élément qui suit le radical dans un mot dérivé : *coiff-**eur***.

Sujet apparent (appelé aussi sujet grammatical) Sujet *(il)* qui, dans une tournure impersonnelle, ne désigne rien mais avec lequel doit s'accorder le verbe : ***Il** faut des fleurs pour l'accueillir.*

Sujet inversé Sujet placé après le verbe, souvent dans une phrase interrogative ou après certains adverbes : *Aimez-**vous** la danse ? Peut-être est-**il** en retard.*

Sujet réel (appelé aussi sujet logique) Sujet qui, dans une tournure impersonnelle, n'impose aucun accord au verbe mais correspond, par le sens, à ce qui fait réellement l'action : *Il tombe **de gros flocons**.*

Synonyme Mot qui a le même sens, ou un sens proche, qu'un autre mot : *tempête* et *ouragan* sont des synonymes.

T

Temps Catégorie du verbe qui permet de situer l'action par rapport au moment de l'énonciation : *Je **partirai** demain* : action future ; ou par rapport à une autre action : *Il partit après qu'elles lui **eurent fait** leurs adieux* : action antérieure. On distingue les temps simples et les temps composés.

Terminaison Partie variable qui se situe à la fin d'un verbe. Elle peut porter des marques de personne, de temps, de mode, de genre : *Nous porte**rons***. La terminaison *-rons* indique la personne (première du pluriel) et le temps (futur).

Théâtre Genre littéraire et spectacle qui représentent une action fictive sous forme de dialogues entre des personnages.

Thème Dans une phrase, partie de l'énoncé qui constitue une information déjà connue de l'interlocuteur. Elle est le contraire du propos : *Quand Camille est-elle arrivée à Paris ? Camille est arrivée à Paris hier. Camille est arrivée à Paris* est le thème de ces deux phrases.

Tragédie Pièce de théâtre qui met en scène des personnages de condition sociale élevée, s'exprimant dans un langage soutenu, aux prises avec des forces supérieures qui les accablent.

Transformation passive Passage de la voix active de la phrase à la voix passive : *Catherine a bien préparé le travail du jour. Le travail du jour a été bien préparé par Catherine.*

Type de phrase Il existe, en français, quatre types de phrase qui correspondent chacun à un acte de parole : la phrase déclarative pour déclarer *(Il pleut)* ; la phrase interrogative pour interroger *(Pars-tu ?)*, la phrase impérative pour ordonner *(Habille-toi)*, la phrase exclamative pour exprimer une émotion *(Quelle belle robe !)*

V

Verbe défectif Verbe qui ne possède pas toutes les formes de la conjugaison : *falloir, pleuvoir.*

Verbe d'état (appelé parfois verbe attributif) Verbe qui exprime un état ou un changement d'état : *être, sembler, paraître, devenir…*

Verbe impersonnel Verbe qui ne se conjugue qu'à la troisième personne du singulier : *il faut, il pleut.*

Verbe intransitif Verbe qui se construit sans complément d'objet : *Elle dort encore.*

Verbe pronominal Verbe dont toutes les formes sont accompagnées d'un pronom personnel réfléchi : *il s'enfuit.*

Verbe transitif Verbe qui se construit avec un complément d'objet. Les verbes transitifs directs se construisent avec un complément d'objet direct : *Je regarde* ***le coucher de soleil****.* Les verbes transitifs indirects se construisent avec un complément d'objet indirect : *Elle contribue* ***à son succès****.*

Vocabulaire évaluatif Vocabulaire qui exprime un jugement personnel de la part de celui qui l'emploie. Il peut être mélioratif (positif) : *Ce paysage est* ***splendide****.* Il peut être péjoratif (négatif) : *La nourriture est* ***infecte****.*

Voix Catégorie du verbe. On distingue la voix active *(j'aime)* et la voix passive *(je suis aimé).*

Voyelles

[a] *ciném**a***
[ɑ] *ch**â**teau*
[e] ***dé***
[ɛ] ***me**ts*
[ə] *p**e**tit*
[i] *sour**i**s*
[o] *r**o**se*
[ɔ] ***o**céan*
[ø] *j**eu**di*
[œ] *fl**eu**r*
[u] *ch**ou***
[y] *ill**u**sion*
[ɑ̃] *ch**an**ter*
[ɛ̃] *jard**in***
[ɔ̃] *r**on**fler*
[œ̃] *br**un***

Semi-voyelles

[j] *l**i**eu*
[w] ***ou**i*

Consonnes

[b] ***b**a**b**a*
[d] ***d**éjeuner*
[f] ***f**aim*
[g] ***g**âteau*
[k] ***c**adeau*
[l] ***l**ait*
[m] ***m**iel*
[n] ***n**appe*
[p] ***p**ain*
[ʀ] ***r**oi*
[s] ***s**el*
[t] ***t**able*
[v] ***v**alise*
[z] *mai**s**on*
[ʃ] ***ch**ocolat*
[ʒ] *an**g**e*
[ɲ] *i**gn**orer*
[ŋ] *park**ing***

INDEX DES AUTEURS ET DES ŒUVRES

A

B

C

D

E F

G

L

M

N O P

Q R

S

T V W Z

INDEX DES NOTIONS

Les astérisques indiquent les notions qui sont définies dans le lexique.
Les numéros renvoient aux numéros des rubriques.
Les numéros en gras indiquent l'endroit où la notion est le plus développée.

A

B C

D

E

F

G H

I J

L M

N O

P

Q R

S

T

V

Conception graphique et mise en page : **Graphismes**
Dessins : **Henri Fellner**
Suivi éditorial : **Évelyne Brossier**

Achevé d'imprimer par Rotolito Lombarda
à Seggiano di Pioltello - Italie
Dépôt légal : 95210-4/04 - juin 2014